电子商务推荐系统导论

伍之昂　曹　杰　著

科学出版社

北　京

内 容 简 介

本书以电子商务为应用背景，深入浅出、全面地介绍推荐系统基本原理和主流技术，对每种模型和算法的阐述力求易于理解，并保持数学严谨性。本书涵盖的内容有：传统推荐模型与算法、情境推荐模型与算法、社会化推荐模型与算法、推荐系统评价指标与方法、推荐系统的可信性和安全性、电子商务推荐系统与企业绩效、电子商务推荐系统架构设计以及在大数据时代下推荐系统的展望。在章节论述过程中，作者主要从学术研究角度出发，围绕推荐系统面临的挑战性问题，阐释现有研究中的主流技术，指出值得进一步研究的难题。同时，还对电子商务推荐系统设计开发涉及的工程性技术及成功的实际应用系统作了简明扼要的阐述。

本书既可作为有兴趣从事推荐系统领域研究工作的高校教师和研究生的理论基础用书，帮助他们了解本领域研究现状，把握关键问题，熟悉基本方法；亦可作为企业工程师设计和开发推荐系统时的参考书。

图书在版编目（CIP）数据

电子商务推荐系统导论/伍之昂，曹杰著. —北京：科学出版社，2014.11
ISBN 978-7-03-042265-1

Ⅰ. ①电… Ⅱ. ①伍… ②曹… Ⅲ. ①电子商务 Ⅳ. ①F713.36

中国版本图书馆 CIP 数据核字（2014）第 247649 号

责任编辑：惠 雪 曾佳佳／责任校对：朱光兰
责任印制：张 伟／封面设计：许 瑞

科学出版社 出版
北京东黄城根北街 16 号
邮政编码：100717
http://www.sciencep.com

涿州市般润文化传播有限公司 印刷
科学出版社发行 各地新华书店经销
*
2014 年 11 月第 一 版 开本：720 × 1000 1/16
2022 年 1 月第二次印刷 印张：12 1/2
字数：250 000

定价：69.00 元
（如有印装质量问题，我社负责调换）

前　言

推荐系统脱颖于数据挖掘，近年来，推荐系统在不断汲取包括计算机科学、物理学、经济学和管理学等在内的各学科最新成果的基础上快速发展，已经成为一门新兴的多学科交叉研究领域。同时，从最早的 Tapestry 邮件推荐系统开始，推荐系统逐步得到了广泛的应用，其中最典型、最具有发展潜力的领域莫过于电子商务领域，几乎所有的电子商务网站都或多或少地运用了推荐系统，人们也从日常的在线购物中感受到了个性化推荐的无处不在。因此，大量的推荐系统领域的研究工作总是从电子商务应用切入，电子商务推荐系统所面临的挑战自然而然成为了研究者们所热衷讨论和解决的议题。

有别于理论性强的其他研究领域，电子商务推荐系统研究同时受到学术界和工业界的推动，而且工业界所投入的研究努力尤其不容被忽视。毫无疑问，推荐系统成为近年来计算机科学领域最热门的研究主题之一，国际顶级会议和期刊，如 SIGKDD、SIGIR、WWW、TKDE 等，每年都有大量论文与此论题相关。美国计算机学会 ACM 也因此于 2007 年开始举办推荐系统年会 ACM RecSys，迄今为止，RecSys 已成为一个重要的学术会议。随着研究的深入，电子商务推荐系统衍生出很多子议题，比如，越来越多复杂的数学模型被引入到协同过滤、情境化和社会化推荐方面，使其成果日趋丰富，推荐系统的可信性和安全性得到更多的重视；推荐系统的评价也不再仅仅局限于准确率，而是希望与电子商务企业绩效相挂钩。从学术研究角度，总结这一系列论文所表达出的卓越理念和先进方法就演变成了目前捧在您手中的这本书。除了介绍以模型和算法为主的理论性研究成果之外，我们还分析了多个成功应用于电子商务领域的推荐系统实例，以期弥合模型算法与实际系统之间的鸿沟。

撰写本书希望满足两类人群的需求：其一，已经或希望以推荐系统作为其研究方向的高校教师和研究生，本书可为他们梳理研究脉络、精要介绍主流方法、列出重要参考文献，为进一步的研究提供起点。其二，从事电子商务推荐系统设计和开发的企业工程师，他们可能对以数据挖掘为基础的推荐模型和算法知之甚少，本书对每种模型和算法进行了易于理解的阐述，试图帮助他们快速了解模型算法的原理，以更好地与工业实践相结合。

本书出版得到了国家科技支撑计划资助项目(2013BAH16F01)和江苏高校优势

学科建设工程的资助，特此致谢！

最后，我们对给予书稿撰写提供实实在在帮助的朋友致以诚挚的谢意。首先，感谢我们所在的实验室团队——国家级电子商务信息处理国际联合中心，团队前期在电子商务推荐系统方面丰富的研究成果及对该领域前沿研究的清晰把握奠定了书稿的基石。其次，感谢实验室博士生王有权完成本书第6章的写作，硕士生陈晨对书稿图表、格式及参考文献的多次不厌其烦的修改。最后，感谢科学出版社惠雪女士多次为本书体例和内容提出的诸多专业性意见及为本书的出版所付出的艰辛努力。

尽管至善的专著是我们撰写本书时所追求的目标，但是，囿于时间和作者水平，本书不可能尽善尽美，随时欢迎读者的批评指教，联系方式：zawuster@gmail.com。

伍之昂

2014年7月11日

目　录

第 1 章　引　　论

1.1　推荐系统概述

1.1.1　推荐系统：动机与现状

因特网的崛起和迅猛发展使人们获得了前所未有的自由信息空间，也使得世界范围内的信息处于大爆炸状态，造成信息量大、信息质量差、信息价值低等问题，用户难以从过量信息中获取对自己有用的部分，这就是所谓的信息过载(information overload)[1]。正如文献[2]中所言，数据是广泛可用的，所缺乏的是从中提取出知识的能力。为应对信息过载问题，大量信息过滤网络工具应运而生，人们最常用的莫过于门户网站和搜索引擎，但这些工具都是以面向人们主流需求为主，且用户获取信息的方式是“被动”的。

显然，考虑个性化需求，将有用信息以“主动”方式推送(push)给用户不仅能过滤信息，而且能增强用户体验，推送的信息也更符合用户个体的需求。简信息聚合(really simple syndication，RSS)是一种在主动信息推送服务方面的典型工具。RSS 是一种消息来源格式规范，能够将新闻标题、摘要、内容按照用户的要求“送”到用户桌面。但是，在 RSS 中，用户兴趣通常是由用户预先给定的关键词来描述，但缺乏自动挖掘用户兴趣的功能。

推荐系统(recommender systems)是一种为用户提供建议的智能化软件工具，是解决信息过载问题非常有潜力的方法[3]。推荐系统的研究与开发始于 20 世纪 90 年代初期。第一个推荐系统是 Tapestry[4]，是针对电子邮件的推荐系统。该推荐系统通过分析用户阅读邮件的历史行为来对新邮件重新排序，试图将用户更感兴趣的新邮件推荐给他/她。更为重要的是，Tapestry 首次提出了协同过滤(collaborative filtering，CF)的概念[4]。后续的推荐系统领域研究表明，协同过滤对推荐系统的发展产生了深远影响，成为关注最多、应用最广泛的方法之一。

推荐系统与以搜索引擎为代表的信息检索技术本质区别[5]在于：①搜索注重结果之间的关系和排序，而推荐则需研究用户兴趣模型，即结合考虑用户与推荐对象的特征；②搜索由用户主导，包括输入查询词和选择结果，若结果不好，用户会修改查询再次搜索，而推荐则由系统主导用户的浏览顺序，主动引导用户发现需要的结果。

从 20 世纪 90 年代初期到现在，推荐系统受到学术界和工业界的长期关注，成为炙手可热的研究议题。推荐系统是一门典型的交叉学科，涵盖计算机科学、电子商务、人类社会学、物理学、经济学等诸多领域，图 1.1 给出 2013 年国际顶级会议 ACM SIGKDD Conference on Knowledge Discovery and Data Mining (KDD)投稿数量的分布，可以看出，推荐系统在 20 个领域中排名第三，其热度由此可见一斑。从 2007 年开始，ACM 设立了专门讨论推荐系统的国际会议，ACM Recommender Systems Conference (RecSys)至今已举办 8 届，其知名度持续上升。从 2006 年开始，美国密歇根大学 Paul Resnick 教授开设了“推荐系统”课程。

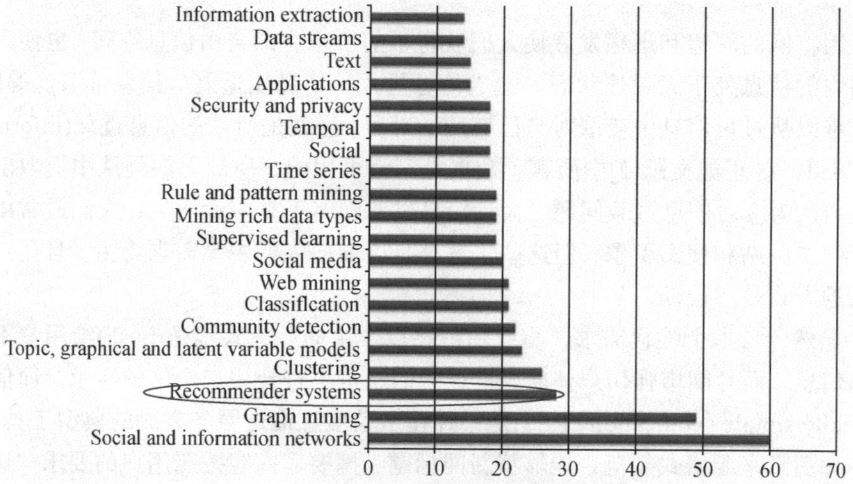

图 1.1　KDD 2013 年投稿数量领域分布

随着社会网络、物联网、大数据等新概念和新技术的出现和升温，信息过载问题将日益严重，同时，工业界的需求导致用户对信息获取方式的要求也变得越来越高。推荐系统作为既能应对信息过载，又能智能化地为用户主动推送信息的强有力手段，可以预计，在今后数十年内，推荐系统仍然将获得持续关注，更加有效和高效的推荐系统将在人类信息化进程中扮演越来越重要的角色。

1.1.2　电子商务：推荐系统最重要的应用领域

Companies need to shift from the old world of mass production where "standardized products, homogeneous markets, and long product life and development cycles were the rule" to the new world where "variety and customization supplant standardized products".

quoted from "Mass Customization" by Joe Pine[6]

以上内容引自 Joe Pine 的著作“*Mass Customization*”，说明了企业由传统模式过渡到现代模式的法则，需要从传统标准化商品过渡到多样化的定制商品，其隐含意思就是充分考虑用户个性化需求。这段话恰当地说明了推荐系统为何在电子商务领域得到良好发展和应用的原因。用户的需求通常是模糊的，而商家期望能够把满足用户模糊需求的商品推荐给用户，把用户潜在需求转化为现实需求，从而达到提升商品销售量的目标。

电子商务将企业的销售行为从线下实体店销售搬到了在线销售，用户行为和商品信息的数字化更加促进推荐系统的应用。目前，几乎所有的大型电子商务网站都不同程度地采用了推荐系统[5]，电子商务成为推荐系统最重要的应用领域，同时，电子商务企业的应用和研究也促进了推荐系统的发展，比如，Amazon 在 10 年前提出了基于项目的协同过滤方法[7]，并沿用至今。推荐系统为电子商务企业带来了新的营销观念，即“一对一营销”，正如 Amazon CEO Jeff Bezos 所说，“如果我们有 200 万个网络客户，我们就需要在线储备 200 万种商品”。总的来说，推荐系统能为电子商务企业带来以下三方面的收益[8]。

(1) 提升浏览到购买的转化率。网站访问者经常漫无目的地浏览网站，却不购买任何商品，推荐系统能帮助访问者发现其感兴趣的商品，从而促进访问者到购买者的转化。

(2) 提升交叉销售量。推荐系统通过向用户推荐与其已购买商品相关联的商品，用户在购买的最后步骤，网站会向用户推荐与购物车内商品极为相关的附属商品。

(3) 提升用户忠诚度。如何提升用户忠诚度或黏粘度是电子商务网站的核心商业策略之一，推荐系统建立起网站与用户之间的联系，为提升用户忠诚度提供附加值，用户往往会重复访问与其兴趣偏好相匹配的网站，甚至会将这些网站推荐给自己的朋友圈。

在竞争日趋激烈的环境下，电子商务推荐系统能够为电子商务网站有效保留用户，提高电子商务系统绩效，产生巨大的经济效益。构建一个推荐效率高、精度高而且 UI 界面合理的商品推荐系统对于电子商务网站的发展十分重要，推荐系统也因此成为工业界的关注热点。

1.1.3 推荐系统：形式化建模

一般地，推荐系统包含两类实体：用户(user)和项目(item)。用户是指被推荐对象，无需过多解释。而项目则是指推荐对象，推荐系统领域的所有英文文献都使用“item”一词来表达，本书统一将“item”译为“项目”，泛指不同领域的推荐对象。比如，电子商务推荐系统中，项目表示商品或物品；音乐和电影推荐系统中，项目则表示 CD 和 DVD；新闻推荐系统中，项目又表示新闻网页，等等。尽管“项目”有可能与英语“project”一词相混淆，但是，将推荐实体“item”译为“项目”在推荐系统领域的中文文献中广泛出现[5, 9-12]。

推荐系统输入数据的最简单形式是用户对项目的评分数据，称为用户-项目评分矩阵(user-item rating matrix)，大部分数据集采用5分制(或5星制)评分，即5分表示最满意，依次递减。尽管实际电子商务系统提供了用户对购买中不同方面的评分，如图1.2所示的淘宝网评分体系，就支持“宝贝与描述相符”、“卖家服务态度”、“卖家发货速度”3种不同子项。但是，在推荐系统形式化建模时却通常只考虑综合评分。同时，用户-项目评分矩阵不一定都是显式给出，也可以基于隐含的用户和项目关系推测得到。如果用户对某项目评过分，其偏好已经从用户-项目评分矩阵中反映出来，已评分项目就不作为推荐给用户的候选对象。因此，推荐系统工作时试图预测用户对未评分项目的偏好程度，由预测分值反映。基于上述分析，推荐系统本质是基于已有的用户-项目评分矩阵(称为训练集)，寻找一个准确的预测函数 P:

$$P: Users \times Items \rightarrow \hat{r}_{ui}, \quad \forall u \in U, i \in I, r_{ui} = \phi \tag{1.1}$$

其中，U 和 I 分别表示用户和项目的集合，任意待预测的用户项目对(u,i)在训练集中的评分为空值。一旦利用预测函数 P 对用户-项目评分矩阵缺失值计算出预测分值后，就很容易产生推荐，即将预测分值最高的项目(或 N 个分值最高的项目集合)推荐给用户，这一过程形式化为

$$\forall u \in U, \quad i_u = \text{argmax}_{i \in I} P(u,i) \tag{1.2}$$

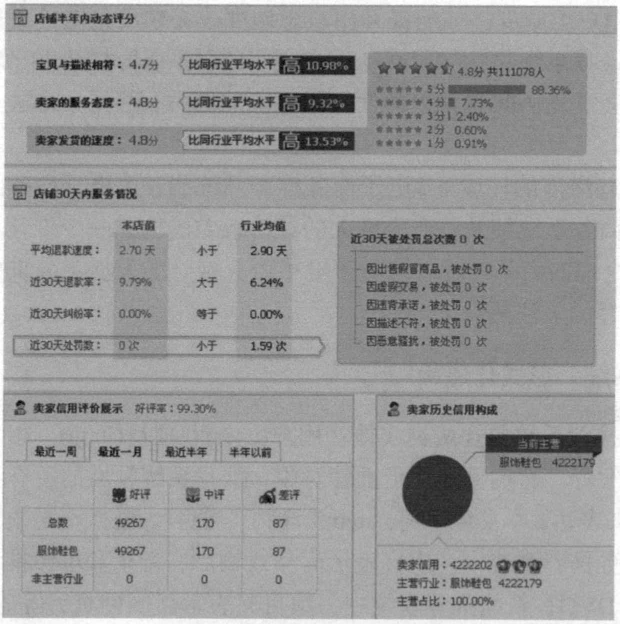

图1.2　淘宝网评分体系

集合 U 和 I 在实际中都非常大，用户规模很容易达到百万级，项目规模则更大，这导致超大规模的用户-项目评分矩阵，因此，依靠遍历评分矩阵整个空间设计预测函数 P 在计算上不可行。围绕计算预测值的效率问题，推荐系统提出了大量各种各样的模型和算法，如基于内容的、协同过滤、混合型、基于矩阵分解的方法等。

推荐算法(recommendation algorithm)决定了预测函数 P 的设计和计算，是整个推荐系统最核心和关键的部分，在很大程度上决定了推荐系统的类型和性能优劣。推荐算法也因此成为探讨推荐系统的核心部分，本书后续章节正是围绕主流推荐算法来介绍电子商务推荐系统。尽管推荐系统是一门交叉学科，与其联系最紧密的是数据挖掘(data mining)，数据挖掘是自动地从大规模数据集中发现有用信息的过程，几乎所有的推荐算法都可以被认为是一种数据挖掘技术[13]。数据挖掘过程大致可分为三个阶段：数据预处理、数据分析以及结果解析，图 1.3 描述了这三个阶段中与推荐算法密切相关的数据挖掘方法。在数据预处理阶段，距离计算、抽样、维度约简等技术经常被用于协同过滤算法。在数据分析阶段，分类技术经常被用于基于内容的推荐算法，关联规则挖掘形成了一种单独的推荐算法，聚类可用于具有相似兴趣的用户群组发现及具有相似属性的商品群组发现。

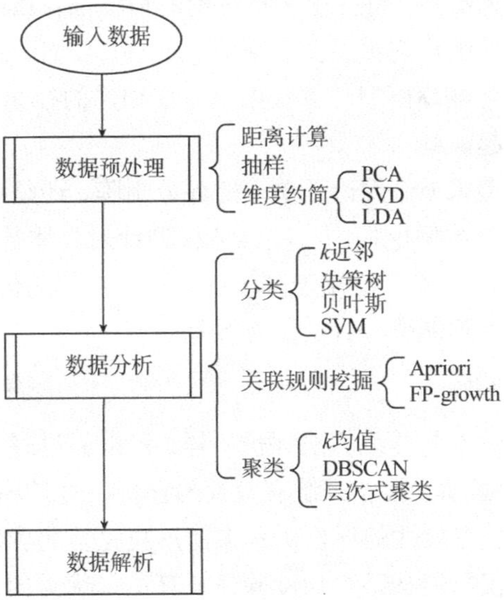

图 1.3　推荐系统中经常使用的数据挖掘技术(图片来源：文献[13])

1.2　推荐系统研究概览

1.2.1　挑战性问题

推荐系统的研究是围绕其面临的挑战性问题而展开的，因此，首先应在清楚了解挑战性问题的基础上，来进一步阐释已有的推荐系统研究工作。本书后续章节将围绕针对推荐系统所面临的挑战性问题的研究工作而展开论述，试图为推荐系统这一活跃的研究领域勾勒出较为全面、清晰的概貌。

1. 推荐算法的准确度和可扩展性

推荐算法一直是推荐系统研究中最核心的问题，关注焦点包括准确度和可扩展性两个方面。准确度是衡量算法的有效性(effectiveness)，可扩展性是衡量算法的效率(efficiency)。目前，如何设计效率快且准确度高的算法仍然是一个开放性话题，百家争鸣，各种各样的推荐算法被提出。导致这一挑战的根本原因在于数据呈现高度稀疏性，即用户和项目规模通常达到百万级，甚至千万级，而已知的评分数据又比较稀少，基于如此稀疏的数据，设计兼顾有效性和效率的算法却是一大挑战。目前已有的研究大多沿着两种思路来设计推荐算法：一种是以稀疏的用户-项目评分矩阵为输入数据，依托数据挖掘技术，提出新的模型和算法，包括协同过滤及其各种变例、基于内容的推荐、基于维度约简的各类模型以及基于关联规则挖掘的推荐等，将在第 2 章介绍这些算法；另一种是在用户-项目评分矩阵的基础上，融入更多的额外数据以缓解稀疏性。将在第 3 章讨论的情境推荐模型与算法中考虑推荐的上下文信息，可能包括用户购买意图、季节、节日、位置、同伴、天气等因素。将在第 4 章讨论的社会化推荐模型与算法中则考虑用户的社会关系信息，将推荐系统与社会网络结合到一起。

从算法采用的模型来看，无论是单一的评分矩阵，还是融入额外数据的复杂输入源，模型本身仍然是数据挖掘中一些经典模型针对具体数据或具体应用的扩展，比如，奇异值分解(SVD)技术广泛用于基于单一评分矩阵的传统推荐和社会化推荐，协同过滤模型也被扩展到能融合社会关系数据。

2. 推荐系统的评价

评价推荐系统的效率与传统算法评价一样，可以通过时空复杂度(大 O 表示法)或运行时间进行比较。但是，推荐系统有效性的评价一直是困扰研究者的一大难题，到目前为止，推荐系统有效性的评价仍然未能形成完整的、公认的体系。几乎所有的推荐算法设计者仅仅只能从某个角度验证其算法是优秀的，而不可能声称某个推荐算法是十全十美的。而我们在对数据挖掘算法研究时很少遇到算法评价的困扰，比如，评价分类算法约定俗成地采用准确率(precision)、召回率(recall)及 F-measure；评价聚类算法则往往使用互信息熵(NMI)、纯度(purity)、Rand Index(R_n)等[14]。

除了推荐系统评价指标体系的缺失，数据的高度稀疏性为离线评价只能评价极少量的已评分记录，在线评价则是一种理想的评价途径，即将推荐结果发布到网站，让用户提交满意度反馈，或通过点击量来推测，但是，在线用户测试需依托具有一定影响力(访问量大)的实际系统，而这些与工业界缺乏较强合作的研究者则很难实施。将在第 5 章介绍推荐系统评价方面的工作。

3. 推荐系统的健壮性

电子商务推荐系统与经济利益相挂钩，网店店主如果能够经常让自己的商品进入推荐列表，同时打压对竞争对手商品的推荐，显然能够攫取可观的收益。同时，电子商务推荐系统应用最为广泛的协同过滤算法面对托攻击(shilling attack)时非常脆弱，这使得恶意用户有了可乘之机[11]。大量研究都是围绕如何提升推荐系统健壮性而展开，大体上沿着两种思路进行。其一，提升推荐算法本身的健壮性，即抗托攻击的能力，通常的思路是放弃协同过滤方法，改用诸如关联规则挖掘、维度约简的方法，但是，这种思路难以改变电子商务推荐系统已经广泛采用协同过滤的现状。其二，研究托攻击检测方法，作为协同过滤的补充手段。这样的研究思路与网络安全极为类似，利用防火墙希望“御敌于国门之外”，对于“漏网之鱼”，则希望利用入侵检测技术在尽量短时间内发现它们，并赶出系统。将在第 6 章详细阐述推荐系统的健壮性领域的研究工作。

4. 多样性和准确性

管理学方面的大量研究指出，电子商务企业的绩效并不遵循帕雷托法则(二八定律)，而是符合重尾分布。这一现象为推荐系统提出了新要求，以推荐流行商品为主的系统固然能提升准确性，但是，提升流行商品销售量不能使电子商务企业获得巨大效益，即对于企业而言，希望提升那些销售量低且处于“长尾”上的商品的销售量。这就为推荐系统设计带来矛盾，既要保持高准确性，又要兼顾推荐结果的多样性。

目前，越来越多的研究者开始关注推荐结果多样性的问题，普遍认为，推荐系统不应当只推荐或经常推荐流行商品，因为流行商品很容易被找到，无需推荐系统的帮助，而一个好的推荐结果列表应该包含一些用户意想不到的结果，或许这也正是用户所期待的。将在第 7 章介绍这一有趣问题以及一些已有的对策。

5. 冷启动现象

冷启动(cold start)问题一直是推荐系统研究面临的一个难题，本质上，冷启动问题仍然是由用户-项目评分矩阵的稀疏性引起的，即大量用户只给出少量评分，同时大量项目也仅得到了少量评分。对于实际电子商务网站，新用户注册、新商品上架就自然而然引起冷启动现象。解决或减轻冷启动现象的应用最广泛的手段是融入额外的信息。将在第 3、4 章介绍的情境推荐和社会化推荐中，大量模型和算法都声称引入情境信息和社会关系之后有助于解决冷启动问题。这样的声称显然是合理的，融入额外数据后，新用户和新商品有了来自于其他数据源的描述，推荐系统也就有了可供使用的输入数据。

除了引入更多的额外信息，挑选种子项目成为一种简洁实用的解决方案。种子项目带来了两种针对冷启动问题的应用方案：其一，直接将种子项目推荐给冷启动用户，类似于将热门排行榜上的商品推荐给一个陌生用户，这似乎是一种“不求有功但求无过”的解决方案；其二，为新用户设置简单的口味测试，将种子项目作为口味测试对象，根据用户提交的对种子项目评价来挖掘用户偏好。如何挑选种子项目成为以上两个解决方案中的核心问题。将在第 7 章介绍几类种子项目选择方法。

6. 推荐系统的用户接口

用户接口影响推荐系统的实际应用效果，推荐系统的用户接口主要是指以何种形式将推荐结果推送给用户，甚至收集用户对推荐结果的反馈。这就要求用户接口重点突出、时机合理、界面简洁、易于反馈。目前，大部分电子商务网站都以图片配合文字的形式呈现推荐结果，如 Amazon、Netflix、淘宝网、当当网等，少量网站使用视频方式呈现推荐结果，如 Hulu。除了结果展示形式，文献[15]指出推荐结果的可解释性至关重要，这类似于以往专家系统给出决策支持建议时，需要给出建议的依据。用户不希望推荐系统看起来像个“黑匣子”(black box)，更希望能看到推荐系统对结果解释其合理性，Amazon 就注意到这个问题，在推荐结果下方会出现“为什么推荐这些商品”的链接。在第 8 章介绍电子商务推荐系统案例时，特别比较了不同设计风格的用户接口，这值得引起推荐系统工程化建设和开发人员的重视。

7. 使用评分数据之外的数据源

尽管主流推荐系统都依赖于用户-项目评分矩阵，但在实践中，推荐系统设计经常依赖于企业或网站所拥有的数据类型，一个经营时间不短的企业或网站都能积累大量的原始数据，多种类型的数据都能反映用户偏好和兴趣，比如，用户点击网站留下的日志数据、商品评论文本、售后投诉记录等。相对于显式评分数据，这些数据能隐式地反映用户偏好和兴趣，而合理使用隐式数据有助于提升推荐系统准确度，并缓解冷启动现象。

目前，由于文本和 Web 日志数据的普遍性，基于文本数据和日志数据挖掘的推荐技术逐渐得到重视。利用观点挖掘(opinion mining)发现文本中隐含的用户观点，及细粒度的对商品具体属性的态度，将有助于构建用户兴趣模型，甚至检测恶意用户。有趣的是，有些推荐系统专门用于推荐有用的评论[16]。另外，用户点击网站 HTML 页面留下的 Web 日志数据成为企业必不可少的数据类型，且往往占据总数据量很高的比例，利用数据挖掘技术从 Web 数据中发现有用模式称为 Web 使用挖掘(Web usage mining)，目前，依托 Web 使用挖掘技术设计推荐系统受到大量关注，比如，Google 新闻推荐系统就是基于日志数据挖掘用户时变的兴趣，进而融合混合型推荐方法产生推荐。将在第 8 章对 Web 使用挖掘技术展开讨论。

1.2.2　本书组织结构

本书介绍推荐系统基本原理和主流技术，学习这些原理和技术将对面向电子商务实际应用设计和开发推荐系统起到关键性作用，同时，本书为有兴趣从事推荐系统领域研究工作的国内学者提供起点，有助于他们了解本领域研究现状，把握关键问题，熟悉基本方法。普遍认为，推荐系统是数据挖掘的一个新兴子领域，因此，在了解基本的数据挖掘概念和方法之后阅读本书将会事半功倍，文献[17]、[18]是业内两本著名的数据挖掘英文教材，文献[19]、[20]是其对应的中文译著。图 1.4 展示了全书 9 个章节的组织结构。

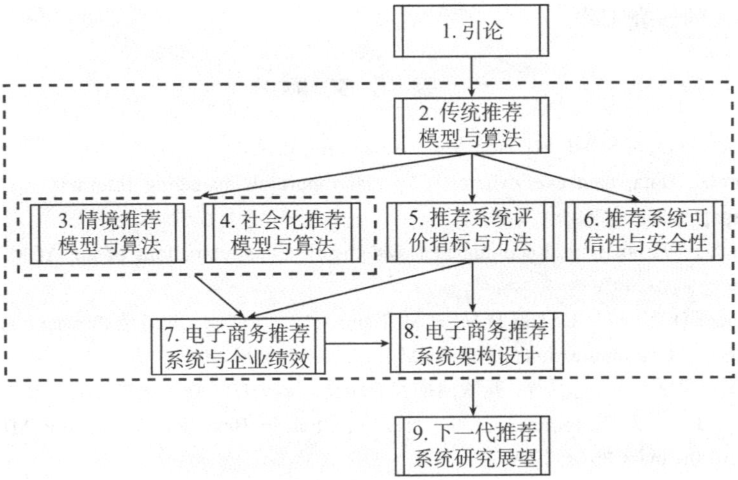

图 1.4　全书章节组织结构

从第 2 章开始展开推荐系统相关技术的讨论，主要介绍以单一的用户-项目评分矩阵为输入的传统推荐模型与算法，包括：协同过滤、基于内容的推荐、潜在语义分析模型、基于关联规则挖掘的推荐等内容，这些模型与算法是推荐系统的基础。

第 3 章和第 4 章分别讨论融入额外数据之后的推荐模型与算法。前一章讨论推荐模型与上下文情境信息的融合，在情境推荐通用模型的基础上，特别对时间和空间两类重要情境信息展开讨论。后一章主要针对由社会网络发展对推荐系统带来的变革，介绍社会化推荐相关模型与算法，包括：社会化协同过滤、社会化标签系统中的推荐、链路预测、作者协作关系网络中的推荐等问题。

第5章介绍推荐系统评价指标与方法，并描述大量已有的公开数据集，试图为推荐系统实验论证的展开提供基础性知识。

第6章针对推荐系统可信性与安全性问题，讨论推荐系统托攻击检测以及健壮性算法等方面的研究工作。

第7章从电子商务推荐系统与企业绩效之间的关系入手，揭示推荐结果多样性的重要性，进而介绍几类多样化推荐技术，并且，还对基于种子项目解决冷启动问题的方法做了简要介绍。

第8章介绍电子商务推荐系统架构设计，从企业可资使用的数据类型和企业需求出发，结合对若干个成功应用于电子商务领域的推荐系统的分析，以期为电子商务企业推荐系统研发人员在实际系统设计过程中提供借鉴。针对日志数据在企业中普遍并大量存在的现状，本章还专门介绍了基于Web日志挖掘的推荐方法。

第9章总结全书，展望推荐系统领域值得进一步探索的方向，以期启发读者开展更为深入的研究工作。

参考文献

[1] Toffler A. Future Shock[M]. New York: Amereon Ltd., 1970.

[2] Cukier K. Data, data everywhere: A special report on managing information[N]. Economist Newspaper, 2010, (1).

[3] Resnick P, Varian H R. Recommender systems[J]. Communications of the ACM, 1997, 40(3): 56-58.

[4] Goldberg D, Nichols D, Oki B M, et al. Using collaborative filtering to weave an information tapestry[J]. Communications of the ACM, 1992, 35(12): 61-70.

[5] 许海玲，吴潇，李晓东，等. 互联网推荐系统比较研究[J]. 软件学报, 2009, 20(2): 350-362.

[6] Pine B J. Mass Customization: the New Frontier in Business Competition[M]. New York: Harvard Business Press, 1999.

[7] Linden G, Smith B, York J. Amazon.com recommendations: Item-to-item collaborative filtering[J]. Internet Computing, IEEE, 2003, 7(1): 76-80.

[8] Schafer J B, Konstan J, Riedl J. Recommender systems in e-commerce[C]//Proceedings of the 1st ACM Conference on Electronic Commerce.Denver, New York:ACM Press,1999: 158-166.

[9] 王立才，孟祥武，张玉洁. 上下文感知推荐系统[J]. 软件学报, 2012, 23(1):1-20.

[10] 孟祥武，胡勋，王立才，等. 移动推荐系统及其应用[J]. 软件学报, 2013, 24(1):91-108.

[11] 伍之昂，王有权，曹杰. 推荐系统托攻击模型与检测技术[J]. 科学通报, 2014, (59): 551-560.

[12] 邓爱林，朱扬勇，施伯乐. 基于项目评分预测的协同过滤推荐算法[J]. 软件学报，2003, 14(9):1621-1628.

[13] Ricci F, Rokach L, Shapira B. Introduction to Recommender Systems Handbook[M].Berlin：Springer, 2011.

[14] Wu J, Xiong H, Chen J. Adapting the right measures for K-means clustering[C]//Proceedings of the 15th ACM SIGKDD International Conference on Knowledge Discovery and Data Mining.

Paris, New York:ACM Press, 2009: 877-886.

[15] Sinha R, Swearingen K. The role of transparency in recommender systems[C]//Proceedings of the CHI'02 Extended Abstracts on Human Factors in Computing Systems.Roman: ACM Press, 2002: 830-831.

[16] O'Mahony M P, Smyth B. Learning to recommend helpful hotel reviews[C]//Proceedings of the third ACM Conference on Recommender Systems.New York, New York:ACM Press, 2009: 305-308.

[17] Tan P N, Steinbach M, Kumar V. Introduction to Data Mining [M]. Boston: Addison-Wesley, 2005.

[18] Han J, Kamber M, Pei J. Data Mining: Concepts and Techniques[M]. Burlington：Morgan Kaufmann, 2006.

[19] Tan P N, Steinbach M, Kumar V.数据挖掘导论[M]. 范明，范宏建，译. 北京：人民邮电出版社, 2006.

[20] Han J, Kamber M, Pei J.数据挖掘：概念与技术[M]. 范明，孟小峰，译. 北京：机械工业出版社, 2001.

第 2 章　传统推荐模型与算法

传统推荐模型的目标是预测用户对未知项目的评分值，然后将预测分值高的项目列表推荐给用户。大部分传统推荐模型都是以用户-项目评分矩阵为输入，事实上，绝大部分电子商务网站都鼓励用户对已购买商品或服务进行评分，比如 Amazon 和淘宝的 5 分制评分体系，5 分(或 5 颗星)表示最满意，1 分表示不满意。本章从最著名的协同过滤模型入手，逐步展开介绍基于内容的推荐模型、潜在语义分析模型和基于关联规则挖掘的推荐等四种传统推荐模型及其包含的算法。

2.1　协同过滤模型

协同过滤模型(collaborative filtering model)是迄今为止最著名、应用最广泛的推荐模型，典型的应用包括全球最大的 B2C 电子商务网站 Amazon、网页资源挖掘机 Digg 和 Stumble Upon 及社会化音乐服务 Last.fm 和 iLike 等。最基本的协同过滤模型以用户-项目评分矩阵 $\boldsymbol{R}$，$\forall r_{ui} \in \boldsymbol{R}$ 为用户 u 对项目 i 的评分值，然后协同过滤模型采用相似性原理，以相似用户或相似项目为依据预测用户对未知项目的评分。因此，本节首先分别介绍基于用户和基于项目的协同过滤模型，然后，总结相似度计算方法，最后介绍融合基于用户和基于项目两种协同过滤的混合型模型。

2.1.1　基于用户的协同过滤

基于用户的协同过滤(user-based collaborative filtering, UCF)[2]符合人们日常生活中的行为习惯，即用户在选择购买商品之前，往往会征询若干好朋友的意见，并且与其关系愈近的朋友产生的影响作用愈大，UCF 正是利用好朋友的喜好来推断某个陌生用户的喜好。图 2.1 阐释了 UCF 的基本工作原理，UCF 深谙志趣相投的道理，假设系统已经知道用户 A 和用户 B 的兴趣，用户 A 对项目 1、2、3、4 感兴趣，而用户 B 对 1、2、3、5 感兴趣，其中 1、2、3 是两个用户共同的爱好，这说明用户 A 和用户 B 相似，那么 UCF 就认为 4 和 5 有可能是用户 B 和用户 A 感兴趣的，于是将 4 推荐给用户 B，把 5 推荐给用户 A。

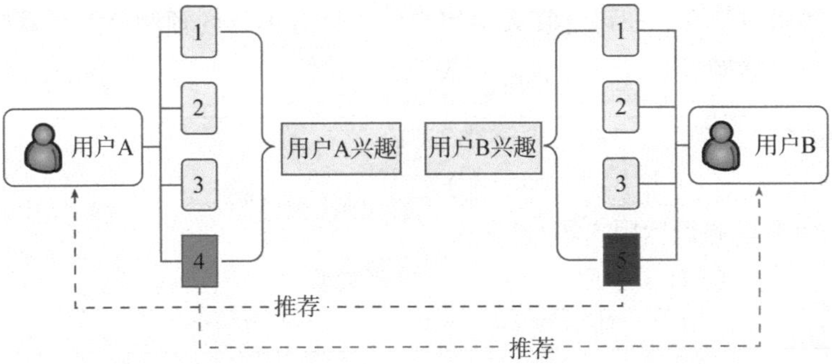

图 2.1　基于用户的协同过滤原理

形式化地，令 Γ_u 为用户 u 评过分的项目，即 $\forall i\in\Gamma_u$，$r_{ui}\neq$null，容易计算用户 u 的平均评分：

$$\bar{r}_u=\frac{\sum_{i\in\Gamma_u}r_{ui}}{|\Gamma_u|} \tag{2.1}$$

设 $sim(u,v)$为用户 u 和用户 v 之间的相似度函数，定义方式多种多样，我们将在 2.1.3 节总结。根据相似度值从大到小排序，可获得用户 u 的 k 近邻用户，即与用户 u 相似度最大的 k 个用户。令 N_{ui} 为用户 u 在项目 i 上的 k 近邻用户，表示对项目 i 评过分的与用户 u 最为相似的 k 个用户，于是，UCF 评分预测函数可以写为

$$\hat{r}_{ui}=\bar{r}_u+\frac{\sum_{v\in N_{ui}}sim(u,v)\,(r_{vi}-\bar{r}_v)}{\sum_{v\in N_{ui}}sim(u,v)} \tag{2.2}$$

式(2.2)试图估计用户 u 对项目 i 的评分与其平均分的偏差，而估计依赖于加权 k 近邻用户的偏差，显然，相似度越高的近邻对偏差估计影响越大。有了预测分值之后，目前通常有两种方法产生推荐列表：

(1) Top-N 推荐：根据用户 u 对所有未评分项目的预测分值，选择预测分值最高的 N 个项目推荐给用户 u。

(2) 阈值推荐：设置阈值 ε，将预测分值不小于 ε 的所有项目推荐给用户 u。

这两种推荐方法具有普适性，即计算出预测分值之后都可使用上述两种推荐方法产生推荐列表，因此，我们在介绍后续推荐模型时将介绍到评分预测函数为止，对推荐列表生成不再赘述。

算法 2.1 给出了 UCF 的伪代码，不失一般性，假设待推荐的目标用户为多个，用集合 α 表示，输出结果 $\boldsymbol{\Omega}$ 集合实际上包含了$|\alpha|$个推荐项目列表。为构建 α 中每个用户的 k 近邻用户集合，需要计算 α 中用户与所有用户(n 个用户)之间的相似度，

基于 k 近邻用户集合，即可计算 α 中用户对未评分项目的预测分值，最后根据预测分值，选择上述两种方法产生推荐列表。

算法 2.1　基于用户的协同过滤(UCF)

输入： $\boldsymbol{R}$：$n \times m$ 维用户-项目评分矩阵

α：待推荐的目标用户集合

输出： $\boldsymbol{\Omega}$：针对 α 中用户的推荐项目列表集合

---

1. 计算 α 中用户与所有用户(n 个用户)之间的相似度
2. 为 α 中每个用户构建 k 近邻用户集合
3. **for**(每条 $\boldsymbol{R}$ 中缺失值 r_{ui}, $u \in \alpha$)
4. 根据公式(2.2)计算 r_{ui} 的预测评分 $\hat{r}_{ui}$
5. **end for**
6. 根据 Top-N 推荐或阈值推荐方法构建 $\boldsymbol{\Omega}$

2.1.2　基于项目的协同过滤

UCF 在预测用户 u 对项目 i 的评分时是以用户 u 为出发点，而基于项目的协同过滤(item-based collaborative filtering, ICF)[3]则以项目 i 为出发点，首先计算项目 i 的 k 近邻项目，再根据用户 u 对 k 近邻项目的评分进行预测。图 2.2 阐释了 ICF 的基本工作原理。

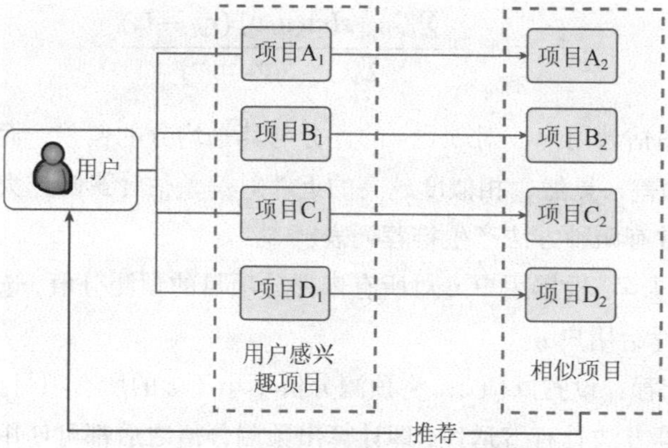

图 2.2　基于项目的协同过滤原理

设 $sim(i,j)$为项目 i 和项目 j 之间的相似度函数，定义方式与 $sim(u,v)$类似，我们仍将在 2.1.3 节介绍。根据 $sim(i,j)$可计算项目 i 的 k 近邻项目，令 N_{iu} 为用户 u 在评过分的项目 i 的 k 近邻项目，ICF 评分预测函数可以写为

$$\hat{r}'_{ui} = \frac{\sum_{j \in N_{iu}} sim(i,j)\, r_{uj}}{\sum_{j \in N_{iu}} sim(i,j)} \tag{2.3}$$

与式(2.2)有所区别，式(2.3)不再估计偏差，而是直接利用 k 近邻项目预测评分值。算法 2.2 描述了 ICF 算法的伪代码，ICF 通常预先计算所有项目之间相似度，形成 $m \times m$ 维项目相似度矩阵，然后根据式(2.3)计算预测分值，最后同样以 Top-N 推荐或阈值推荐方法产生推荐列表。

算法 2.2　基于项目的协同过滤(ICF)

输入： $\boldsymbol{R}$：$n \times m$ 维用户-项目评分矩阵

α：待推荐的目标用户集合

输出： $\boldsymbol{\Omega}$：针对 α 中用户的推荐项目列表集合

---

1. 计算所有项目之间的相似度，形成 $m \times m$ 维项目相似度矩阵
2. **for**(每条 $\boldsymbol{R}$ 中缺失值 r_{ui}, $u \in \alpha$)
3. 为用户 u 评过分的所有项目逐个构建 k 近邻项目集合
4. 根据公式(2.3)计算 r_{ui} 的预测评分 $\hat{r}'_{ui}$
5. **end for**
6. 根据 Top-N 推荐或阈值推荐方法构建 $\boldsymbol{\Omega}$

UCF 和 ICF 关键环节在于计算用户之间和项目之间的相似度，大规模电子商务系统存在大量用户和项目，计算两两之间的相似度确实是不小的工作。同时，用户经常动态变化，比如有新用户加入，这就使得 UCF 需要根据推荐对象实时计算相似度。相对而言，项目信息相对恒定，这使得 ICF 可采用预计算模式计算相似度，即线下或系统闲置时完成项目间相似度的计算，这是 ICF 受到青睐的重要原因。就预测准确性而言，一般认为 UCF 准确性较高，但是，协同过滤模型的准确性本质上还依赖于具体应用数据，某些应用数据上的实验表明，ICF 能达到与 UCF 接近的准确度。综上所述，我们可以粗略地看出 UCF 和 ICF 的优劣，UCF 实时性计算需求较高，但可能具有更高的准确性，而 ICF 适合于线下计算，准确度通常比 UCF 低，不过某些应用场合下 ICF 准确度接近于 UCF。

2.1.3　相似度计算方法

相似度(similarity)的定义和计算是数据挖掘领域的基础议题，也是协同过滤模型的关键环节。本质上，相似度反映高维空间两个点之间的距离，距离可称为不相似性(dissimilarity)。在协同过滤模型中，用户可表示为其对所有项目的评分，即用户-项目评分矩阵 $\boldsymbol{R}$ 的一行，而项目可抽象为被所有用户所评过的分，即用户-项目评分矩阵 $\boldsymbol{R}$ 的一列。简化起见，本节将两个点表示为 n 维向量 $\boldsymbol{x}=\{x_1,\cdots,x_n\}$和

$\boldsymbol{y}=\{y_1,\cdots,y_n\}$来探讨已有的相似度计算方法。

由于用户仅可能对少量项目评分，$\boldsymbol{x}$ 和 $\boldsymbol{y}$ 向量就表现出稀疏性，若对 null-null 分量对计数，大部分用户将表现出极高的相似性，因此，相似度计算通常聚焦于对非空分量的计数，这样有助于反映用户之间的真实相似度。于是，余弦相似度(cosine similarity)和 Jaccard 系数(Jaccard coefficient)成为相似度计算的最简单选择，计算公式分别如式(2.4)和式(2.5)所示：

$$\cos(\boldsymbol{x},\boldsymbol{y})=\frac{\boldsymbol{x}\cdot\boldsymbol{y}}{||\boldsymbol{x}||\,||\boldsymbol{y}||} \tag{2.4}$$

$$\text{Jaccard}\,(\boldsymbol{x},\boldsymbol{y})=\frac{\boldsymbol{x}\cdot\boldsymbol{y}}{||\boldsymbol{x}||^2+||\boldsymbol{y}||^2-\boldsymbol{x}\cdot\boldsymbol{y}} \tag{2.5}$$

其中，$||\boldsymbol{x}||$表示向量 $\boldsymbol{x}$ 的长度，计算方式为$||\boldsymbol{x}||=\sqrt{\sum_{k=1}^{n}x_k^2}$；$\boldsymbol{x}\cdot\boldsymbol{y}$ 为向量点积，计算方式为$\boldsymbol{x}\cdot\boldsymbol{y}=\sum_{k=1}^{n}x_k y_k$。除此之外，皮尔逊系数(Pearson correlation coefficient, PCC)也是推荐系统常用的一种相似度计算方法，计算公式如下：

$$\text{PCC}\,(\boldsymbol{x},\boldsymbol{y})=\frac{\sum_{k\in\boldsymbol{x}\cap\boldsymbol{y}}(x_k-\overline{\boldsymbol{x}})(y_k-\overline{\boldsymbol{y}})}{\sqrt{\sum_{k\in\boldsymbol{x}\cap\boldsymbol{y}}(x_k-\overline{\boldsymbol{x}})^2\sum_{k\in\boldsymbol{x}\cap\boldsymbol{y}}(y_k-\overline{\boldsymbol{y}})^2}} \tag{2.6}$$

其中，$\boldsymbol{x}\cap\boldsymbol{y}$ 表示 $\boldsymbol{x}$ 和 $\boldsymbol{y}$ 向量中非空分量的交集，即$\forall k\in\boldsymbol{x}\cap\boldsymbol{y}$，$x_k\neq$null 且 $y_k\neq$null。因此，余弦相似度、Jaccard 系数和皮尔逊系数都是试图通过非空分量来反映相似度，然而，这种方法容易过高估计两个点之间的相似度，比如，在推荐系统背景下，两个用户实质上不相似，但是，他们恰好共同评分的项目较多，那么上述三种相似度计算方法都容易得出偏高的相似度。有鉴于此，文献[4]提出一种加权方法来弥补对相似度的过高估计，权重定义为

$$\omega=\frac{|\boldsymbol{x}\cap\boldsymbol{y}|}{|\boldsymbol{x}\cup\boldsymbol{y}|} \tag{2.7}$$

实际上，式(2.7)所示的权重说明需要考虑共同非空分量占 $\boldsymbol{x}$ 和 $\boldsymbol{y}$ 所有非空分量的比例，即非空分量交集所占比例越高，说明其对相似度计算的作用越明显。

上述三种相似度是从正面来考虑点之间的相似性，反过来，我们也可以定义距离来计算不相似性，然后通过反比例函数揭示不相似性和相似性的关系。尽管距离函数定义多种多样，但是这些距离函数可以统一用闵可夫斯基距离(Minkowski distance)表达，如式(2.8)所示：

$$d(\boldsymbol{x},\boldsymbol{y})=\left(\sum_{k=1}^{n}|x_k-y_k|^r\right)^{\frac{1}{r}} \tag{2.8}$$

其中，r 是调节参数，取不同值得到不同的距离。比如，r=1 时，闵可夫斯基距离归化为曼哈顿距离(Manhattan distance)，也称为城市街区距离，曼哈顿距离在二进制位上表现为汉明距离(Hamming distance)，反映两个由二进制数构成的向量中不同二进制分量的数量。r=2 时，闵可夫斯基距离归化为欧拉距离(Euclidean distance)，表示了两点之间的直线距离，图 2.3 说明了曼哈顿距离与欧拉距离的区别。

将距离转化为相似度有几种常用的方法可资参考，如果距离值域(或将距离规格化)为[0,1]，距离和相似度关系可简单用式(2.9)表达：

$$sim(\boldsymbol{x},\boldsymbol{y}) = 1 - d(\boldsymbol{x},\boldsymbol{y}) \tag{2.9}$$

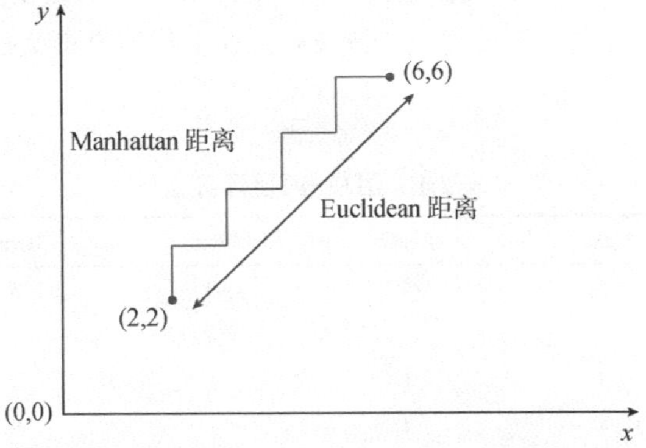

图 2.3　曼哈顿距离与欧拉距离示例

当未对距离进行规格化时，我们还可选择使用式(2.10)~式(2.13)的任意一种方式将距离转化为相似度，式(2.13)中，min_d 和 max_d 分别表示最小和最大距离。

$$sim(\boldsymbol{x},\boldsymbol{y}) = -d(\boldsymbol{x},\boldsymbol{y}) \tag{2.10}$$

$$sim(\boldsymbol{x},\boldsymbol{y}) = \frac{1}{1 + d(\boldsymbol{x},\boldsymbol{y})} \tag{2.11}$$

$$sim(\boldsymbol{x},\boldsymbol{y}) = \mathrm{e}^{-d(\boldsymbol{x},\boldsymbol{y})} \tag{2.12}$$

$$sim(\boldsymbol{x},\boldsymbol{y}) = 1 - \frac{d(\boldsymbol{x},\boldsymbol{y}) - \mathrm{min\_}d}{\mathrm{max\_}d - \mathrm{min\_}d} \tag{2.13}$$

2.1.4　混合型协同过滤

既然 UCF 和 ICF 各有千秋，一个直观想法是能否结合 UCF 和 ICF 产生更精准的推荐，即既考虑用户相似度，又考虑项目相似度，这就是所谓的“混合型协同过滤”(hybrid collaborative filtering, HCF)[5]。最常用的方法是线性组合 UCF 和 ICF 的预测函数，设$\hat{r}_{ui}$是由式(2.2)得出的 UCF 预测分值，$\hat{r}'_{ui}$则是由式(2.3)得出的 ICF 预

测分值，HCF 预测函数写为

$$\hat{r}''_{ui} = \lambda \hat{r}_{ui} + (1-\lambda)\,\hat{r}'_{ui} \tag{2.14}$$

其中，λ 为调节权重，λ 越大，UCF 影响越大；反之，ICF 影响越大。当 λ=1 时，HCF 退化为 UCF；当 λ=0 时，HCF 退化为 ICF。

2.1.5　一个例子

协同过滤是推荐模型中最常用的算法，为便于读者理解，本节举一个例子，说明 UCF、ICF 和 HCF 的计算过程。表 2.1 给出包含 6 个用户和 5 个项目的评分矩阵，下面分别使用 UCF、ICF 和 HCF 三种算法预测 Alice 对未知项目 5 的评分，设相似度利用式(2.6)所示的皮尔逊系数，并设 k=2，即由相似度最大的两个用户或项目决定其预测分值。

表 2.1　用户-项目评分矩阵

	Item1	Item2	Item3	Item4	Item5
Alice	5	4	3	5	?
User1	2		4		4
User2	3	1	3		1
User3	4	4		5	4
User4	3	3	2	1	3
User5		3		1	2
User6	5		3		5

(1) UCF：分别计算 Alice 与其他 6 位用户的相似度，得到与 Alice 最相似的两个用户是 User 6 和 User 3，PCC 值分别为 1 和 0.5，我们以 Alice 和 User 6 相似度计算为例，说明 PCC 的计算过程：

$$\mathrm{PCC}(Alice, U6) = \frac{\sum_{k\in\{I1,I3\}}(x_k-4)(y_k-4)}{\sqrt{\sum_{k\in\{I1,I3\}}(x_k-4)^2\sum_{k\in\{I1,I3\}}(y_k-4)^2}}$$

$$= \frac{(5-4)(5-4)+(3-4)(3-4)}{\sqrt{[(5-4)^2+(3-4)^2][(5-4)^2+(3-4)^2]}} = 1$$

根据式(2.2)，我们可以计算出 Alice 对未知项目 5 的预测评分：

$$\hat{r}_{Alice_{I5}} = \bar{r}_{Alice} + \frac{\sum_{v\in\{U6,U3\}} sim(Alice_{I5}, v)\,(r_{v5}-\bar{r}_v)}{\sum_{v\in\{U6,U3\}} sim(Alice_{I5}, v)}$$

$$= 4.25 + \frac{1\times(5-4.33)+0.5\times(4-4.25)}{1+0.5} = 4.61$$

(2) ICF：从目标项目 5 出发，计算 Item 5 与其他四个项目的 PCC 相似度，得到最相似的两个项目分别为 Item 2 和 Item 4，其相似度值分别为 0.92 和 0.87，我们以 Item 5 和 Item 2 相似度计算为例，说明 PCC 的计算过程：

$$\mathrm{PCC}(I5,I2)=\frac{\sum_{k\in\{U2,U3,U4,U5\}}(I5_k-2.5)(I2_k-2.75)}{\sqrt{\sum_{k\in\{U2,U3,U4,U5\}}(I5_k-2.5)^2\sum_{k\in\{U2,U3,U4,U5\}}(I2_k-2.25)^2}}$$

$$=\frac{\begin{gathered}(1-2.5)(1-2.75)+(4-2.5)(4-2.75)\\+(3-2.5)(3-2.75)+(2-2.5)(3-2.75)\end{gathered}}{\sqrt{\begin{gathered}[(1-2.5)^2+(4-2.5)^2+(3-2.5)^2+(2-2.5)^2]\\\times[(1-2.75)^2+(4-2.75)^2+(3-2.75)^2+(3-2.75)^2]\end{gathered}}}=0.92$$

根据式(2.3)，我们可以计算出 Alice 对未知项目 5 的预测评分：

$$\hat{r}'_{Alice_{I5}}=\frac{\sum_{j\in\{I2,I4\}}sim(I5,j)\,r_{Alice_j}}{\sum_{j\in\{I2,I4\}}sim(I5,j)}=\frac{0.92\times4+0.87\times5}{0.92+0.87}=4.49$$

(3) HCF：HCF 是 UCF 与 ICF 的线性融合，设 λ=0.5，融合式(2.2)和式(2.3)得到 HCF 下 Alice 对未知项目 5 的预测评分：$\hat{r}''_{Alice_{I5}}=4.55$。

2.2　基于内容的推荐模型

基于内容的推荐(content-based recommendation)是指根据用户选择的项目，推荐其他类似属性的项目，该推荐模型源于信息检索方法，通过分析项目内容特征及用户感兴趣项目的特征，计算用户与目标项目的匹配度，将匹配度高的项目推荐给用户。例如，推荐一件大衣依赖于品牌、风格、颜色、价格等信息，因此，基于内容的推荐需要获取丰富的领域知识，这往往需要由领域专家来指定。而上节所介绍的协同过滤模型仅依赖于用户对项目的评分产生推荐，与具体项目属性无关。

2.2.1　项目和用户表示

基于内容的推荐的首要问题是如何详细描述出项目的属性，而用户表示则依赖于项目的表示。我们可以用关系数据库的表对项目建模，每条记录(表的每一行)对应于一个项目，表的列对应于项目的属性集合，表 2.2 以餐馆为例，给出项目表的一个例子，这个数据库就可以作为餐馆推荐的基础，比如，我们观察到用户 A 用餐历史记录中，有 80%的概率选择了西餐，那么我们就可以将 ID=1003 的餐馆推荐给用户 A。显然，表 2.2 所示的项目表可以应用到任何类型的项目，如电子商务交易商品、Web 页面、旅游线路等。

表 2.2　餐馆数据库例子

ID	Name	Cuisine	Service	Price
1001	川味观	川菜	桌餐	CNY 62/人
1002	汉江韩国料理	韩国菜	自助	CNY 53/人
1003	一樽牛排馆	西餐	桌餐	CNY 70/人
1004	法派大厨	铁板烧	自助	CNY 90/人
1005	凯悦虹桥	湘菜	桌餐	CNY 125/人

项目内容属性集合中，不同属性的重要性往往不同，基于内容的推荐经常使用文本检索中常用的加权技术——词频-倒排文本频率(term frequency-inverse document frequency, TF-IDF)对属性加权，本质思想是属性的重要性随着它在数据库中出现的频率成反比下降，即如果大部分项目在某属性上取值相等，那么该属性重要性就降低，因为该属性难以区分不同项目。设项目数量为 m，给定属性 A_i，出现次数为 df_i，A_i 的 TF-IDF 计算公式为

$$w(A_i) = \log\frac{m}{df_i} \tag{2.15}$$

用户兴趣通常由用户的历史浏览和购买记录决定，电子商务网站一般提供用户定制接口，建议用户选择其感兴趣的属性。比如，著名图书电子商务网站 Amazon.com 就支持这一功能，图 2.4 展示了登录用户感兴趣书籍分类的列表，点击感兴趣分类之后，将会出现相关领域的书籍推荐列表。

图 2.4　Amazon.com 书籍推荐中用户感兴趣属性列表

根据用户指定兴趣属性产生推荐有一定的局限性，显然不是每一个用户愿意填写繁复的表单，而且当用户兴趣变化时，用户往往不会及时更新自己的兴趣。同时，根据指定兴趣属性的推荐容易产生过多但质量不高的推荐结果。值得一提的是，还有一类简单的方法通过预定义规则产生推荐，比如，向用户推荐其曾经购买过的歌手的 CD、向用户推荐其购买过连续剧 DVD 的下一部等。这两种方法过多依赖于人为干预，智能化程度不高，下一节我们介绍几种智能化的用户兴趣学习模型。

2.2.2　用户兴趣学习模型

基于用户历史记录学习兴趣偏好本质上是一个分类问题，将历史数据作为训练集学习分类模型，试图对用户是否喜欢某项目做出预测。总的来说，数据分类可划分为两个阶段，第一个阶段构建描述预先定义的数据类或概念集的分类器，称为学习步(或训练阶段)，其中分类算法通过分析或从训练集“学习”来构造分类器。训练集由数据库元组及其相对应的类标号组成，元组 $\boldsymbol{X}$ 用 n 维属性向量 $\boldsymbol{X}=\{x_1,\cdots,x_n\}$ 表示，分别描述元组在 n 个属性 $A_1,\cdots,A_n$ 上的 n 个度量。同时，每个元组 $\boldsymbol{X}$ 都属于一个预定义的类，由称作类标号属性(class label attribute)的属性确定，比如，0 表示不喜欢、1 表示喜欢。第二个阶段使用训练出来的分类器对未知元组进行分类，然后评价其准确率。训练分类器的过程也称为监督学习(supervised learning)，即分类器的学习是在被告知每个训练元组属于哪个类的“监督”下进行的。

1. 决策树归纳

决策树(decision tree)是最基础的分类模型，J. R. Quinlan 提出第一个名为 ID3 的决策树算法，后来提出 C4.5 决策树，与 ID3 发明时间接近，L. Breiman 等几位统计学家提出了 CART。ID3、CART、C4.5 原理类似，都采用贪心策略，自顶向下递归构造决策树，随着决策树的增长，训练集逐渐递归地划分成较小的子集。决策树构造算法可以参考数据挖掘教材[6]，在此我们仅举一个例子让读者对决策树留下直观印象，如果我们考虑为企业推荐 VIP 客户这一应用，客户属性包括购买能力、信誉度、消费能力和单位性质，图 2.5 给出区分 VIP 客户的决策树，对于未知客户，按照其属性取值从决策树根节点开始往下逐步判断，直到到达叶节点为止，叶节点最终给出该客户是否是 VIP 的决断。

事实上，决策树为推荐提供了一系列规则，只不过这些规则并非如 2.2.1 节中所述的由人为指定，而是通过用户历史数据学习获得。比如，图 2.5 的决策树，我们不难得到如下一些规则：{购买能力=“高”→VIP}、{购买能力=“中”且信誉度=“高”→VIP}等。教材[6]指出决策树和规则之间是可以互相转换的。

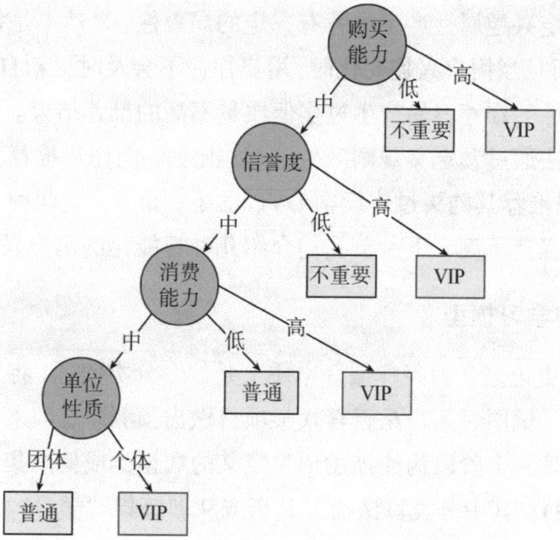

图 2.5　VIP 客户推荐决策树

2. 贝叶斯模型

贝叶斯模型是基于著名的贝叶斯定理的一种经典分类模型，第 6 章还将介绍贝叶斯模型在托攻击检测中的应用，在此，我们简要介绍贝叶斯模型的基本原理。仍然将训练集元组记为 $\boldsymbol{X}$，令 $\boldsymbol{H}$ 为某种假设，比如，$\boldsymbol{H}$ 表示用户对 $\boldsymbol{X}$ 感兴趣，由于训练集元组的类标号属性已知，那么概率 $P(\boldsymbol{X}|\boldsymbol{H})$ 已知，这表示用户感兴趣的项目中与 $\boldsymbol{X}$ 属性相同的项目所占比例。$P(\boldsymbol{H})$ 为先验概率，即用户感兴趣项目的比例，$P(\boldsymbol{H})$ 独立于 $\boldsymbol{X}$。$P(\boldsymbol{X})$ 亦为先验概率，表示与 $\boldsymbol{X}$ 属性相同的项目所占比例。分类的目标是估计后验概率 $P(\boldsymbol{H}|\boldsymbol{X})$，即给定与 $\boldsymbol{X}$ 相同(或相似)属性的项目，用户感兴趣的概率有多大。贝叶斯定理正是描述了后验概率与先验概率之间的关系：

$$P(\boldsymbol{H}|\boldsymbol{X}) = \frac{P(\boldsymbol{X}|\boldsymbol{H})P(\boldsymbol{H})}{P(\boldsymbol{X})} \tag{2.16}$$

基于贝叶斯定理的分类模型通常称为朴素贝叶斯分类法(Naïve Bayesian classifier)，假设 $\boldsymbol{H}$ 为 K 个类标号 $C_1,\cdots,C_K$，$P(\boldsymbol{X}|C_k)$ 由 n 个属性联合决定：

$$P(\boldsymbol{X}|C_k) = \prod_{i=1}^{n} P(x_i|C_k) \tag{2.17}$$

由式(2.17)计算得到 $P(\boldsymbol{X}|C_k)$，我们可以将式(2.16)重写为

$$P(C_k|\boldsymbol{X}) = \frac{P(\boldsymbol{X}|C_k)P(C_k)}{P(\boldsymbol{X})} \tag{2.18}$$

先验概率 $P(\boldsymbol{X})$和 $P(C_k)$根据训练集容易求得，那么如何计算 $P(x_i|C_k)$呢？属性值域可分为连续值和离散值，对于连续属性值，通常可以假定该属性遵循高斯分布，然后由训练集计算出均值和方差，就可唯一获得概率函数；对于离散属性值，通常简单利用二项分布即可求出。

Syskill & Webert 系统[7]基于贝叶斯模型推测用户可能感兴趣的万维网上网页内容，其中，网页被抽象成文本，由关键词及其频率组成(分别对应于属性和属性值)。

3. *k* 近邻模型

决策树和贝叶斯模型都是在给定训练集后，且在接收待分类新元组之前构造泛化模型，这类方法形象地称为急切学习法(eager learner)。反过来，直到确定待分类新元组之后再学习分类模型就可称之为惰性学习法(lazy learner)，亦称基于实例的学习法(instance-based learner)。*k* 近邻是惰性学习法的典型例子。

n 个属性构成高维空间，每个元组表示成 *n* 维向量，*k* 近邻首先通过相似度计算获得待分类元组的 *k* 个近邻元组，然后，利用投票方法将该元组分到包含其 *k* 近邻最多的类，当 k=1 时，待分类元组简单地分配给其最近邻的类。

显而易见，协同过滤本质上使用的是 *k* 近邻思想，只不过高维空间由单纯的评分值构成。因此，如果高维空间融合评分值及项目内容属性，就能得到协同过滤与基于内容的混合式模型，这种方法被认为是解决协同过滤遇到的稀疏性和冷启动用户等问题的有效方案。目前，国内外很多学者已经提出了很多混合式方法，这些方法大体上可以分成四类：①类似于 UCF 和 ICF 的混合，将协同过滤预测函数与基于内容的预测函数线性组合[8]；②以协同过滤为主，融入内容属性[9]；③以基于内容推荐为主，融入协同过滤思想[10]；④设计新的机器学习模型，融合协同过滤和内容属性特征[11]。

2.3　潜在语义分析模型

潜在语义分析(latent semantic analysis)是一类降维方法的总称，其主要思想是将所有数据投影到主要信息维度上，从而起到压缩不相关数据的目标。潜在语义分析模型的核心概念是隐藏变量或潜在变量，这些变量描述了需保留的主要维度，“架”起了高维潜在语义空间。令 *n* 和 *m* 分别为用户和项目数量，*K* 为隐藏变量数量，协同过滤模型是在 *nm* 维矩阵上产生推荐，而潜在语义分析通过矩阵分解将在 $K(n+m)$维上产生推荐，如果 $K(n+m)<nm$，推荐空间就得到了压缩。文献[1]给出在二维潜在空间上的一个简单例子，假设我们用动作片(Action)和浪漫片(Romance)作

为两个隐藏变量，用户和电影都表示成这两个隐藏变量上的向量，如图 2.6 所示，可以看出，Peter 对动作片感兴趣，Mary 对浪漫片感兴趣，而电影 α 和 β 分属浪漫片和动作片，通过用户和电影之间的相似度计算就不难产生推荐。

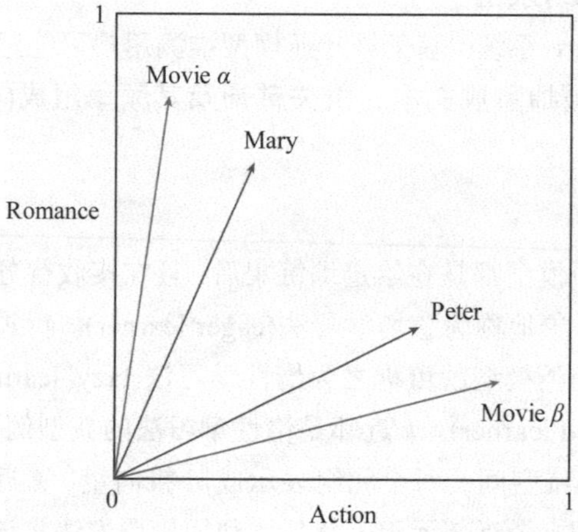

图 2.6　潜在语义分析模型示例(图片来源：文献[1])

潜在语义分析模型在数据挖掘、机器学习和聚类分析中得到了广泛应用，其在推荐系统上成功应用得益于 Netflix 大奖赛的刺激和影响。DVD 出租商店在国内外都是多如牛毛，Netflix 在 1997 年将 DVD 出租业务搬到了因特网上，用户支付固定的月租费，在 Netflix(https://signup.netflix.com/global)网站上选择感兴趣的电影，这些电影光碟就会寄到用户家中，观看没有期限，看完之后再用 Netflix 附上的免费回邮信寄回，Netflix 依靠这种商业模式取得了巨大成功，年收入达 14 亿美金，业务量包括超过 500 万的用户和超过 9 万张 DVD。Netflix 设计开发了名为 Cinematch 的电影推荐系统，根据用户以前的评分数据预测其可能喜欢哪些主题和风格的电影，等新电影发行后为相应的用户群进行推荐，但是，Cinematch 准确度不能令人满意。于是，2006 年，Netflix 设立大奖赛，征集电影推荐系统的最佳算法，第一个能把 Cinematch 准确率提高 10%的参赛者将获得 100 万美金。来自 AT&T 实验室的 KorBell 团队(以 Y. Koren 和 R. M. Bell 两位学者名字命名)勇夺大奖赛总冠军。而 KorBell 团队的获奖算法正是利用了潜在语义分析模型[12, 13]，自此，潜在语义分析模型(本质上是矩阵降维技术)正式进入推荐系统研究者的视野，由于潜在语义分析模型很容易与协同过滤相融合，这种方法也称为基于模型的协同过滤。

潜在语义分析是一类相似思想的方法总称，本节将介绍其中的三种常用方法：奇异值分解(singular value decomposition, SVD)、概率潜在语义分析(probabilistic latent semantic analysis, pLSA)及潜在狄利克雷分配(latent Dirichlet allocation, LDA)，

这些模型具有通用意义，不仅可以应用于推荐系统，也可以用到文本主题分析和社会网络分析等不同领域。

2.3.1　奇异值分解模型

奇异值分解(以下简称 SVD)是线性代数中一种重要的矩阵分解方法，我们以推荐系统为背景介绍 SVD 模型。在 K 维潜在语义空间中，$n\times K$ 维矩阵 $\boldsymbol{U}$ 和 $m\times K$ 维矩阵 $\boldsymbol{V}$ 分别表示用户和项目在 K 维潜在变量上的投影矩阵。设 $\boldsymbol{R}$ 为原始 $n\times m$ 评分矩阵，$\boldsymbol{R}$ 矩阵可以分解为

$$\boldsymbol{R}=\boldsymbol{U\Sigma V} \tag{2.19}$$

其中，$\boldsymbol{\Sigma}$ 为 $K\times K$ 对角矩阵，为 $\boldsymbol{RR}^*$的特征值。在 K 维潜在语义空间中，需要将 $\boldsymbol{\Sigma}$ 做近似处理，为降低矩阵维度，令 $K'<\min(n,m)$，$K'<K$，在 $\boldsymbol{\Sigma}$ 中取 K'个最大的特征值，其他用 0 值代替，就得到近似后的 $\boldsymbol{\Sigma}$，式(2.19)重写为

$$\boldsymbol{R}\approx\widetilde{\boldsymbol{R}}=\boldsymbol{U}\widetilde{\boldsymbol{\Sigma}}\boldsymbol{V} \tag{2.20}$$

随着语义空间维度的降低，SVD 目标是减少原始分值与降维后分值之间的误差，为了描述误差，我们引入矩阵范数(matrix norm)，令$\|\boldsymbol{R}\|_p$表示矩阵 $\boldsymbol{R}$ 的 p-范数，其定义如式(2.21)所示：

$$\|\boldsymbol{R}\|_p=\left(\sum_{i=1}^{n}\sum_{j=1}^{m}\left|r_{ij}\right|^p\right)^{1/p} \tag{2.21}$$

p=2 时，p-范数称为弗罗贝尼乌斯范数(Frobenius norm)或希尔伯特-施密特范数(Hilbert-Schmidt norm)，我们通常使用 Frobenius 范数用于构建 SVD 目标函数，误差的 Frobenius 范数如式(2.22)所示：

$$||\boldsymbol{R}-\widetilde{\boldsymbol{R}}||=\sqrt{\sum_{u=1}^{n}\sum_{i=1}^{m}(r_{ui}-\tilde{r}_{ui})^2} \tag{2.22}$$

我们的任务是学习 $\boldsymbol{U}$ 和 $\boldsymbol{V}$，即用户和项目在 K 维潜在语义空间中的表示，且最小化式(2.22)给出的目标函数。我们可以使用梯度下降算法(gradient descent)递归式求解近最优解，基本思想是从某个点出发，总是选择下降梯度最大(即下降最快)的方向，迭代下去就能找到局部最优点。下面我们介绍推荐系统利用梯度下降算法对目标函数(2.22)的求解过程，简化起见，将对角矩阵$\widetilde{\boldsymbol{\Sigma}}$并入 $\boldsymbol{U}$ 或 $\boldsymbol{V}$，因为$\widetilde{\boldsymbol{\Sigma}}$实际上是 K 个常数，这样就得到预测函数的简化表达。

$$\widetilde{\boldsymbol{R}}=\boldsymbol{UV} \tag{2.23}$$

考虑单个预测评分，式(2.23)等价于：

$$\tilde{r}_{ui} = \sum_{k=1}^{K} u_{uk} v_{ki} \tag{2.24}$$

将式(2.24)代入目标函数(2.22)，并利用微分方法求解梯度，有

$$\frac{\partial}{\partial u_{uk}}(r_{ui} - \tilde{r}_{ui}) = -2u_{uk}\left(r_{ui} - \sum_{k=1}^{K} u_{uk} v_{ki}\right) \tag{2.25}$$

$$\frac{\partial}{\partial v_{ki}}(r_{ui} - \tilde{r}_{ui}) = -2v_{ki}\left(r_{ui} - \sum_{k=1}^{K} u_{uk} v_{ki}\right) \tag{2.26}$$

由梯度下降算法所定义的连续数据点之间关系函数，令 t 为迭代步，对应于梯度下降中的连续数据点，由 t 步迭代结果计算 t+1 步迭代结果，如式(2.27)所示：

$$u_{uk}^{t+1} = u_{uk}^{t} + 2\gamma u_{uk}^{t} e_{ui}^{t}$$

$$v_{ki}^{t+1} = v_{ki}^{t} + 2\gamma v_{ki}^{t} e_{ui}^{t}$$

其中

$$e_{ui}^{t} = r_{ui} - \sum_{k=1}^{K} u_{uk} v_{ki} \tag{2.27}$$

有了上述关于 SVD 原理的阐述及优化算法，我们就可以在给定 K 个隐藏变量后，根据原始用户–项目评分矩阵学习到所有项目和用户在 K 维潜在语义空间中的表示，实际上，我们学习到的是项目特征和用户兴趣。当然，式(2.22)给出的目标函数可以有多种变例，利用梯度下降算法优化也并不唯一。比如，文献[14]提出使用式(2.28)所示的目标函数，避免 $\boldsymbol{U}$ 和 $\boldsymbol{V}$ 中分量过大；文献[15]提出使用随机梯度下降(stochastic gradient descent)算法提升优化质量。我们还将在第 3 章介绍 SVD 模型在情境推荐中的应用。

$$||\boldsymbol{R} - \widetilde{\boldsymbol{R}}||^2 + \frac{\lambda}{2}||\boldsymbol{U}||^2 + \frac{\lambda}{2}||\boldsymbol{V}||^2 \tag{2.28}$$

算法 2.3 给出了基于 SVD 推荐算法的伪代码，算法以 $n\times m$ 维用户-项目评分矩阵 $\boldsymbol{R}$、待推荐的目标用户集合 α、最大迭代步骤 *maxIter* 为输入，根据式(2.27)进行迭代计算，直到误差$||\boldsymbol{R} - \widetilde{\boldsymbol{R}}||$小于阈值 ε 或到达最大迭代步骤 *maxIter* 为止。算法最终输出用户和项目在 K 维潜在语义空间上的投影向量(或称为描述向量)，由此根据式(2.24)计算项目对未评分项目的预测分值，最后以 Top-N 推荐或阈值推荐方法产生推荐列表。需要强调的是，算法 2.3 描述的流程在潜在语义分析模型中具有普遍

意义，下面两节介绍的概率潜在语义分析模型与潜在狄利克雷分配模型仅仅改变了迭代计算公式，而算法流程仍然可用算法 2.3 描述。

算法 2.3　基于 SVD 的推荐算法

输入： $\boldsymbol{R}$：$n\times m$ 维用户-项目评分矩阵

α：待推荐的目标用户集合

maxIter: 最大迭代步骤

输出： $\boldsymbol{U}$: $n\times K$ 维用户潜在语义描述矩阵

$\boldsymbol{V}$: $m\times K$ 维项目潜在语义描述矩阵

$\boldsymbol{\Omega}$：针对 α 中用户的推荐项目列表集合

1.令迭代步骤 t=0，将 $u^t_{uk}\in\boldsymbol{U}$ 及 $v^t_{ik}\in\boldsymbol{V}$ 初始化为随机值
2. **do**
3. 根据式(2.27)计算u_{uk}^{t+1}和v_{ki}^{t+1}，t=t+1
4. 根据式(2.24)计算$\tilde{r}_{ui}$
5. **while** ($||\boldsymbol{R}-\widetilde{\boldsymbol{R}}||>\epsilon\&\&t<maxIter$)
6. $\boldsymbol{U}=\{u_{uk}^t\}$, u=1,⋯,n, k=1,⋯,K
7. $\boldsymbol{V}=\{v_{ik}^t\}$, i=1,⋯,m, k=1,⋯,K
8. 基于预测分值$\tilde{r}_{ui}$利用 Top-N 推荐或阈值推荐方法构建 $\boldsymbol{\Omega}$

2.3.2　概率潜在语义分析模型

概率潜在语义分析(以下简称 pLSA)原理类似于朴素贝叶斯分类器，朴素贝叶斯分类器是在类标号上推导出先验概率与后验概率的关系，而 pLSA 则是在隐藏变量上获取先验概率与后验概率的关系。在 pLSA 模型中，用户 u 和项目 i 在 K 维潜在语义空间中的联合概率可表示为

$$P(u,i)=\sum\nolimits_{k=1}^{K}P(u|k)P(i|k)P(k) \tag{2.29}$$

因为，$P(u|k)P(k)=P(k|u)P(u)$，式(2.29)等价于：

$$P(u,i)=P(u)\sum\nolimits_{k=1}^{K}P(i|k)P(k|u) \tag{2.30}$$

我们注意到 $P(i|k)P(k|u)=P(i|u)$，即用户 u 对项目 i 感兴趣的概率。因此，pLSA 模型的任务转化为学习 $P(i|k)$和 $P(k|u)$，与 SVD 类似思路，我们只需构建合适的目标函数，然后利用优化算法求解。求解概率优化方法最常用的是 EM(expectation maximization)算法[6]。目标函数构建并不唯一，只需既满足式(2.30)的 pLSA 模型，又易于使用优化算法求解。文献[16]提出基于对数概率的目标函数：

$$L(\boldsymbol{\varphi},\boldsymbol{\theta})=\frac{1}{|R|}\sum_{(u,i)}\log P(u|i)=\frac{1}{|R|}\sum_{(u,i)}\log\left(\sum_{k=1}^{K}P(i|k)P(k|u)\right)\tag{2.31}$$

其中，$\boldsymbol{\varphi}$ 和 $\boldsymbol{\theta}$ 为 $P(i|k)$和 $P(k|u)$概率向量，有 $P(i|k)=\varphi_i^{\ k}$，$P(k|u)=\theta_u^{\ k}$；$|R|$表示项目用户非空评分值数量。为利用 EM 算法求解目标函数(2.31)的最优值，我们需将式(2.31)稍作变换，为此，定义 $Q(k|u,i)$为隐藏变量的波动概率分布(variational probability distribution)，表征训练集评分记录在第 k 个隐藏变量上的概率分布。于是，将式(2.31)重写为

$$\begin{aligned}L(\boldsymbol{\varphi},\boldsymbol{\theta})&=\frac{1}{|R|}\sum_{(u,i)}\log\left(\sum_{k=1}^{K}Q(k|u,i)\frac{P(i|k)P(k|u)}{Q(k|u,i)}\right)\\&\geqslant\frac{1}{|R|}\sum_{(u,i)}\sum_{k=1}^{K}Q(k|u,i)\log\frac{P(i|k)P(k|u)}{Q(k|u,i)}\equiv F(Q,\boldsymbol{\varphi},\boldsymbol{\theta})\end{aligned}\tag{2.32}$$

注意，式(2.32)中不等式关系由琴生(Jesen)不等式导出，F 函数为 Lagrangian 函数的下界，因此，最大化 L 等价于最大化 F。将 $F(Q,\boldsymbol{\varphi},\boldsymbol{\theta})$整理得到

$$F(Q,\boldsymbol{\varphi},\boldsymbol{\theta})=\frac{1}{|R|}\sum_{(u,i)}\left\{\sum_{k=1}^{K}Q(k|u,i)\log[P(i|k)P(k|u)]+S_{ui}(Q)\right\}\tag{2.33}$$

其中，$S_{ui}(Q)$为概率分布 Q 的熵，如式(2.34)所示。

$$S_{ui}(Q)=-\sum_{k=1}^{K}Q(k|u,i)\log Q(k|u,i)\tag{2.34}$$

由式(2.33)看出，最大化 F 函数是在 Q 函数约束下(即训练集评分记录)求解 $P(i|k)$ 和 $P(k|u)$，由 Lagrangian 求极值方法，将 F 函数写成 Lagrangian 函数形式：

$$L(Q,\boldsymbol{\varphi}_t,\boldsymbol{\theta}_t)=F(Q,\boldsymbol{\varphi}_t,\boldsymbol{\theta}_t)+\sum_{(u,i)}\lambda_{ui}\left(\sum_{k=1}^{K}Q(k|u,i)-1\right)\tag{2.35}$$

我们对式(2.35)求微分，求得每个评分值上 Q 最优值，如式(2.36)所示。

$$Q_t(k|u,i)=\frac{P_t(i|k)P_t(k|i)}{\sum_{k'=1}^{K}P_t(i|k')P_t(k'|i)}=\frac{\varphi_{i,t}^{k}\theta_{k,t}^{u}}{\sum_{k'=1}^{K}\varphi_{i,t}^{k'}\theta_{k',t}^{u}}\tag{2.36}$$

根据 $P(i|k)=\varphi_i^{\ k}$ 及 $P(k|u)=\theta_u^{\ k}$，我们导出 t+1 步 $P(i|k)$和 $P(k|u)$与 Q_t 之间的关系，相应的 Lagrangian 函数为

$$L(Q_t,\boldsymbol{\theta})=F(Q_t,\boldsymbol{\theta})+\sum_{k}\lambda_k\left(\sum_{i=1}^{m}P(i|k)-1\right)+\sum_{u}\lambda_u\left(\sum_{k=1}^{K}P(k|u)-1\right)\tag{2.37}$$

对式(2.37)求微分得

$$P_{t+1}(i|k)=\varphi_{u,t+1}^{k}=\frac{\sum_u Q_t(k|u,i)}{\sum_i'\sum_u Q_t(k|u,i')} \tag{2.38}$$

$$P_{t+1}(k|u)=\theta_{k,t+1}^{u}=\frac{\sum_i Q_t(k|u,i)}{\sum_k'\sum_i Q_t(k'|u,i)} \tag{2.39}$$

利用 EM 算法迭代求解，最终可以得到 $P(i|k)$和 $P(k|u)$的近最优解，由 $P(i|u)=P(i|k)P(k|u)$，可得用户 u 对项目 i 的预测评分。比较 pLSA 和 SVD 模型，两者基本思想和方法类似，都是通过预定义目标函数，采用迭代方法求近最优解，区别在于，SVD 目标函数通常根据误差来设计，比较简单，pLSA 目标函数需要考虑优化求解时的函数可导性，稍显复杂。但是，利用对数概率设计 pLSA 目标函数的方法经常使用，我们将在第 6 章介绍的半监督学习托攻击检测方法与 pLSA 的目标函数设计和优化异曲同工。

2.3.3　潜在狄利克雷分配模型

pLSA 模型中简单假设 $P(k|u)=\theta_u^k$，即用户 u 在第 k 个潜在变量上的概率满足多项分布(multinomial distribution)，这使得模型参数随 n 和 m 线性增长，式(2.38)和式(2.39)反映出了这个问题。潜在狄利克雷分配(以下简称 LDA)假设 $P(k|u)$遵循 K 维潜在变量上的先验概率分布，一旦我们估计出决定该先验概率分布的参数，就能计算出 $P(k|u)$，这使得 $P(k|u)$的计算规模与 n 和 m 无关，而仅依赖于 K。图 2.7 用概率图展示了 pLSA 和 LDA 的区别。

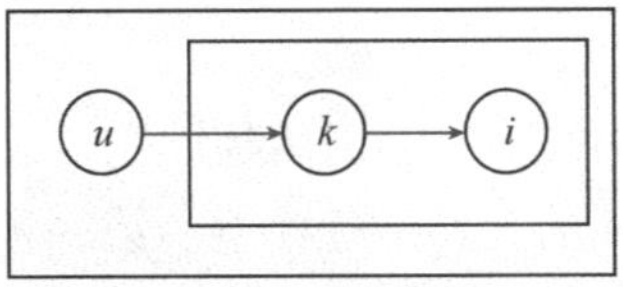

(a) pLSA

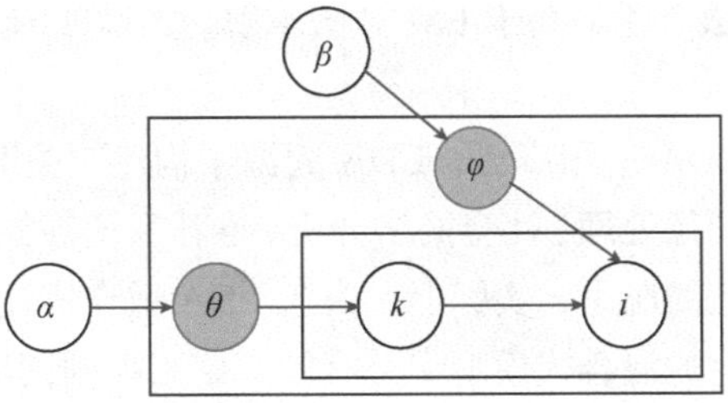

(b) LDA

图 2.7　pLSA 和 LDA 的概率图表达

LDA 假设 θ_u^k 满足参数为 $\boldsymbol{\alpha}$ 的狄利克雷过程(Dirichlet process)，即 $\boldsymbol{\theta}_u\sim\mathrm{Dir}(\boldsymbol{\alpha})$。为帮助读者理解 Dirichlet 过程，我们利用著名的中国餐馆例子来阐释 Dirichlet 过程，

假设一个中国餐馆有无限的桌子，同一桌的人喜欢吃同一道菜(兴趣相同)，某顾客到达时，$k-1$ 张桌子上有顾客落座了。该用户可以选择 $k-1$ 张桌子中的任意一张，也可以选择第 k 张新桌子，用户选择受到桌子上顾客数的影响(即先验分布)，设某桌上的顾客数为 c，第 k 个用户选择这个桌子的概率为 $c/(k-1+\alpha)$，选择新桌子的概率为 $\alpha/(k-1+\alpha)$，α 为参数。

Dirichlet 过程正是刻画了中国餐馆例子给出的过程，在 LDA 背景下，我们不妨这样理解：给定用户 u，在第 k 个潜在变量上的概率用满足参数为 $\boldsymbol{\alpha}$ 的 Dirichlet 过程 $\theta_u^{\,k}$ 来描述。Dirichlet 先验概率分布 $P(\theta_u|\boldsymbol{\alpha})$ 定义为

$$P(\theta_u|\boldsymbol{\alpha}) = \frac{\Gamma(\sum_{k=1}^{K}\alpha_k)}{\prod_{k=1}^{K}\Gamma(\alpha_k)}\prod_{k=1}^{K}(\theta_u^k)^{\alpha_k-1} \tag{2.40}$$

其中，$\Gamma(x)$为γ函数。据此，用户向量由 K 维参数 $\boldsymbol{\alpha}$ 唯一决定。仍然假设 $\boldsymbol{\varphi}$ 为 $P(i|k)$ 概率向量，即描述项目向量的概率分布。对每个训练集中评分值(u,i)，在 $\boldsymbol{\alpha}$ 和 $\boldsymbol{\varphi}$ 下的条件概率如式(2.41)所示。

$$P((u,i)|\boldsymbol{\alpha},\boldsymbol{\varphi}) = \prod_{u}\int \mathrm{d}\theta_u\,P(\theta_u|\boldsymbol{\alpha})\left[\prod_{\mu=1}^{m_u}\sum_{k=1}^{K}P\left(\alpha_{i\mu}\middle|k\right)P(k|\theta_u)\right] \tag{2.41}$$

LDA 最初跟 pLSA 一样，假设 $P(i|k)=\varphi_i^{\,k}$，即 LDA 由参数向量 $\boldsymbol{\alpha}$ 和 $\boldsymbol{\varphi}$ 决定。后来，人们提出同样可以将 $P(i|k)=\varphi_i^{\,k}$ 建模为 Dirichlet 先验概率分布，即 $\boldsymbol{\varphi}_i\sim\mathrm{Dir}(\boldsymbol{\beta})$，概率分布函数类似于式(2.40)。于是，LDA 变成由参数向量 $\boldsymbol{\alpha}$ 和 $\boldsymbol{\beta}$ 决定的模型，图 2.7(b)清晰地描述出 LDA 模型。

LDA 优化模型(或称推理模型)仍然延续先构建目标函数，再迭代优化的思想。文献[17]归纳了 LDA 常用的几种推理模型。第一种与 pLSA 类似，引入 Q 函数，利用琴生不等式得到目标函数下界，再基于 EM 算法求解。第二种基于贝叶斯模型，构建对数概率目标函数，还是基于 EM 算法求解。文献[1]还介绍了基于 Gibbs 抽样的优化方法。

值得强调的是，LDA 应用广泛，LDA 起源于构建“关键词-主题-文本”模型，目前已经广泛应用到图像处理、社会网络分析、推荐系统等领域。本节仅介绍了 LDA 在基于评分矩阵推荐上的应用，实际上，由于 LDA 适合描述属性与元组关系，对构建协同过滤与基于内容的混合式模型十分有效，感兴趣的读者可以参考文献[18]。

2.4　基于关联规则挖掘的推荐

关联规则(association rule)是数据挖掘的一个重要课题，用于从大量数据中挖掘

出有价值的数据项之间的相关关系[6]。关联规则解决的常见问题如："如果一个消费者购买了产品 A，那么他有多大机会购买产品 B？"以及"如果他购买了产品 C 和 D，那么他还将购买什么产品？"。

关联规则一个经典的实例是购物篮分析(market basket analysis)。超市对顾客的购买记录数据库进行关联规则挖掘，可以发现顾客的购买习惯，例如，购买产品 A 的同时也购买产品 B，于是，超市就可以调整货架的布局，比如将 A 产品和 B 产品放在一起，增进销量。

鉴于关联规则与用户购买行为的密切关联性，利用关联规则进行推荐、激发用户关联式购买成为一个显而易见的想法，其潜在假设是当前的购买商品和过去所购买的商品是存在关联的。例如，一个摄影初学者买了一台单反相机，随着摄影水平的提高，他很可能会需要一台三脚架，进而再需要一个快门线。

2.4.1　频繁模式与关联规则挖掘

根据文献[6]的定义，我们对关联规则和频繁模式进行形式化描述。假设 $I=\{I_1,I_2,\cdots,I_m\}$ 是项(item)的集合，项可以理解为商品或推荐对象。给定事务数据库(transaction database) $D=\{T_1,T_2,\cdots,T_n\}$，其中每个事务 T_i 是 I 的非空子集，即 $T_i\subseteq I$。关联规则是形如 $X\Rightarrow Y$ 的蕴含式，其中 $X,Y\subseteq I$，$X\cap Y\neq\varnothing$，X 和 Y 分别称为关联规则的先导和后继。关联规则 $X\Rightarrow Y$ 在 D 中的支持度(support)为 D 中事务包含 $X\cup Y$ 的百分比，即概率 $P(X\cup Y)$，置信度(confidence)则为包含 X 的事务中同时包含 Y 的百分比，即条件概率 $P(Y|X)$。计算公式分别如式(2.42)和式(2.43)所示：

$$support(X\Rightarrow Y)=P(X\cup Y)=\frac{\sigma(X\cup Y)}{|D|} \tag{2.42}$$

$$confidence(X\Rightarrow Y)=P(Y|X)=\frac{\sigma(X\cup Y)}{\sigma(X)} \tag{2.43}$$

其中，$\sigma(X)$表示 X 在 D 中出现的次数。如果同时满足最小支持度阈值和最小置信度阈值，则认为关联规则是有趣的，这些阈值由用户或者专家设定。表 2.3 是顾客购买记录的数据库 D，包含 6 个事务。项集 I={网球拍,网球,运动鞋,羽毛球}。考虑关联规则："网球拍⇒网球"，事务 1,2,3,4,6 包含网球拍，事务 1,2,6 同时包含网球拍和网球，规则"网球拍⇒网球"的支持度为 3/6=0.5，置信度为 3/5=0.6。若给定最小支持度为 0.5，最小置信度为 0.6，关联规则"网球拍⇒网球"是有趣的，认为购买网球拍和购买网球之间存在强关联。

表 2.3　事务数据库例子

TID	网球拍	网球	运动鞋	羽毛球
1	1	1	1	0
2	1	1	0	0
3	1	0	0	0
4	1	0	1	0
5	0	0	1	1
6	1	1	0	0

频繁模式挖掘可以产生各种类型的规则和其他有趣的联系，关联规则是从频繁模式产生的最常用的一类规则，因此，关联规则挖掘本质上是频繁模式挖掘。频繁模式挖掘的任务是，给定最小支持度 s，在 D 中找到所有 I 的子集 X，满足 $X \subseteq I$ 且 $support(X) \geqslant s$。最著名的频繁模式挖掘算法有两种：①由 R. Agrawal 和 R. Srikant 于1993年提出的Apriori算法；②由 Jiawei Han 和 Jian Pei 于2000年提出的FP-growth算法。这两种算法在数据挖掘领域享有盛誉，几乎被任何一本数据挖掘教材纳入讨论范围，本书就不再展开叙述。总的来说，Apriori 和 FP-growth 都是利用支持度的反单调性剪枝，以压缩搜索空间。Apriori 采用广度优先遍历，产生 k 项候选集，然后利用支持度的反单调性，“剪”去非频繁项集的超集。而 FP-growth 提出利用 FP-tree 对事务数据集压缩存储，构建频繁项集的条件 FP-tree 子树，进行递归式挖掘。一般而言，FP-growth 挖掘速度较快，但是，需要耗费较大的空间存储 FP-tree，算法也较为复杂；反之，Apriori 算法易于理解，无须存储整个数据集，但是，挖掘速度较慢。尽管数据挖掘领域已有大量研究试图通过各种方法提升频繁模式挖掘效率，如并行计算、集群计算，甚至目前流行的 MapReduce 云计算框架等，但是，关于频繁模式挖掘的研究仍然方兴未艾，呈现出开放性。

2.4.2　基于关联规则的推荐

尽管关联规则与推荐系统的紧密联系显而易见，但是，目前基于关联规则推荐方面的高水平研究尚不多见，主要原因恐怕在于在关联规则领域很难取得较大的理论性突破，这极大限制了基于关联规则推荐研究的理论性。不过，我们认为基于关联规则推荐不失为一种简单有效的模型，尤其在市场营销、零售业及电子商务领域。

Sandvig 等的研究表明[21]，基于关联规则的推荐比协同过滤模型具有更好的健壮性，即不易于受到托攻击的负面影响，第 6 章将详细讨论推荐系统托攻击方面的议题，在此，我们将介绍 Sandvig 等提出的基于关联规则的推荐方法[21]。

仍然以用户-项目评分矩阵为输入，关联规则挖掘的前提是生成事务数据集，由于评分值的大小暗示了用户是否喜欢某项目。通过分值离散化，我们不难产生两个事务数据集：喜欢 D_{like} 和不喜欢 D_{dislike}，给定阈值 δ，D_{like} 和 D_{dislike} 形式化为

$$D_{\text{like}} \coloneqq \{T_u \in D_{\text{like}} | \forall i \in T_u, r_{ui} > \delta\}$$
$$D_{\text{dislike}} \coloneqq \{T_u \in D_{like} | \forall i \in T_u, r_{ui} \leqslant \delta\} \tag{2.44}$$

利用 Apriori 或 FP-growth 算法可以从中挖掘出 D_{like} 和 D_{dislike} 两类频繁模式，从而生成关联规则，从 D_{like} 挖掘的频繁模式表示了用户喜欢的项目集合，反之亦然。给定关联规则 $X \Rightarrow Y$，若 $X \subseteq r_u$，即用户 u 对 X 中所有项目都评过分，且分值都大于阈值 δ，则将 Y 中所有项目推荐给 u。同时，关联规则的 $X \Rightarrow Y$ 置信度表征了推荐 Y 时的置信度，置信度越高说明对 Y 感兴趣程度越大。从 D_{dislike} 挖掘的关联规则则表示了用户 u 可能厌恶的项目，如果某项目同时出现在 D_{like} 和 D_{dislike} 的关联规则中，文献[21]提出利用两者置信度之差来衡量用户 u 的兴趣程度。

文献[22]在事务数据集中增加了时间戳，考虑序列事务数据的频繁模式挖掘，并提出衡量用户对每个序列事务的感兴趣程度的指标，以此为依据向用户产生推荐。

参 考 文 献

[1] Lü L, Medo M, Yeung C H, et al. Recommender systems[J]. Physics Reports, 2012, 519(1): 1-49.

[2] Konstan J A, Miller B N, Maltz D, et al. GroupLens: applying collaborative filtering to Usenet news[J].Communications of the ACM, 1997, 40(3): 77-87.

[3] Sarwar B, Karypis G, Konstan J, et al. Item-based collaborative filtering recommendation algorithms[C]//Proceedings of the 10th International Conference on World Wide Web. Hong Kong,New York:ACM Press, 2001: 285-295.

[4] McLaughlin M R, Herlocker J L. A collaborative filtering algorithm and evaluation metric that accurately model the user experience[C]//Proceedings of the 27th Annual International ACM SIGIR Conference on Research and Development in Information Retrieval.Sheffield,New York:ACM Press, 2004: 329-336.

[5] Cao J, Wu Z A, Wang YQ,et al. Hybrid collaborative filtering algorithm for bidirectional Web service recommendation [J].Knowledge and Information Systems, 2013, 36(3): 607-627.

[6] Han J, Kamber M, Pei J.数据挖掘：概念与技术[M]. 范明，孟小峰译. 北京：机械工业出版社, 2001: 232-233.

[7] Pazzani M, Billsus D. Learning and revising user profiles: The identification of interesting Web sites[J].Machine Learning, 1997, 27(3): 313-331.

[8] Claypool M, Gokhale A, Miranda T, et al. Combining content-based and collaborative filters in an online newspaper[C]//Proceedings of ACM SIGIR Workshop on Recommender Systems. Berkeley, New York: ACM Press, 1999：60.

[9] Balabanović M,ShohamY. Fab:content-based,collaborative recommendation[J].Communications of the ACM, 1997, 40(3): 66-72.

[10] Soboroff I, Nicholas C. Combining content and collaboration in text filtering[C]//Proceedings of the IJCAI.Stockholm,Burlington:Morgan kaufmann, 1999, 99: 86-91.

[11] Yu K, Schwaighofer A, Tresp V. Collaborative ensemble learning: Combining collaborative and

content-based information filtering via hierarchical bayes[C]//Proceedings of the Nineteenth Conference on Uncertainty in Artificial Intelligence.Acapulco,Burlington:Morgan Kaufmann, 2002: 616-623.

[12] Bell R M, Koren Y. Improved neighborhood-based collaborative filtering[C]//Proceedings of KDD Cup and Workshop at the 13th ACM SIGKDD international Conference on Knowledge Discovery and Data Mining. San Joes,New York:ACM Press,2007: 75-79.

[13] Koren Y. Factorization meets the neighborhood: a multifaceted collaborative filtering model[C]//Proceedings of the 14th ACM SIGKDD International Conference on Knowledge Discovery and Data Mining. Las Vegas,New York:ACM Press,2008: 426-434.

[14] Takacs G, Pilaszy I, Nemeth B, et al. On the gravity recommendation system[C]//Proceedings of KDD Cup and Workshop. San Joes,New York:ACM Press, 2007.

[15] Gemulla R, Nijkamp E, Haas P J, et al. Large-scale matrix factorization with distributed stochastic gradient descent[C]//Proceedings of the 17th ACM SIGKDD International Conference on Knowledge Discovery and Data Mining. San Diego,New York:ACM Press, 2011: 69-77.

[16] Hofmann T. Latent semantic models for collaborative filtering[J]. ACM Transactions on Information Systems, 2004, 22(1): 89-115.

[17] Blei D M, Ng A Y, Jordan M I. Latent dirichlet allocation[J]. The Journal of Machine Learning Research, 2003, (3): 993-1022.

[18] Agarwal D, Chen B C. fLDA: matrix factorization through latent dirichlet allocation[C]// Proceedings of the Third ACM International Conference on Web Search and Data Mining. New York,New York:ACM Press,2010: 91-100.

[19] Agrawal R, Imieliński T, Swami A. Mining association rules between sets of items in large databases[C]//Proceedings ofthe ACM SIGMOD Record. Washington D. C.,New York: ACM Press,1993, 22(2): 207-216.

[20] Han J, Pei J, Yin Y. Mining frequent patterns without candidate generation[C]//Proceedings of the ACM SIGMOD Record.Dallas,New York:ACM Press,2000, 29(2): 1-12.

[21] Sandvig J J, Mobasher B, Burke R. Robustness of collaborative recommendation based on association rule mining[C]//Proceedings of the 2007 ACM Conference on Recommender Systems. Minneapolis,New York:ACM Press,2007: 105-112.

[22] Yap G E, Li X L, Philip S Y. Effective next-items recommendation via personalized sequential pattern mining[C]//Proceedings of Database Systems for Advanced Applications. Busan,Berlin: Springer,2012: 48-64.

第 3 章 情境推荐模型与算法

3.1 推荐系统情境信息

3.1.1 什么是情境信息

早期客户行为分析方面的研究表明，客户在不同的环境中表现出对不同商品和品牌的偏好[1, 2]，即用户兴趣并非一成不变，而是随着所处环境而改变。传统推荐模型仅考虑“用户-项目”评分关系，而未考虑用户兴趣是随着其所处环境而发生变化。事实上，推荐系统也应当根据用户所处环境的不同而产生与环境尽量贴切的推荐，以下三个场景足以揭示上下文环境对推荐结果的影响。

场景 1：用户在工作日早晨倾向于阅读新闻时事，晚上则更愿意了解股票信息，而用户在周末更需要的可能是娱乐新闻或购物信息。

场景 2：电影推荐更容易受到用户同伴的影响，用户与其情侣、朋友或父母感兴趣的电影主题很可能有所区别。

场景 3：电子商务推荐受到用户购买意图的影响，不同的购物意图可能导致不同的购物行为。比如，用户可能购买书籍提升专业技能、购买包或鲜花作为礼物、购买电子产品满足生活需要等。

推荐系统领域将刻画上下文环境的因素统称为情境信息(contextual information)，情境信息通常需要根据具体应用需求和用户需求而确定，尚且没有形成统一的定义[3]。在电子商务推荐领域，情境信息可能包括用户购买意图、季节、节日、位置、同伴、天气等因素。更广泛的情境信息还可能包括设备类型、社会网络、情绪等。因此，情境信息外延颇广，我们不妨将情境信息理解为除了“用户-项目”评分信息之外，影响推荐系统且能辅助预测的所有因素。

获取情境信息是情境推荐的基础，Adomavicius 和 Tuzhilin 将情境信息获取方式归纳为以下三种[3, 4]：

(1) 显式获取(explicitly)：通过物理设备感知、用户问询、用户提交表单等方式，直接获取一些简单情境信息。比如，GPS 设备直接可以感知位置，用户注册资料包含了居住地、性别、年龄、兴趣爱好等信息。

(2) 隐式获取(implicitly)：利用已有数据或周围环境间接获取情境信息。例如，由时间可以获得季节和节日等相关信息，由移动电话公司可以获得用户位置及其变化等信息。

(3) 推理获取(inferring)：对于一些较为复杂的情境信息，需要使用统计学方法或数据挖掘技术推理获得。比如，构建分类器，分析用户发表的微博，以获取用户的情绪分类，如高兴、悲伤、中性等[5]。

Dourish 指出不同应用问题应当考虑不同类型的情境信息[6]，显然，不同类型的情境信息对针对不同领域推荐任务的影响程度是不同的。而目前的情境推荐模型大多预定义恒定不变的情境因素集合，如何准确选择影响程度较大的情境因素成为构建有效情境推荐模型的先决条件。很多研究工作围绕如何选择有效的情境因素展开。Adomavicius 等提出由领域专家选定影响该领域推荐的重要情境信息作为候选集合，然后利用统计方法测试这些候选情境信息是否真正对应用产生较大的影响[7]。比如，利用配对样本 T 检验观察好天气和坏天气、单独和有同伴这两对情境因素是否对看电影感受产生显著影响。Van Setten 等建议由用户输入规则显式指定其关注的情境因素[8]，如基于位置而不是价格为我推荐咖啡馆。Yap 等则利用数据挖掘方法确定最佳情境因素集合[9]。

3.1.2 情境信息的层次式表征

情境信息具有聚合特性，即一类情境因素包含多个子属性。比如，假设电影推荐应用中考虑三个情境因素：剧院(Theater)、时间(Time)和同伴(Companion)，每个因素可以表示为式(3.1)~式(3.3)所示的多元组：

$$\text{Theater::=<TheaterID, Name, Address, Capacity, City, Country>} \tag{3.1}$$

$$\text{Time::=<Date, TimeOfWeek, Weather, Festival>} \tag{3.2}$$

$$\text{Companion::=<CompanionType>} \tag{3.3}$$

在式(3.2)中，节日又可定义为：Festival::=<none, Valentine’s Day, Chinese New Year, Chinese Qixi, National Day>；式(3.3)中的同伴类型又可定义为：CompanionType::=<alone, friends, girlfriend/boyfriend, family, co-workers, others>。

由上述例子可以看出，情境信息可以用不同的类来描述，每个类包含了某方面的情境因素。每个类的情境信息可能包含多个子类，呈现出极为复杂的层次结构。目前，大部分情境推荐系统都采用树形结构来表达情境信息的层次结构。Palmisano 等[10]情境信息层次结构的形式化表示，设 $\boldsymbol{K}$ 为情境维度集合，$\boldsymbol{K}$ 中每一维情境信息 K_i 表示为 q 层的结构，有 $K_i=(K^1,\ldots,K^q)$，其中 K^q 是粒度最细的层次，K^1 是粒度最粗的层次。图 3.1 给出电子商务推荐中购买意图的层次树，K^1={Personal, Gift}，即为个人和礼物的购物意图。个人购物意图又进一步分为工作、生活和其他三类，礼物购物意图又进一步分为合作伙伴和家人两类，因此，K^2={Personal/Work, Personal/Life,Personal/Other, Gift/Partner, Gift/Family}。

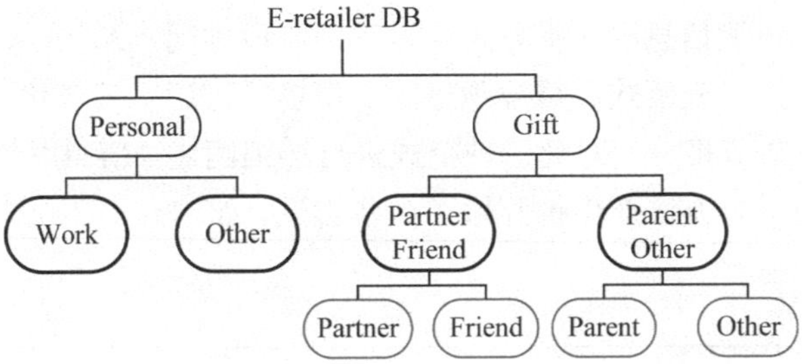

图 3.1　电子商务推荐应用购买意图情境信息层次树

情境信息的层次结构还可以采用在线分析处理(on-line analytical processing, OLAP)所定义的数据立方体(cube)来表达[7]，数据立方体是从多维对数据建模和观察的工具，每个维都有一个关系表与之相关联，称为维表。因此，每类情境信息对应于数据立方体的一个维，而其包含的情境因素用维表来表示。情境信息 K_i 对应于 D_i，D_i 是维表所有属性笛卡儿积的子集，即 $D_i \subseteq A_{i1} \times \cdots \times A_{ik}$。由关系数据库理论，一个或几个维表属性形成主码，唯一标识情境信息维的一个实例。维表属性是由领域专家结合情境因素选择方法预定义的有效情境因素。比如，用户可以表示为：$User \subseteq Uname \times Add \times Income \times Age$，商品可以表示为：$Product \subseteq Pname \times Type \times Price$。事实上，利用树形结构和维表表示层次式的情境信息并不矛盾，如果我们以树形结构中粒度最细的层次 K^q 建立维表，每个属性值取 0-1 布尔值，就得到相同的表达。如图 3-1 中所示的购买意图可以表示为维表形式：PurchasingIntent$\subseteq$*Personal/Work*×*Personal/ Lift*×*Personal/Other*×…。

3.2　融合情境信息的推荐模型

由第 2 章的介绍可知，传统推荐模型实际上是二维空间 $U \times I$ 中的预测任务，如何在推荐模型中融入情境信息成为情境推荐的关键问题。总体上看，情境信息融合方法可以分为两类[4]：①基于情境信息检索的推荐；②基于情境信息的偏好抽取和预测的推荐。第①类方法首先根据情境信息检索资源，然后利用传统推荐模型产生推荐。比如，需要为儿童推荐书籍，首先以“儿童”为检索条件获取儿童类书籍形成资源库，然后利用“用户-项目”评分关系和协同过滤算法产生推荐列表。这类方法目前广泛应用于移动和旅游推荐系统，其中比较著名的有 Cyberguide[11]、GUIDE[12]、INTRIGUE[13]、COMPASS[8]、MyMap[14]等。Cyberguide[11]旅游推荐原型系统为移动用户提供旅游指南服务，它融合用户历史和当前位置信息作为产生推荐的情境信息。

近年来的研究大多聚焦于第②类方法，这类方法试图基于情境信息学习和勾勒用户兴趣，根据情境信息融入推荐生成过程的阶段不同，Adomavicius 等将第②类情境融入方法分为三种范式：情境预过滤、情境后过滤、情境化建模，图 3.2 描述了三者的区别，本节将分别对此三种范式进行详细阐述。值得一提的是，已有少量对结合两类情境融合方法产生推荐做了一些尝试，如 News@hand[15]和 UbiquiTO[16]系统等。

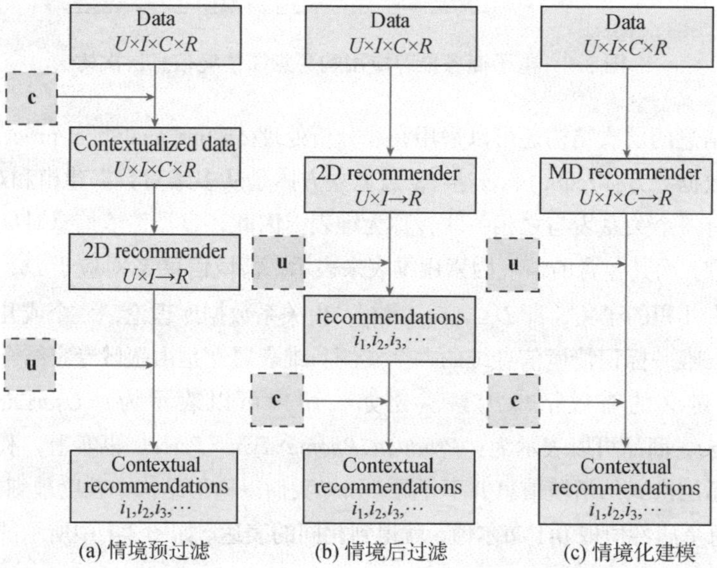

图 3.2　Adomavicius-Tuzhilin 分类范式(图片来源：文献[4])

3.2.1　情境预过滤

情境预过滤在推荐生成之前，利用情境信息过滤掉无关的“用户-项目”评分数据，从而构建符合当前情境的数据集，然后采用传统推荐模型和算法以过滤后的数据集为输入产生推荐结果。此时，情境信息类似于查询条件，但是，情境预过滤与基于情境信息检索推荐的区别在于，前者是对评分数据集的筛选，而后者仅仅是对项目集合(即推荐对象)的筛选。

基于约简的方法(reduction-based approach)就属于情境预过滤范式[7]，该方法通过由融入情境信息的多维空间约简到传统推荐模型的二维空间中解决。考虑融入时间因素的三维推荐问题，推荐生成函数如式(3.4)所示：

$$R^{D}_{User\times Item\times Time}: U\times I\times T\rightarrow Rating \tag{3.4}$$

其中，D 为输入数据集，包含由 4 元组<*User, Item, Time, Rating*>构成的记录，U、I、T 分别表示维度 *User*、*Item*、*Time* 的值域。给定时刻 t，三维推荐模型可以约简为传统二维推荐模型，如式(3.5)所示：

$$\forall(u,i,t)\in U\times I\times T, R^{D}_{User\times Item\times Time}(u,i,t)=R^{D[Time=t](User,Item,Rating)}_{User\times Item}(u,i) \tag{3.5}$$

式(3.5)的[*Time*=*t*]为一个简单的情境预过滤条件，*D*[*Time*=*t*](*User, Item, Rating*)表示过滤后的评分数据集，通常称为情境化分片(contextual segment)，它仅包含 t 时刻的用户、项目及评分记录。当 D 是关系型数据库时，情境预过滤操作由简单的选择和投影操作就可实现。

当然情境信息通常不仅仅是时间，Adomavicius 等提出泛化预过滤(generalized pre-filtering)来处理多维情境信息。令 $c=(c_1,\cdots,c_k)$为 k 维情境信息，$c'=(c'_1,\cdots,c'_k)$为 c 的泛化情境预过滤条件，当且仅当 $c_i\rightarrow c'_i$，$i=1,\cdots,k$，即 c'_i 能由 c_i 的层次式表征模型导出。例如，我们希望在阳光明媚的周末为用户推荐电影，过滤后评分数据集记为 *D*[*Sunny, Weekend*]，过滤过程如式(3.6)所示：

$$D[Sunny, Weekend]=\{d\in D|(d.Weather=Sunny)\wedge(d.Time.Weekend=yes)\} \tag{3.6}$$

本质上，泛化预过滤是对评分数据集 D 的多重条件选择，当情境预过滤条件比较模糊时，同个用户可能在不同情境下对项目评不同分，因此，需要利用聚集函数获得单一分值，比如，聚集函数可以是平均值函数 *AVG*。

情境预过滤的一大优势在于它能与任何传统推荐算法相结合，我们以约简方法为例介绍其与传统推荐算法结合使用策略，令 A 为任意一种传统推荐算法，A 可以是第 2 章中介绍的任何一类协同过滤算法或混合式方法。文献[7]提出一种两阶段策略，第一阶段选择最优的情境化分片，以算法 A 进行在情境预过滤后数据上的预测准确率，优于 A 直接运行在原始数据集上的预测准确率作为目标函数，算法伪代码如算法 3.1 所示。以不同情境预过滤条件可获得不同的情境化分片，算法 3.1 第 1 行以 N 为阈值，保留较大的情境化分片。算法 3.1 第 2 行分别在情境化分片 S 和原始数据集 D 上运行 A 算法，计算性能指标函数 $\mu_{A,S}(S)$和 $\mu_{A,D}(S)$，性能指标函数使用衡量预测准确性的 MAE(mean absolute error)，即预测分值与真实分值的平均误差，如式(3.7)所示。为获取真实分值，一系列数据挖掘分类器评估方法可资使用，如随机抽样(resampling)、交叉验证(cross-validation)、自助法(bootstrap)等。最后，算法 3.1 第 3 行丢弃 *SEGM*(*D*)中的重复分片，仅保留较大的且性能较优的分片。

$$\mu_{A,X}(S) = \frac{\sum_{d \in S} |d.R_{A,X} - d.R|}{|S|} \tag{3.7}$$

算法 3.1　情境化分片选择

输入： D：评分数据集；$R_{A,X}$：算法 A 在训练数据集 X 上的评分预测函数 μ：性能指标函数；N：确定“大”情境化分片的数量阈值

输出： $SEGM(D)$：情境化分片集合

---

1. $SEGM(D)$初始化为所有数量大于 N 的情境化分片，即$\forall S \in SEGM(D)$, $|S| \geqslant N$
2. $\forall S \in SEGM(D)$，计算 $\mu_{A,S}(S)$和 $\mu_{A,D}(S)$，保留 $\mu_{A,S}(S)$优于 $\mu_{A,D}(S)$的情境化分片
3. 丢弃 $SEGM(D)$中的分片 S，当且仅当$\exists Q \in SEGM(D), S \subset Q$,且 $\mu_{A,Q}(Q)$优于 $\mu_{A,S}(S)$

基于第一阶段输出的性能优于原始数据集的情境化分片集合，第二阶段融合传统推荐算法预测数据点分值，算法伪代码如算法 3.2 所示。首先将 $SEGM(D)$中分片按照 μ 从高到低排序，即优先选择平均误差较小的分片。算法 3.2 第 2~7 行逐个遍历分片，如果某分片包含数据点 d，调用算法 A 在该分片上预测 d 的分值。否则，仍然在原始数据集 D 下调用算法 A 预测 d 的分值。

算法 3.2　预测分值

输入： $SEGM(D)=\{S_1,\cdots,S_k\}$：以 μ 从高到低排序后的分片集合，即 $\mu_{A,S1}(S_1) \leqslant \cdots \leqslant \mu_{A,Sk}(S_k)$；$d$：待预测分值的数据点

输出： $d.R$：数据点 d 的预测分值

---

1. $done \leftarrow$ false, $i \leftarrow 1$
2. **while**($i \leqslant k$) && ($\neg$ $done$)**do**
3. 　**if** ($d \in S_i$) **then**　　　　/*数据点 d 属于某个分片*/
4. 　　$d.R \leftarrow R_{A,Si}(d)$, $done \leftarrow$ true
5. 　**end if**
6. 　$i \leftarrow i+1$
7. **end while**
8. **if**($\neg$ $done$) **then**　　/*数据点 d 不属于任何分片，在 D 下预测 d 的分值*/
9. 　$d.R \leftarrow R_{A,D}(d)$
10. **end if**

综上所述，约简方法与传统推荐算法融合策略的第一阶段实际上是对情境预过滤所得分片的预处理，计算量较大，适合于“线下”运行；而第二阶段针对输入数据点，“在线”预测分值。

3.2.2　情境后过滤

情境后过滤将情境信息应用于改进推荐结果，在推荐生成阶段不考虑情境信息的影响，基于传统推荐模型生成 Top-*N* 推荐列表，然后过滤 Top-*N* 推荐列表，以生成符合情境的最终推荐结果。例如，假定用户想在周末看电影，首先通过传统推荐模型为其生成一个推荐列表，如果已知他在周末只看喜剧电影，则可以从推荐列表中过滤掉非喜剧电影[3]。

目前有两种情境后过滤方式：①从 Top-*N* 推荐列表中过滤掉与情境无关的项目；②基于情境信息调整 Top-*N* 推荐列表顺序，将与情境密切相关的项目优先推荐给用户。Panniello 等[17]在多个电子商务真实数据集上比较了情境预过滤和情境后过滤两种技术的推荐效果，实验结果表明，第②种情境后过滤方式效果最佳，不仅优于第①种情境后过滤方式，还优于情境预过滤方法。事实上，情境预过滤和情境后过滤孰优孰劣最终依赖于应用类型。

类似于情境预过滤方法，情境后过滤方法的优点在于能融合任意传统推荐模型。到目前为止，情境后过滤领域的研究成果并不多，这也为从事推荐系统的研究者提供了一个有潜力的未来研究方向。

3.2.3　情境化建模

情境化建模试图将情境信息融入推荐生成整个过程，重新设计模型和算法以处理多维度情境用户偏好。这种范式需要处理高维数据，最为复杂，却也最能有效挖掘用户、项目、情境三者之间的关联关系，因此适用于情境信息与用户偏好耦合度紧密的情形[3]。目前有两类情境化建模方法：①基于启发式的方法；②基于模型的方法，本节将介绍这两类方法的代表性成果。

1. 基于启发式的方法

在传统推荐模型中，基于 *k* 近邻的协同过滤模型本质上是利用用户之间或项目之间的相似度作为权重，以加权和方法预测未知数据点分值。这就产生一个直观的想法，能否将情境信息融入权重的计算，然后同样以加权和方法进行预测。我们以情境信息仅为时间，在 *User*×*Item*×*Time* 三维空间中介绍这种方法。给定待预测分值 $r_{u,i,t}$，预测函数可写为

$$r_{u,i,t} = k\sum\nolimits_{(u',i',t')\neq(u,i,t)} W[(u,i,t),(u',i',t')] \times r_{u',i',t'} \tag{3.8}$$

其中，k 表示考虑 k 近邻的影响；$W[(u,i,t),(u',i',t')]$表示权重函数。从相似度计算角

度理解，权重表示了数据点(u,i,t)和(u',i',t')在三维空间中的距离，距离越近权重越大，距离越远权重越小。令 $dist[(u,i,t),(u',i',t')]$为距离函数，权重和距离的反比例关系可简单用式(3.9)表达：

$$W[(u,i,t),(u',i',t')]=\frac{1}{dist[(u,i,t),(u',i',t')]} \tag{3.9}$$

除了式(3.9)的倒数表达，其他任何相似度与距离之间的等价转换方法都是可行的。距离函数的定义可以有多种选择，如果我们采用 3.2.1 节中所述的约简方法，距离函数定义如式(3.10)所示，即将三维空间距离约简到二维空间中计算，并使得$r_{u,i,t}$的预测仅与时间相同的数据点相关。

$$dist[(u,i,t),(u',i',t')]=\begin{cases} dist[(u,i),(u',i')], & t=t' \\ +\infty, & 其他 \end{cases} \tag{3.10}$$

当然，任何多维空间中的距离定义都适用于计算 $dist[(u,i,t),(u',i',t')]$，比如，最常用的 Euclidean 距离、Manhattan 距离、Hamming 距离等[18]。式(3.11)和式(3.12)分别给出具有一般意义的加权 Euclidean 距离和 Manhattan 距离的计算公式。

$$dist[(u,i,t),(u',i',t')]=\sqrt{\omega_1 d_1^2(u,u')+\omega_2 d_2^2(i,i')+\omega_3 d_3^2(t,t')} \tag{3.11}$$

$$dist[(u,i,t),(u',i',t')]=\omega_1 d_1(u,u')+\omega_2 d_2(i,i')+\omega_3 d_3(t,t') \tag{3.12}$$

尽管我们以三维空间为例说明基于启发式的方法，该方法不难扩展到 n 维空间，因此，基于启发式的方法具有普适性。总的来说，基于启发式的方法借鉴基于 k 近邻的协同过滤模型，以 n 维空间中数据点的距离衡量近邻评分值对预测分值的影响程度，而距离函数可以灵活地使用 n 维空间中任何一种距离计算方法。有趣的是，当情境预过滤范式中的算法 A 是基于 k 近邻的协同过滤模型且距离计算采用如式(3.10)的计算方法时，情境预过滤就等价于基于启发式的方法。

2. 基于模型的方法

如第 2 章中介绍，传统推荐算法中有一类是基于模型的推荐，其中有一些模型可以扩展到多维空间中，如马尔可夫链-蒙特卡罗模型(Markov chain Monte Carlo, MCMC)[19]和支持向量机模型(support vector machine, SVM)[20]。本节以 MCMC 模型的推荐为例来介绍基于模型的方法。

Ansari 等[19]率先利用贝叶斯推理模型和 MCMC 模型为异构用户和异构商品建模，即考虑用户和商品的属性差异，如考虑用户的性别、年龄和收入及商品价格、重量和类型等属性，使用 MCMC 模型估计用户和商品属性对于预测评分的影响程度，即权重大小。实际上，这些多样化的属性形成了情境信息的一部分，因此，Ansari

等所构建的模型很容易推广到融入更复杂情境信息的推荐模型中，随后 Adomavicius 等[21]将 MCMC 模型推广到 *User*×*Item*×*Time* 三维空间的情境推荐，当然，这种方法不失一般性，类似于基于启发式的方法，很容易扩展到 n 维空间。

我们从 Ansari 等提出的最初的 MCMC 模型开始介绍，令 $r_{u,i}$ 为待预测分值，向量 $\boldsymbol{\mu}$ 为待估计的用户和项目之间关联参数，向量 $\boldsymbol{\gamma}_i$ 为项目 i 的特征权重，向量 $\boldsymbol{\lambda}_u$ 为用户 u 的特征权重。设 $\boldsymbol{\gamma}_i \sim N(0,\boldsymbol{\Gamma})$，$\boldsymbol{\lambda}_u \sim N(0,\boldsymbol{\Lambda})$，即 $\boldsymbol{\gamma}_i$ 和 $\boldsymbol{\lambda}_u$ 符合正态分布，$\boldsymbol{\Gamma}$ 和 $\boldsymbol{\Lambda}$ 分别为待估计的正态分布参数。$r_{u,i}$ 预测函数定义为

$$r_{u,i} = \mu x'_{u,i} + \gamma_i z'_u + \lambda_u w'_i + e_{u,i}, \qquad e_{u,i} \sim N(0,\sigma^2) \tag{3.13}$$

其中，z_u 和 w_i 分别为用户和项目属性，$x_{u,i}$ 为用户-项目关联向量，定义为：$x_{u,i}=z_u \otimes w_i$，其中⊗表示克罗内克积(Kronecker product)，表示由 z_u 和 w_i 乘积组合而成的较大矩阵。$e_{u,i}$ 为误差因子，同样假设其满足正态分布。综上，对于式(3.13)所示的预测函数，我们需要估计 4 个参数：$\boldsymbol{\mu}$，σ^2，$\boldsymbol{\Gamma}$ 和 $\boldsymbol{\Lambda}$。在此模型的基础上，Ansari 等[19]提出两种预测方法，第一种方法利用贝叶斯推理模型，由先验概率估计后验概率；第二种方法利用 MCMC 模型中的 Gibbs 抽样算法，通过生成 4 个待估计参数的抽样序列拟合概率联合分布。当然，式(3.13)给出的模型是泛化的，参数估计可以集成统计学和数据挖掘领域已有的众多模型。

以式(3.13)的预测函数为基础，很容易融入其他维度的情境信息，将预测函数推广到 n 维空间。比如说，文献[21]加入时间维度，式(3.13)扩展为

$$r_{u,i,t} = \mu x'_{u,i,t} + \gamma_i r'_{t,u} + \lambda_u q'_{i,t} + \theta_t q'_{u,i} + \delta_{i,t} z'_u + \pi_{t,u} w'_i + \sigma_{u,i} y'_t + e_{u,i,t} \tag{3.14}$$

在 *User*×*Item*×*Time* 三维空间中，式(3.14)需要考虑三者之间的关系以及两两之间的关系，原因在于用户-项目-情境信息三者之间相互关联，而并非相互独立，因此，式(3.14)需要估计 8 个参数。

由式(3.13)和式(3.14)可知，基于模型的方法本质在于估计 n 维空间中各个维度之间的协变关系，因此，最终目标是学习到能表达 n 个维度间协变关系的矩阵。为此，Rendle 等[22]提出基于张量分析(tensor analysis)的学习模型，并提出一种快速学习算法。设 n 维空间中，前 2 个维度是用户和项目，后 n–2 个维度是情境信息，预测函数可以定义为

$$r_{u,i,c_3,\cdots,c_n} = \sum_{f_1}^{k_1} \cdots \sum_{f_n}^{k_n} b_{f_1,\cdots,f_n} v_{u,f_1}^{(U)} v_{i,f_2}^{(I)} \prod_{l=3}^{n} v_{c_l,f_l}^{(C_l)} \tag{3.15}$$

显然，式(3.15)可以看做式(3.13)和式(3.14)的泛化形式，利用张量机学习，获得协变关系矩阵 $\boldsymbol{b}$ 的复杂度是$O(\prod_{l=1}^{n} k_l)$。考虑到 n 维空间的稀疏性，即很多用户

只有在少量的情境下才有评分记录，Rendle 等[22]提出一种快速学习算法，将复杂度降至$O(|S|\bar{m}_{|S|}k)$，其中 S 为稀疏度，设 $k=k_l$。因此，Rendle 等的方法在模型构建上具有普适性，而且学习算法效率极高，具有借鉴意义。

情境化建模的本质是定量刻画用户-项目-情境信息三者之间的相互影响，基于启发式的方法延续基于 k 近邻的协同过滤思想，将多维关系定量为高维空间的距离，显得简洁高效。然后，基于模型的方法利用联合概率分布定量刻画用户-项目-情境信息三者关系，显得更为精确，但是，随着维度的增加，待估计参数将呈指数级增长，预测效率将随之降低。

3.2.4　三类范式的混合使用

当针对同一问题有多种解决途径时，研究者往往想到如何将这几种途径混合起来，以进一步提升性能，正如我们在第 2 章介绍的将内容过滤和协同过滤相结合以及基于项目的与基于用户的协同过滤相结合一样。可以预见，将情境预过滤、情境后过滤及情境化建模三种范式混合在一起将产生多种不同新型情境推荐模型，遗憾的是，到目前为止这类研究工作尚不多见。

事实上，算法 3.1 和算法 3.2 所示的约简方法可以视作是一种情境预过滤内部的混合技术[7]，因为，约简方法的输入 *SEGM*(*D*)是由不同情境条件组合所导出的分片，即通过不同情境条件组合查询原始数据集所得到的查询结果。给定情境条件 c=(Girlfriend, Theater, Saturday)可以细分为两个相关的情境条件，如 c_1=(Friend, AnyPlace, Saturday)和 c_2=(NotAlone, Theater, AnyTime)。约简方法同时为 c，c_1 和 c_2 产生三个分片，然后，选择误差率最小的分片产生评分预测。值得注意的是，由于情境条件 c 最为严格，c 导出的分片可能较小，这就意味着训练集较小，可能导致预测准确率反而不如由 c_1 或 c_2 导出的分片。

如果我们考虑情境信息的复杂性，不同类情境信息极有可能表现出不同的效用，因此还有一种可能的混合式思路是将不同类情境信息运用于生成推荐的不同阶段，即预过滤、建模和后过滤。例如，时间因素可能在预过滤阶段起重要作用，但是，天气因素可能对后过滤阶段起显著影响。如何定量刻画不同情境信息对生成推荐不同阶段的影响程度是一个有趣而艰难的问题，正如选择有效情境信息一样，需要综合使用统计学、数据挖掘和机器学习中的诸多技术。

3.3　基于时空信息的推荐模型

在众多情境信息中，时间和位置两个情境因素受到了学术界和产业界的特殊关注。数以千计的研究和实践都表明，用户兴趣随着时间的推移而改变，这种现象称为“兴趣漂移”。同时，用户兴趣有长期兴趣和短期兴趣之分，对于一个数据挖掘科学家来说，他的长期兴趣是数据挖掘研究领域的前沿问题，当热点事件发生时(如钓鱼岛事件)，事件的动向可能成为他的短期兴趣，当他想要购车时，他的短期兴趣可能转变为车市行情。电子商务推荐更应重视时间特征，包括商品流行的周期、商品的季节性特征、用户行为的周期性特征、近邻用户行为随时间波动问题等。有鉴于此，考虑用户兴趣漂移的推荐已成为推荐系统领域一个热门且独立的研究方向。

随着 2009 年初 3G 牌照的发放以及手机终端上网功能的日趋强大，中国手机网民呈现迅速增长态势，截至 2012 年 12 月底手机网民规模已经达到 4.2 亿，占网民总体的 74.5%，成为推动中国互联网发展的中坚力量，移动商务呈现出了令人激动的发展前景。在此背景下，用户更希望通过手机或其他移动终端设备获取与其位置相关的推荐信息，如旅游推荐和餐饮推荐等。与此同时，GPS 定位技术近年来也逐渐成熟，已融入人们的日常生活，这使得轨迹数据的获取越来越容易，因此，基于轨迹数据挖掘研发新的推荐应用也成为研究者关注的主题，如为出租车司机推荐高效的载客路线及为车辆实时推荐通畅的行车路线等。本节将介绍基于时空信息的推荐模型和系统相关的进展。

3.3.1 考虑用户兴趣漂移的推荐

1. 基于 SVD 模型的方法

Koren 在考虑兴趣漂移推荐方面的代表性工作开启了这一领域的研究[23]，总的来说，Koren 的方法以矩阵因子分解(matrix factorization)对预测函数建模，然后将时间因素融入预测偏差中，最终分值预测建模为最小化误差问题，利用随机梯度下降方法求解这一优化问题。下面我们详细介绍 Koren 方法的建模过程。

Koren 方法[23]本质上是在隐藏因子模型的基础上展开的，将用户和项目映射到低维的潜在语义空间中，映射选择使用奇异值分解(singular value decomposition, SVD)方法，第 2 章介绍了基于 SVD 的推荐，在此我们忽略映射过程。令 $\mathbf{R}^f$ 为 f 维潜在语义空间，p_u 和 q_i 分别为用户 u 和项目 i 映射到 f 维空间的向量，$p_u, q_i \in \mathbf{R}^f$。$b_{u,i}$ 为预测偏差，$b_{u,i}=\mu+b_u+b_i$，其中 μ 为全局平均分，b_u 和 b_i 分别为用户 u 和项目 i 的观测偏差。设 $r_{u,i}$ 为待预测分值，基于 SVD++模型[24]，预测函数如式(3.16)所示：

$$r_{u,i} = \mu + b_u + b_i + q_i^{\mathrm{T}}(p_u + \sqrt{|R(u)|}\sum_{j\in R(u)} r_j) \tag{3.16}$$

其中，$R(u)$是评过分的项目集合；r_j 为所评分值。据此，预测建模为正则平方误差(regularized squared error)最小化问题：

$$\min_{q_*,p_*}(r_{u,i} - q_i^{\mathrm{T}} p_u)^2 + \lambda(\|q_i\|^2 + \|p_u\|^2) \tag{3.17}$$

其中，λ 为正则化因子，通常由交叉验证方法获得。因此，融入时间因素的关键是在式(3.16)所示的预测函数，Koren 假设了三个因素具有时变效应，包括：用户 u 观测偏差 b_u、项目 i 观测偏差 b_i 及用户偏好向量 p_u，同时假定项目属性向量 q_i 恒定不变。这样的假设基本符合实际情形，尽管商品某些属性有可能随时间而波动，如价格，但是，大部分属性是恒定的，如重量、类别、特征等。因此，接下来的任务就是对三种时变因素建模，然后融入式(3.16)之中。

时变项目 i 观测偏差表示为 $b_i(t)$，Koren 提出时间离散化分片的方法，即将连续时间分段，在 Netflix 数据集上以 10 周为一个段，整个数据集包含 30 个段，给定时间 t，映射到某一分段，将该分段上观测偏差加和到 $b_i(t)$：

$$b_i(t) = b_i + b_{i,Bin(t)} \tag{3.18}$$

时间分段的方法并不适用于对用户 u 观测偏差 b_u 的建模，因为用户大多不会对项目经常评分，因此，在很多时间段上可能观测不到用户的评分。Koren 提出线性和非线性两种方式对时变用户 u 观测偏差 b_u 进行建模：

(1) 线性方式：令用户 u 的平均评分值为 t_u，u 在时刻 t 评分偏差定义为

$$\mathrm{dev}_u(t) = \mathrm{sgn}(t - t_u)|t - t_u|^{\beta} \tag{3.19}$$

其中，sgn(x)为符号函数：x>0 时，sgn(x)=1；x=0 时，sgn(x)=0；x<0 时，sgn(x)=–1。参数 β 仍然由交叉验证方法获得。据此，b_u 建模为

$$b_u^{(1)}(t) = b_u + \alpha_u \mathrm{dev}_u(t) \tag{3.20}$$

(2) 非线性方式：将用户 u 的 n_u 个评分值划分为 k_u 个离散分片，在 Netflix 数据集推荐中，$k_u = n_u^{0.25}$，b_u 建模为

$$b_u^{(2)}(t) = b_u + \frac{\sum_{l=1}^{k_u} \mathrm{e}^{-\gamma|t-t_l^u|} b_{t_l}^u}{\sum_{l=1}^{k_u} \mathrm{e}^{-\gamma|t-t_l^u|}} \tag{3.21}$$

对用户偏好向量 p_u 的建模沿用了线性方式，将 p_u 投影到时刻 t，于是，时刻 t 的用户偏好向量写为：$p_u(t)^{\mathrm{T}} = (p_{u,1}(t), \cdots, p_{u,f}(t))$。基于式(3.19)$u$ 在时刻 t 评分偏差的定义，k 维度上的 p_u 建模为

$$p_{u,k}(t) = p_{u,k} + \alpha_{u,k}\mathrm{dev}_u(t) + p_{u,k,t},\ \ k = 1, \cdots, f \tag{3.22}$$

在对上述三类时变因素建模的基础上，SVD++模型扩展到 timeSVD++，式(3.16)所示的预测函数转化为

$$r_{u,i}(t) = \mu + b_u(t) + b_i(t) + q_i^{\mathrm{T}}\left(p_u(t) + \sqrt{|R(u)|}\sum_{j\in R(u)} r_j\right) \tag{3.23}$$

优化函数仍然如(3.17)所示，因此，SVD++模型中所使用的基于概率梯度下降的优化算法仍然适用于 timeSVD++模型。

2. 基于图的方法

利用图结构表示用户和项目之间的关系，然后基于随机漫步(random walk)方法生成推荐的方法已经得到广泛关注。本节将介绍一种融合用户长期偏好和短期偏好的图推荐方法[25]，在下一章我们还将介绍基于图的推荐方法在社会化推荐模型中的应用。

用户兴趣漂移的推荐本质是考虑<*User, Item, Time*>三元组关系，文献[25]提出一种称为 STG(session-based temporal graph)的图结构，将<*user, item, time*>拆分为<*user, item*>和<*session, item*>两部分，*session* 类似于 Koren 方法中的时间分段，用户对项目的每个评分根据其时刻对应于某个 *session*。图 3.3 给出一个 STG 的例子，可以看出，STG 是有向三部图，起始点为 U 或 S、终点为 I 的边权重定义为 1，起始点为 I、终点为 U 的边权重定义为 η_u，起始点为 I、终点为 S 的边权重定义为 η_s。

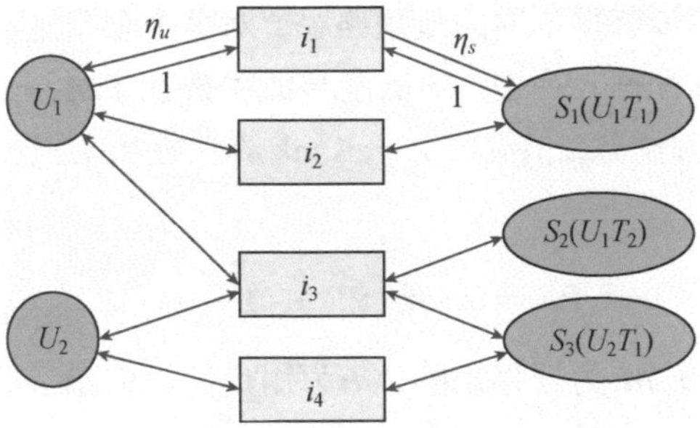

图 3.3　STG 示例(图片来源：文献[25])

令 $N(u)$为与用户 u 相连的项目节点集合，$N(u,t)$为用户 u 在 t 时刻的 *session* 节点集合，$N(u)$和 $N(u,t)$分别表征用户的长期偏好和短期偏好。任务转化为给定 u 和 t，预测 u 对项目 i 的评分，为推荐列表生成提供支持。设 $P=\{v_0,v_1,\cdots,v_n\}$为由用户 u 节点到未知项目 i 节点 v_n 的一条路径，用户 u 节点包含两类可能节点，即用户节点和 *session* 节点，即 $v_0\in\{v_u, v_{ut}\}$。路径 P 的偏好度计算如式(3.24)所示：

$$\phi(P)=\prod_{v_k\in p,0\leqslant k\leqslant n}\psi(v_k,v_{k+1})\gamma(v_0) \tag{3.24}$$

其中，$\gamma(v_0)$表示分别以用户节点和 *session* 节点为起点所带来的权重，$\psi(v_k,v_{k+1})$表示偏好传播函数，$\gamma(v_0)$和 $\psi(v_k,v_{k+1})$的计算分别如式(3.25)和式(3.26)所示。

$$\gamma(v_0)=\begin{cases}\beta v_0=v_u\\1-\beta v_0=v_{ut}\end{cases} \tag{3.25}$$

$$\psi(v_k, v_{k+1}) = \left(\frac{\omega(v_k, v_{k+1})}{\sum_{v' \in out(v_k)} \omega(v_k, v')}\right)^{\rho} \tag{3.26}$$

用户 u 节点到未知项目 i 节点 v_n 可能不止包含一条路径，很多路径可能包含重复的节点，在此仅考虑多条最短路径，令 $P(u,i)$表示最短路径集合，预测函数如式(3.27)所示：

$$r_{u,i} = \sum_{P \in P(u,i)} \phi(P) \tag{3.27}$$

总的来说，最短路径集合 $P(u,i)$可能包含四类路径：P_1：*user-item-user-item*，P_2: *user-item-session-item*，P_3: *session-item-user-item*，P_4: *session-item-session-item*。其中，P_1 和 P_2 表示从用户节点 v_u 出发的路径，表征了用户的长期偏好。而 P_3 和 P_4 表示从 *session* 节点 v_{ut} 出发的路径，表征了用户的短期偏好。

式(3.27)给出用户 u 在一个未知项目上的预测方法，为产生 Top-N 推荐列表，而又避免计算用户 u 在所有未知项目上的预测评分，文献[25]提出随机漫步方法，即通过若干次随机漫步获得不同的最短路径，对多个项目进行评分预测，然后选择最高的评分生成 Top-N 推荐列表。随机漫步的关键在于对图节点的排序，这类似于 PageRank 算法，于是，文献[25]借鉴 PageRank 算法提出节点排序向量的计算方法，如式(3.28)所示：

$$PR = \alpha \cdot \boldsymbol{M} \cdot PR + (1-\alpha) \cdot \boldsymbol{d} \tag{3.28}$$

其中，α 为衰减因子；$\boldsymbol{M}$ 为迁移矩阵；$\boldsymbol{d}$ 为用户偏好向量。$\boldsymbol{d}$ 本质上是由起始点带来的权重，扩展 $\gamma(v_0)$的定义，对于点 v，$d(v)$可定义为

$$d(v) = \begin{cases} \beta, & v = v_u \\ 1-\beta, & v = v_{u,t} \\ 0, & \text{其他} \end{cases} \tag{3.29}$$

3.3.2 移动推荐

1. 从情境推荐到移动推荐

移动推荐系统利用移动互联网环境在信息推荐方面的优势并克服其带来的不利条件，通过获取和预测潜在移动用户偏好来过滤不相关信息，为移动用户提供满足其个性化需求的结果，逐渐成为缓解“移动信息过载”的有效手段[26]。我们可从三个方面来理解“移动性”：用户的移动性、设备的移动性和设备的无线接入。移动性使得用户能使用移动设备随时随地接入互联网，位置和时间两类情境信息将与移动用户关系变得更为密切。因此，移动推荐本质上是一种特殊的情境推荐，Chen

的技术报告将影响移动推荐的情境信息分为四类[27]：

(1) 设备情境信息：描述与移动设备和计算环境因素，包括：网络连接、通信代价、通信带宽、附近设备资源(如打印机、显示器、工作站等)。

(2) 用户情境信息：描述用户兴趣模型，包括：位置、周围人员、社交圈子、朋友等。

(3) 物理情境信息：描述物理环境因素，包括：交通状况、气温、灯光、噪声程度等。

(4) 时间情境信息：描述时间相关因素，如季节、节日、日期等。

图 3.4 描述了移动推荐中用户和项目特征。尽管移动推荐是一种特殊的情境推荐，两者还是存在显著的区别。首先，移动推荐需着重考虑移动网络环境给推荐系统带来的影响，比如，移动性强导致位置信息重要性增加、移动设备处理能力差、屏幕小、输入能力差、无线网络带宽低等特点。其次，移动推荐更强调实时性，即需感知移动用户位置，实时做出精确推荐，例如，用户中午位于某区域，该用户可能需要该区域附近的餐馆信息。最后，鉴于移动设备的特点，用户体验与传统推荐有所区别，比如，推荐结果应当少而精，以减少用户滑动窗口查找推荐结果的操作，过多的滑动操作可能降低用户点击的概率。

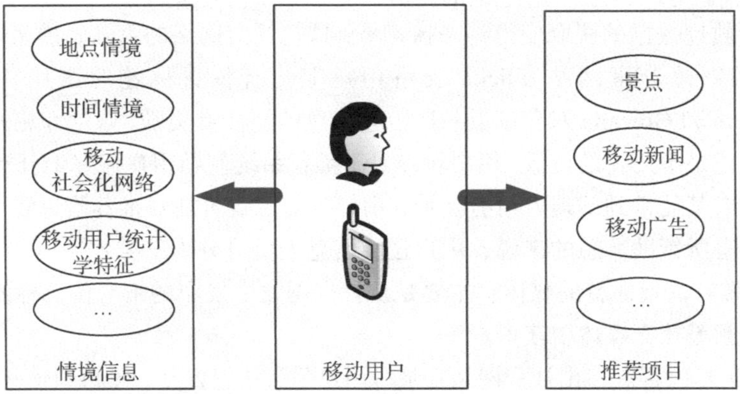

图 3.4　移动推荐用户和项目特征(图片来源：文献[26])

2. 基于轨迹数据挖掘的推荐

空间轨迹(spatial trajectory)由物体在地理空间中的移动所产生，经常用一系列时序位置点来描述，比如，$p_1 \rightarrow p_2 \rightarrow \cdots \rightarrow p_n$，每个位置点由地理坐标和时间戳来表达，即 $p_i=(x_i,y_i,t_i)$且 $t_i<t_{i+1}$，地理坐标 x_i 和 y_i 通常是经度和纬度。

目前，有很多移动推荐领域研究试图从轨迹数据中挖掘知识以指导推荐，根据关注对象的不同，衍生出很多不同的应用，得到关注最多的两类移动对象是用户和车辆。用户空间轨迹通过主动式和被动式两种方法获取，主动式获取是指用户主动记录或发布其轨迹数据，比如，骑行者和慢跑者记录轨迹数据用于体育分析、用户在 Flickr 等社交网站上分享带位置标签的照片等。被动式获取是通过其他方式推测出用户轨迹数据，比如，通过用户携带手机通信基站位置获取用户轨迹，通过信用卡消费商铺的位置推测持卡人轨迹等。车辆轨迹数据一般由车载 GPS 设备获取，目前大城市的出租车大多都安装了 GPS 设备，因此而产生海量车辆轨迹数据，挖掘蕴含在这些数据中的知识对很多应用问题都具有指导意义，如资源分配、安全管理、交通分析等。其他物体的轨迹数据分析也获得了少量的关注，如生物学家关注候鸟迁徙轨迹，气象学家则关注飓风、龙卷风、洋流等自然现象的轨迹等，这些轨迹数据为特定领域的研究提供了丰富的知识。

基于轨迹数据的挖掘分析是空间数据库、移动计算和数据挖掘的交叉学科，涉及面甚广，本节将介绍一些基于用户轨迹数据和车辆轨迹数据挖掘展开的推荐应用，在基于用户轨迹数据挖掘的推荐方面，我们介绍社交朋友推荐和旅程推荐两个应用；在基于车辆轨迹数据挖掘的推荐方面，我们介绍出租车载客路线和高效行车路线推荐两个应用。

1) 基于用户轨迹数据挖掘的推荐

用户轨迹数据的获取变得越来越容易，这与社交网络的蓬勃发展密切相关，比如雅虎的图片分享网站 Flickr 支持用户上传有位置标签的图片、社交网站 Fourssquare 和 Gowalla 对分享登录时位置信息的用户有奖励、餐饮和旅游景点点评网站间接记录下用户的位置。用户轨迹对于推荐系统勾勒用户偏好十分重要，比如，用户可能对其经常到的地方情有独钟，用户当前位置可能对推荐附近餐馆、酒店或周围朋友有所帮助。总的来说，用户位置信息大概可分为三类：

(1) 带有位置标签的媒体：主要是从社交网站上发布的带有位置标签的文本、图片、视频等社交媒体中获得。

(2) 实时位置点：由社交网站登录时用户公布的位置点、手机通信基站位置点、用户实时发布的带有位置信息的微博等渠道获得。

(3) 用户移动轨迹：收集同个用户的多个位置点就构成了移动轨迹。

微软亚洲研究院谢幸和郑宇研究员主导的研究组在用户轨迹数据挖掘与应用方面做了大量研究工作，取得了令学术界瞩目的成就[28-32,38]，数据来源主要包括 GeoLife 项目收集的 170 多位志愿者历时 4 年左右的 GPS 轨迹数据，以及北京市 2 万多辆出租车约 3 个月的行驶轨迹，应用涵盖范围极为丰富，包括：GPS 数据在 GIS 地图上展示、用户行为和生活模式理解、群组发现、用户轨迹相似性、旅游推荐、位置依赖的朋友推荐等。在此，我们仅介绍基于用户轨迹数据挖掘的两个推荐应用——旅游推荐和朋友推荐，下一节还将介绍行车路径推荐系统 T-Drive。对该领域感兴趣的读者可参阅专著[31]。

利用用户轨迹数据的首要任务是检测显著位置，显著位置指用户发生一些有意义行为的位置，如购物、看电影、游览博物馆等，显著位置表示了用户轨迹中的一些特殊点。文献[28]、[31]对驻留点(stay point)的定义如下：

定义 3.1 驻留点　驻留点 s 表示用户驻留较长时间的区域，设用户轨迹为：$p_1 \to p_2 \to \cdots \to p_n$，驻留点 s 可由子轨迹来定义 $p_i \to \cdots \to p_j$，满足：$\forall k \in [i, j)$，$dist(p_k,p_{k+1})<\delta$，$int(p_i,p_j)>\tau$，其中 $dist(p_k,p_{k+1})$表示位置点 p_k 和 p_{k+1} 之间的距离，$int(p_i,p_j)=|p_i.t-p_j.t|$表示两个位置点之间的时间间隔，据此，驻留点 $s=(x,y,t_a,t_l)$，其中 $s.x=\sum_{k=i}^{j} p_k.x/|S|$，$s.y=\sum_{k=i}^{j} p_k.y/|S|$，$s.t_a=p_i.t$，$s.t_l=p_j.t$。

从驻留点定义可以看出，用户在驻留点并非静止不动，如图 3.5 给出的几个例子，用户可能逛购物超市、沿着海滩散步、围着地标游走。基于驻留点的定义，提出 TBHG(tree-based hierarchical graph)模型将从用户轨迹中抽取的驻留点形式化表示。利用基于密度的聚类算法，如著名的 DBSCAN[33]，对驻留点递归聚类，即先将驻留点聚成较多的类簇，再对类簇中心聚类，得到较少的类簇，如此递归下去。这样就得到层次式聚类结果，不同层次的类簇表示不同粒度的显著位置区域。图 3.6 左侧部分展示了 TBHG 中驻留点聚类结果，右侧部分说明类簇可用树型结构表示出其层次关系。

在 TBHG 表示模型的基础上，文献[28]利用 Web 页面链接分析的基础算法 HITS(hypertext induced topic selection)计算用户对不同层次显著位置或区域的感兴趣程度，从而向用户推荐感兴趣位置。如果用户曾经到过某位置，增加一条用户指向该位置的边，类似于 Web 页面链接分析中某页面有链接指向另一页面，以此构建出用户和位置之间的二部图，位置对应于 Authority 页面，用户对应于 HITS 算法中的 Hub 页面，包含很多指向 Authority 页面的链接，用户指向位置的边越多，说明该位置越容易是用户感兴趣的位置。

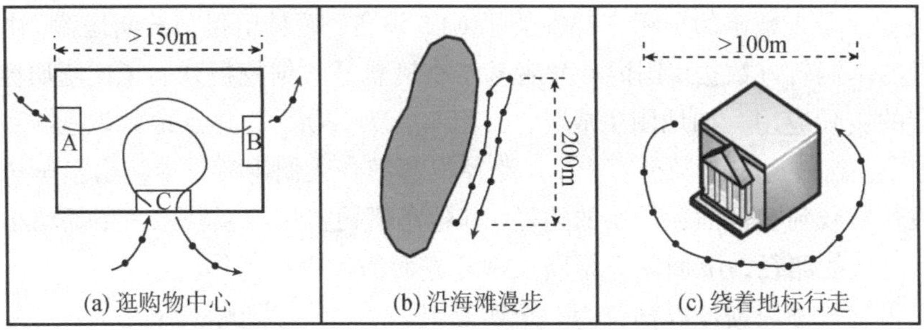

(a) 逛购物中心　(b) 沿海滩漫步　(c) 绕着地标行走

图 3.5　几个驻留点的例子(图片来源：文献[31])

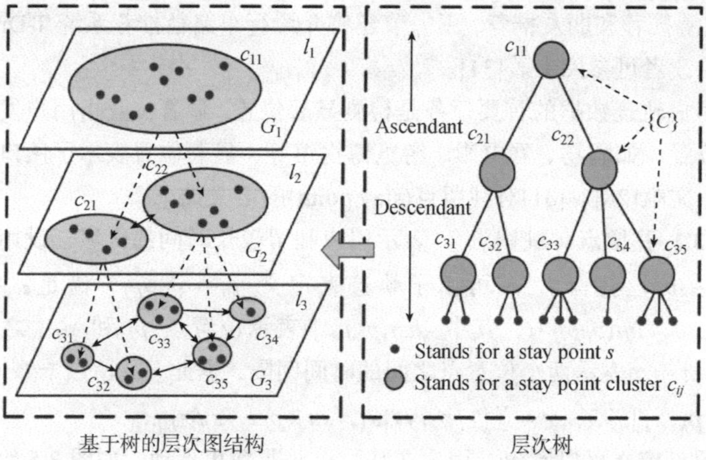

图 3.6　TBHG 模型(图片来源：文献[31])

文献[30]则研究了旅程推荐问题，旅行者希望在固定时间段内游览尽量多的感兴趣景点，同时使得花费在旅途上的时间尽量少。文献[30]提出的旅程推荐系统分成线下模块和在线模块，线下模块负责抽取驻留点、聚类，并用 TBHG 模型表达，在线模块负责相应用户查询请求，查询请求包括起始位置、目的地和计划旅行时间三个要素。针对特定的查询请求，首先以穷举法获得所有潜在路径，然后对所有潜在路径计算分值并排序，最后将排序靠前的 k 条路径推荐给用户。

文献[32]除了能给用户推荐感兴趣的位置，还能为用户推荐周围的朋友，由 TBHG 模型，对每个用户的驻留点，可以构造出一个树型层次结构，据此，可以计算出用户之间的相似度。具体地，用户相似度计算考虑了三个因素：①轨迹序列相似性，两个用户相同的轨迹子序列越多，相似度越高；②树型层次结构的相似性，两个用户相同的驻留点层次越细，相似度越高；③IDF 加权，即其他用户与两个用户相同驻留点越少，说明驻留点相同部分的权重越大。

2) 基于车辆轨迹数据挖掘的推荐

随着很多大城市的出租车都安装了 GPS 设备，而且出租车长期运营，由此产生了海量的车辆轨迹数据。国内外学者基于车辆轨迹数据挖掘开展了广泛研究，涵盖了丰富的实际应用，如地图生成[34]、出租车行为分析[35]、热点地区识别[36]、载客路径推荐[37]、高效行车路径推荐[38]等。路径推荐契合人们生活需求，出租车司机希望获取最容易载到客且油耗最小的路径，其他车辆司机则希望获取一条拥堵小能高效到达目的地的路径，下面就介绍路径推荐方面的代表性工作。

出租车轨迹数据可以抽象为一个四元组<x,y,t,s>，其中，x，y 和 t 分别为经度、纬度和时间，s 为状态信息，即 s=1 表示载客状态，反之 s=0 表示空车状态。显然，轨迹点数量巨大，为了获得有少量的潜在载客点，利用 K 均值算法在 x 和 y 属性上对所有载客点聚类，设类簇数量为 K，类簇中心 $C=\{C_1,C_2,\cdots,C_K\}$表示出 K 个潜在载客点。本质上，一个类簇表示了一系列位置相近的点，用类簇中心代表该区域。然后，计算类簇中心 C 的每个点的载客概率，设为 $P=\{P(C_1),P(C_2),\cdots,P(C_K)\}$，$P(C_i)$可由状态信息 s 估算而得，设$\#T_i$为进入类簇 C_i 为空车的数量，$\#P_i$ 为这些空车在类簇 C_i 中载到客的数量，于是：

$$P(C_i)=\frac{\#P_i}{\#T_i} \tag{3.30}$$

设待推荐出租车的当前位置是 CP，经过不同的潜在载客点可以形成大量的潜在路径，线性融合 CP 与载客点的距离及载客概率可以估算出路径的价值，价值越高说明沿着该路径载到客的概率越大且油耗最小。文献[37]希望为每辆出租车依据其当前位置推荐最优路径，目标函数定义为

$$\min_{R_i\in R} F(CP,R_i,P_{R_i}) \tag{3.31}$$

其中，$F(CP, R_i, P_{R_i})$为载到客前的行驶距离，R_i为由 C 中的点构成的路径。式(3.31)目标函数对于单辆车而言是最优的，但是，如果考虑到在 CP 点附近可能有多辆车，这些车辆将被推荐同样的最优路径，这可能导致 C 中的某些潜在载客点丢失，同时，多辆车同时选择最优路径，可能使得该路径上“车满为患”。为此，文献[39]认为应考虑所有路径的最优化，即较优的路径应推荐给较多的车辆，而较差的路径应推荐给少量车辆，而不是不推荐，以此保证每个潜在载客点都被推荐，且较优载客点推荐给更多的车辆。因此，目标函数被重新定义为

$$\min_{R_i\in R}\sum_{i=1}^{W} F(CP,R_i,P_{R_i}) \tag{3.32}$$

图3.7展示了在美国圣弗朗西斯科出租车轨迹数据上挖掘到的潜在载客点和路径，图中小的点表示轨迹点，C_0~C_9 表示由 K 均值算法得到的 10 个潜在载客点，箭头线表示由 CP 点出发形成的不同推荐路径。在路径推荐生成方面，文献[37]和[39]都采用了简单的轮叫法(round-robin)，文献[37]保持若干个最优路径，循环推荐给空的车辆，而文献[39]则以路径价值作为权重，在循环队列中依据权重设置一条路径的多个备份，然后循环推荐给空的车辆。

Yuan 等考虑不同时间段交通拥堵状况，提出一个智能行车路径推荐系统 T-Drive[38]，给定起始地点和目的地，T-Drive 能根据当前时间推荐一条高效的行驶路径，并在北京市路网数据和出租车轨迹数据上做了丰富的实验验证。图3.8展示了 T-Drive 的框架流程，输入数据是路网数据和出租车轨迹数据，路网数据为推荐

提供了路径和地标信息，出租车轨迹数据则将时间与地标相结合，即隐含了在某时间点路径和地标上的车辆经过数量。总的来说，T-Drive 包含三个主要步骤：

图 3.7　圣弗朗西斯科出租车轨迹形成的潜在载客点和路径

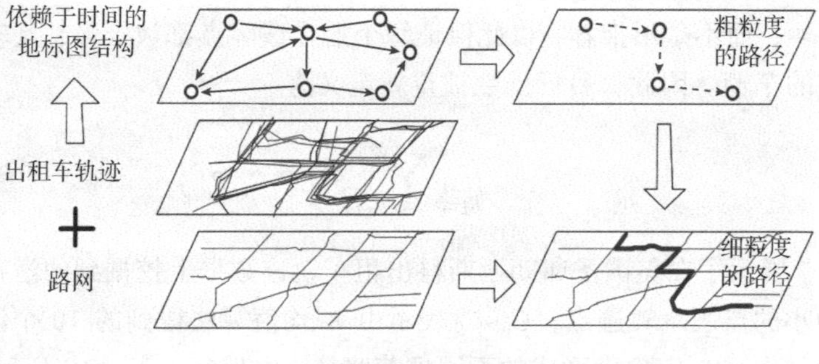

图 3.8　T-Drive 框架流程(图片来源：文献[38])

(1) 轨迹预处理：为预测不同时间段的行驶时间，提出 VE-Clustering 算法自动将轨迹数据按时间段聚类，然后利用 IVMM 算法将轨迹点与路网数据匹配，以获取轨迹点所对应的道路或地标。

(2) 地标图构建：根据 VE-Clustering 在不同时间段上轨迹聚类，如果当前时间段，两个地标之间曾有一定数量的出租车经过，则添加边连接这两个地标，并依据历史行驶时间估测两个地标间的行驶时间，从而构造出与时间相关的地标图。

(3) 路径计算：给定查询请求(q_s,q_d,t_d)，首先在地标图上搜索 t_d时刻最快路径，然后，根据路网数据细化这一路径，即将这条路径上的地标映射到实际地图上的道路，从而给出推荐路径。

本质上，地标图可以看做实际路网的抽象表达，用于估测时间依赖的行驶时间，最终将抽象的地标映射到实际路网，得到实际行驶路径。

3. 移动推荐应用系统

当然，上一节详细介绍的工作仅仅是大量移动推荐领域研究的缩影，事实上，还有很多各种各样的移动推荐应用系统，本节归纳出这些应用系统，并根据应用领域对这些系统进行分类，根据文献[26]，表 3.1 展示了典型移动推荐应用系统的八个类别，并对这些类别做简要介绍。

表 3.1　典型移动推荐系统应用分类

应用领域	典型应用	移动设备类型	推荐方法
移动新闻	Moners Daily Learner	PDA、手机等 PDA、手机等	基于内容的推荐 基于内容的推荐
移动搜索	明复移动搜索	手机	混合推荐
移动旅游	Compass Cyberguide MTRS myMytileneCity	PDA、手机等 PDA、手机等 PDA、手机等 PDA、手机等	混合推荐 基于知识的推荐 协同过滤推荐 基于内容的推荐
移动应用程序	Applause Appjoy Appazaar	手机 手机 手机	混合推荐 协同过滤推荐 协同过滤推荐
移动博客	m-CSS M-CRS	PDA、手机等 手机	混合推荐 基于内容的推荐
移动广告	Caesar MALCR	手机 PDA、手机等	协同过滤推荐 基于内容的推荐
电影/音乐	CoFoSIM MOBICORS-Movie	手机 手机	协同过滤推荐 混合推荐
服务配置	ICR	PDA、手机等	协同过滤推荐

1) 移动新闻推荐

近年来移动新闻推荐受到了越来越多的研究者关注，也是互联网推荐系统研究的热点之一。例如，Daily Learner 新闻推荐系统通过挖掘用户的短期兴趣和长期兴趣向移动用户推荐当日的新闻，该新闻推荐系统可以运行在 PDA 或者手机上，当用户首次使用该系统时，用户需要在预先定义好的新闻类别中选择自己感兴趣的类别，用户的兴趣使用选择的关键字权重向量来表示。由于新闻具有时效性的特点，通常用户喜欢阅读最新的新闻和时讯，例如用户感兴趣的新闻是 NBA，那用户可能希望尽快掌握最新的 NBA 赛事结果和赛事介绍。移动互联网推荐系统 Moners 综合考虑了新闻的重要性、时效性和用户的偏好向用户推荐新闻。

2) 个性化移动搜索

传统的搜索引擎只是对文本的搜索，通常搜索出来的结果并不能让用户满意，而移动搜索将搜索技术与移动通信技术融合，对分布在传统互联网上和移动互联网上的信息进行搜索，具有即时搜索的特点。目前移动终端的屏幕、无线连接、文字输入具有一定的局限性，所以用户希望移动搜索能提供更加精确和满足自身要求的搜索结果，由于移动终端通常为私人所有，具有个人化的特性，这使得移动搜索更容易获得用户的需求、用户搜索记录以及个人信息。

3) 移动旅游推荐

移动旅游推荐是推荐系统中的一个主要的应用，移动旅游推荐不仅仅包含旅游景区和各个景点的介绍，还涉及了景区周边的生活服务(如宾馆、餐厅、超市、加油站等)。移动旅游推荐系统可以选择基于地图的方式展示推荐的内容，能够让用户更清楚更直观地了解到推荐项目的信息，而传统推荐的系统主要以文字列表的方式向用户展示推荐内容。

4) 移动应用程序推荐

随着智能手机的发展和普及，满足用户需求的移动应用程序层出不穷，移动应用软件市场向用户提供了大量的应用程序让用户难以选择。移动应用程序是移动推荐系统的一个重要应用场合，移动推荐系统能够通过挖掘用户、上下文(如位置等)和应用程序之间的潜在关系，为用户关于应用程序的选择提供有效的支持。Applause是基于位置上下文的个性化移动应用程序推荐，它通过人为设定或者移动设备自动感知来自动获取位置信息，对于“新用户”，系统不考虑用户的个人偏好，只根据用户当前地理位置附近应用程序的使用频繁程度向用户进行推荐，在一定程度上满足了“新用户”的需求。

5) 移动博客推荐

近几年来博客发展迅速，博客用户和博文数量剧增，由于移动用户受到手机屏幕和输入功能的限制，用户在获取感兴趣的博文变得困难。m-CCS系统将博文进行聚类，通过分析移动用户的博文浏览记录，获取用户对不同博文类型的偏好信息，同时考虑互联网用户对博文的点击率，系统将点击率高并满足用户偏好的博文推荐给移动用户。微博，即微博客(MicroBlog)的简称，是一个基于用户关系信息分享、传播以及获取平台，用户可以通过Web、WAP等各种客户端组建个人社区，以140字左右的文字更新信息，并实现即时分享。随着微博用户数量的剧增，如何找到用户感兴趣的微博用户变得困难，基于微博的用户推荐将是移动推荐系统的应用之一。

6) 移动广告推荐

随着手机用户的增加和智能手机、平板电脑等移动终端的普及，移动广告的投放也成为工业界关注的热点之一。移动广告可以根据移动用户个性化的需求、位置、移动社交网络等进行实时、有针对性的推送，从而能够准确地为产品用户提供相关信息，在一定程度上弥补了互联网和电视广告的空缺。目前学术界和工业界尚未出现专有的移动广告推荐和技术，其主要借鉴互联网广告推荐理论技术，主要有搜索引擎广告(sponsored search)和上下文相关广告(contextual advertising)两种。

7) 移动音乐、电影推荐

随着移动通信 3G 时代的来临，移动终端处理能力的增强和移动多媒体应用程序的日益丰富，越来越多的用户使用智能手机、平板电脑来听音乐、看电影。而目前，对音乐、电影等多媒体资源的内容的文本分析是一件比较困难的事情，因此如何提取用户对多媒体资源的偏好并向其推荐是研究的热点问题，也是移动推荐在音乐、电影等多媒体领域的一个应用。移动音乐推荐通过用户的浏览行为(忽略、点击、试听、购买等)隐式地获取移动用户对音乐的偏好，根据获取的偏好使用协同过滤算法预测该移动用户对其他音乐的偏好关系，从而进行音乐推荐。移动电影推荐使用空间向量模型来描述电影特征和移动用户对电影特征的偏好，根据移动用户对电影潜在的偏好使用协同过滤算法进行推荐并获取移动用户对某部推荐电影的反馈，若移动用户喜欢推荐的电影，则向其推荐类似电影，否则屏蔽该电影，下次不再推荐。

8) 移动设备服务配置推荐

随着移动智能设备上各种应用程序的日益丰富，大多数移动用户在安装各种应用程序时使用默认配置。不正确的配置可能会导致用户隐私信息的泄漏，如基于位置的服务，有些情况下用户是愿意公开自己的位置信息，有些情况用户是不愿意公开，但是通常情况下，用户是不知道默认配置是不是最优、最安全的选择，所以移动推荐系统可以根据用户在不同情况下的配置行为，为用户提供服务配置推荐。

3.4　基于隐反馈信息的推荐模型

用户对项目的评分显式地表达出用户对项目的喜爱程度，因此，评分属于显反馈信息，传统推荐系统大多是基于显反馈信息而展开。在电子商务系统中，可能很多用户都没有留下评分记录，但是，却留下了隐反馈信息。例如，某用户想订购价廉物美的机票，在短暂浏览某电子商务网站时，发现价格偏高，便转向其他网站了，这种短暂的页面停留时间表达出用户对商品的不满意。类似页面停留时间这种隐反馈信息不胜枚举，如浏览历史、搜索关键词、鼠标移动、购买历史、网站点击流等，挖掘这些丰富的隐反馈信息无疑能进一步理解用户偏好，提升电子商务推荐系统性能，对电子商务企业客户关系管理也具有重要参考价值。

Van den Poel 等[40]基于电子商务网站点击流数据分析影响用户购买行为的重要

因素，然后利用 Logit 分类模型预测有特定点击行为的用户是否会发生真正购买行为。通过显著性检验，Van den Poel 等发现由点击流数据获得的很多变量对购买行为影响显著，这些变量包括：历史访问次数、上次访问到本次访问的时间间隔、平均访问间隔、访问用户主页的次数、访问商品页面次数、每次访问的平均购买次数、平均购买时间间隔等。同时，还发现客户资料中某些变量对购买行为影响显著，如性别、信任度(以客户是否提供电话号码为标志)、用户是否提供年龄信息等。Van den Poel 等的研究很好地表明了用户偏好确实与隐反馈信息密切关联。

尽管如此，隐反馈信息与显反馈信息存在明显区别，为从隐反馈信息中挖掘用户偏好带来不小的挑战，文献[41]归纳了隐反馈信息的四个主要特征：

(1) 观察隐反馈信息，容易推测出用户喜欢或可能购买的商品，却难以推测出用户不喜欢或厌恶的商品，即隐反馈缺乏负面反馈信息。比如，某用户没有观看某个频道的节目，不一定说明该用户不喜欢这个频道，可能是用户不知道这个频道或没有条件观看这个频道。因此，以评分为主的显反馈信息持有的对称性，即高分表示喜欢、低分同时表示不喜欢，不再适用于隐反馈信息。

(2) 隐反馈本质上是含有噪声的，比如，如果我们基于用户购买记录来推测其偏好，可能存在这样的误解，某女士购买过 Zippo 打火机作为礼物，但是，女士通常不会喜欢打火机这类商品。这同时说明，对用户购买动机的观察将有助于理解用户真正的偏好。

(3) 显反馈信息中评分值越高说明用户对商品喜爱程度越高，但是，数值型隐反馈信息不能表示偏好程度，而只能表示置信度。用户花费 70%的时间观看 A 频道、10%的时间观看 B 频道，仅能推测出该用户很可能更喜欢 A 频道，当然，也可能该用户更喜欢观看 B 频道，例如，B 频道播放了一部电影，A 频道播放的却是电视剧，该用户恰恰更喜欢这部电影，但是，却是只花费了少量时间在观看。

(4) 基于隐反馈信息推荐的性能评价需定义合适的指标，基于显反馈信息的推荐中通常可用平均错误率来衡量预测性能，因为评分值很容易量化。隐反馈信息的多样性、含噪声声高和不确定性使得平均错误率这类指标不再适用，通常需要挖掘特定应用中的语义来验证推荐结果。

基于上述分析，文献[41]从两个角度对隐反馈信息建模：定性角度和定量角度。定性角度说明用户是否购买过某商品，为此，定义 r_{ui} 为隐反馈信息数值型变量，布尔变量 p_{ui} 说明用户 u 是否购买过项目 i，计算公式为

$$p_{ui} = \begin{cases} 1 & r_{ui} > 0 \\ 0 & \text{其他} \end{cases} \tag{3.33}$$

隐反馈信息 r_{ui} 越大，说明 p_{ui} 的置信度越高，为此，令 c_{ui} 为置信度，计算公式如式(3.34)所示：

$$c_{ui} = 1 + \alpha \cdot r_{ui} \tag{3.34}$$

随着的 r_{ui} 增大，在 p_{ui}=1 上的置信度线性增加。常数 α 通常由实验确定，文献[41]在电视频道推荐上的实验认为将 α=40 时，性能最优。基于隐藏因子模型，令 $\mathbf{R}^f$ 为 f 维潜在语义空间，x_u 和 y_i 分别为用户 u 和项目 i 映射到 f 维空间的向量，$x_u, y_i \in \mathbf{R}^f$，目标函数如式(3.35)所示：

$$\min_{x_*, y_*} \sum\nolimits_{u,i} c_{ui} (p_{u,i} - x_u^{\mathrm{T}} y_i)^2 + \lambda \left(\sum\nolimits_u \left\| x_u \right\|^2 + \sum\nolimits_i \left\| y_i \right\|^2 \right) \tag{3.35}$$

其中，参数 λ 由交叉验证方法获得。利用微分求极值方法可得式(3.35)最小时，x_u 和 y_i 的计算公式：

$$x_u = (Y^{\mathrm{T}} C^u Y + \lambda I)^{-1} Y^{\mathrm{T}} C^u p(u) \tag{3.36}$$

$$y_i = (X^{\mathrm{T}} C^i X + \lambda I)^{-1} X^{\mathrm{T}} C^i p(i) \tag{3.37}$$

接下来，我们试图根据 x_u 和 y_i 得出预测分值，为使表达简洁，令

$$W^u = (Y^{\mathrm{T}} C^u Y + \lambda I)^{-1} \tag{3.38}$$

据此，定义用户 u 角度的项目相似度矩阵，给定项目 i 和 j，用户 u 角度的相似度为

$$s_{ij}^u = y_i^{\mathrm{T}} W^u y_i \tag{3.39}$$

类似于基于项目的协同过滤方法，用户 u 对未知项目 i 的预测评分，由用户 u 角度项目 i 的近邻项目获得

$$\hat{p}_{ui} = \sum\nolimits_{j:r_{uj}>0} s_{ij}^u c_{uj} \tag{3.40}$$

综上所述，文献[41]的方法本质上是利用了基于项目相似度的模型，与一般模型的区别在于，首先，考虑了数值型隐反馈信息；其次，项目之间的相似度不是简单由皮尔逊系数、Jaccard 系数等计算获得，而是通过优化由隐藏因子模型构建的目标函数获得。

参考文献

[1] Lussier D A, Olshavsky R W. Task complexity and contingent processing in brand choice[J]. Journal of Consumer Research, 1979, 6(2): 154-165.

[2] Bettman J R, Johnson E J, Payne J W. Consumer decision making[J]. Handbook of Consumer Behavior, 1991, 44(2): 50-84.

[3] 王立才，孟祥武，张玉洁. 上下文感知推荐系统[J]. 软件学报, 2012, 23(1): 1-20.

[4] Adomavicius G, Tuzhilin A. Recommender Systems Handbook[M].NewYork: Springer, 2011: 217-253.

[5] Zhao J, Dong L,Wu J, et al. Moodlens: an emoticon-based sentiment analysis system for chinese tweets[C]//Proceedings of the 18th ACM SIGKDD International Conference on Knowledge Discovery and Data Mining. Beijing,New York:ACM Press, 2012: 1528-1531.

[6] Dourish P. What we talk about when we talk about context[J]. Personal and Ubiquitous Computing, 2004, 8(1): 19-30.

[7] Adomavicius G, Sankaranarayanan R, Sen S, et al. Incorporating contextual information in recommender systems using a multidimensional approach[J]. ACM Transactions on Information Systems, 2005, 23(1): 103-145.

[8] Van Setten M, Pokraev S, Koolwaaij J. Context-aware recommendations in the mobile tourist application COMPASS[C]//Proceedings of Adaptive Hypermedia and Adaptive Web-based Systems. Eindhoven,Berlin:Springer, 2004: 235-244.

[9] Yap G E, Tan A H, Pang H H. Discovering and exploiting causal dependencies for robust mobile context-aware recommenders[J]. Knowledge and Data Engineering, IEEE Transactions on, 2007, 19(7): 977-992.

[10] Palmisano C, Tuzhilin A, Gorgoglione M. Using context to improve predictive modeling of customers in personalization applications[J]. Knowledge and Data Engineering, IEEE Transactions on, 2008, 20(11): 1535-1549.

[11] Abowd G D, Atkeson C G, Hong J, et al. Cyberguide: A mobile context-aware tour guide[J]. Wireless Networks, 1997, 3(5): 421-433.

[12] Cheverst K, Davies N, Mitchell K, et al. Developing a context-aware electronic tourist guide: some issues and experiences[C]//Proceedings of the SIGCHI Conference on Human Factors in Computing Systems. The Hague,New York:ACM Press, 2000: 17-24.

[13] Ardissono L, Goy A, Petrone G, et al. Intrigue: personalized recommendation of tourist attractions for desktop and hand held devices[J]. Applied Artificial Intelligence, 2003, 17(8-9): 687-714.

[14] De Carolis B, Mazzotta I, Novielli N, et al. Using common sense in providing personalized recommendations in the tourism domain[C]//Proceedings of the Workshop on Context-Aware Recommender Systems. New York,New York:Springer, 2009.

[15] Cantador I, Castells P. Semantic contextualisation in a news recommender system[C]// Proceedings of the Workshop on Context-Aware Recommender Systems. New York, New York: Springer, 2009.

[16] Cena F, Console L, Gena C, et al. Integrating heterogeneous adaptation techniques to build a flexible and usable mobile tourist guide[J]. AI Communications, 2006, 19(4): 369-384.

[17] Panniello U, Tuzhilin A, Gorgoglione M, et al. Experimental comparison of pre-vs. post-filtering approaches in context-aware recommender systems[C]//Proceedings of the third ACM Conference on Recommender Systems. New York,New York:ACM Press, 2009: 265-268.

[18] Tan P N, Steinbach M, Kumar V. Introduction to Data Mining[M]. Delhi: Pearson Education India, 2007.

[19] Ansari A, Essegaier S, Kohli R. Internet recommendation systems[J]. Journal of Marketing Research, 2000, 37(3): 363-375.

[20] Oku K, Nakajima S, Miyazaki J, et al. Context-aware SVM for context-dependent information recommendation[C]//Proceedings of 7th International Conference on Mobile Data Management. Nara,Piscataway:IEEE Press, 2006: 109-109.

[21] Adomavicius G, Sankaranarayanan R, Sen S, et al. Incorporating contextual information in recommender systems using a multidimensional approach[J]. ACM Transactions on Information Systems, 2005, 23(1): 103-145.

[22] Rendle S, Gantner Z, Freudenthaler C, et al. Fast context-aware recommendations with factorization machines[C]//Proceedings of the 34th International ACM SIGIR Conference on Research and Development in Information Retrieval. Beijing,New York:ACM Press, 2011: 635-644.

[23] Koren Y. Collaborative filtering with temporal dynamics[J]. Communications of the ACM, 2010, 53(4): 89-97.

[24] Koren Y. Factorization meets the neighborhood: a multifaceted collaborative filtering model[C]//Proceedings of the 14th ACM SIGKDD International Conference on Knowledge Discovery and Data Mining. Las Vegas,New York:ACM Press, 2008: 426-434.

[25] Xiang L, Yuan Q, Zhao S, et al. Temporal recommendation on graphs via long-and short-term preference fusion[C]//Proceedings of the 16th ACM SIGKDD International Conference on Knowledge Discovery and Data Mining. Washington D.C.,New York:ACM Press, 2010: 723-732.

[26] 孟祥武, 胡勋, 王立才, 等. 移动推荐系统及其应用[J]. Journal of Software, 2013, 24(1): 91-108.

[27] Chen G L, Kotz D. A survey of context-aware mobile computing research[R]//Dartmouth Computer Science Technical Report TR2000-381.Hanover: Dartmouth College, 2000.

[28] Zheng Y, Zhang L, Xie X, et al. Mining interesting locations and travel sequences from GPS trajectories[C]//Proceedings of the 18th International Conference on World Wide Web. Madrid,New York:ACM Press, 2009: 791-800.

[29] Zheng Y, Xie X, Ma W Y. GeoLife: A collaborative social networking service among user, location and trajectory[J]. IEEE Data Eng. Bull., 2010, 33(2): 32-39.

[30] Yoon H, Zheng Y, Xie X, et al. Social itinerary recommendation from user-generated digital trails[J]. Personal and Ubiquitous Computing, 2012, 16(5): 469-484.

[31] Yu Z, Zhou X F, et al. Computing with Spatial Trajectories[M]. New York:Springer, 2011.

[32] Zheng Y, Zhang L, Ma Z, et al. Recommending friends and locations based on individual location history[J]. ACM Transactions on the Web (TWEB), 2011, 5(1): 5.

[33] Ester M, Kriegel H P, Sander J, et al. A density-based algorithm for discovering clusters in large spatial databases with noise[C]//Proceedings of KDD. Portland,Oregon,California:AAAI Press, 1996, 96: 226-231.

[34] Newson P, Krumm J. Hidden markov map matching through noise and sparseness[C]// Proceedings of the 17th ACM SIGSPATIAL International Conference on Advances in Geographic Information Systems. Seattle,New York:ACM Press, 2009: 336-343.

[35] Liu L, Andris C, Ratti C. Uncovering cabdrivers' behavior patterns from their digital traces[J]. Computers, Environment and Urban Systems, 2010, 34(6): 541-548.

[36] Chang H, Tai Y, Hsu J Y. Context-aware taxi demand hotspots prediction[J]. International

Journal of Business Intelligence and Data Mining, 2010, 5(1): 3-18.
[37] Ge Y, Xiong H, Tuzhilin A, et al. An energy-efficient mobile recommender system[C]// Proceedings of the 16th ACM SIGKDD International Conference on Knowledge Discovery and Data Mining. Washington D.C.,New York:ACM Press, 2010: 899-908.
[38] Yuan J, Zheng Y, Zhang C, et al. T-drive: driving directions based on taxi trajectories[C]// Proceedings of the 18th SIGSPATIAL International Conference on Advances in Geographic Information Systems. San Joes,New York:ACM Press, 2010: 99-108.
[39] Hu H, Wu Z, Mao B, et al. Pick-Up Tree Based Route Recommendation from Taxi Trajectories[M].Web-Age Information Management. Berlin:Springer, 2012: 471-483.
[40] Van den Poel D, Buckinx W. Predicting online-purchasing behaviour[J]. European Journal of Operational Research, 2005, 166(2): 557-575.
[41] Hu Y, Koren Y, Volinsky C. Collaborative filtering for implicit feedback datasets[C]// Proceedings of the 8th IEEE International Conference on Data Mining. Pisa,Piscataway: IEEE Press, 2008: 263-272.

第 4 章　社会化推荐模型与算法

4.1　社会计算与社会化推荐

互联网是机器的互联，万维网是信息的互联，物联网是物的互联，社会网络(social network)则是人的互联[1]。社会网络与传统万维网和网络媒体的本质区别在于：内容、信息和知识的消费者亦是其提供者。通过论坛、媒体共享、微博、空间等各种各样的社会网络，广大用户主动发布内容或分享数据，每天都有大量的社会行为数据被保存到网络空间中，长期积累起的海量社会数据催生了社会计算这门新兴学科。

社会计算(social computing)是计算技术与社会科学相结合的交叉学科，它研究利用计算技术帮助人们认识社会规律、相互沟通与协作以及利用群体智慧解决问题的原理和方法[1]。本节首先简要介绍社会计算领域的主流研究议题，然后将焦点集中到社会计算和推荐系统的交叉点，介绍社会化推荐问题的定义。

4.1.1　社会计算研究议题概览

社会网络是复杂网络的一种表现形式，社会计算(或称为社会网络分析)领域的工作起源于复杂网络，有些学者将该领域命名为“网络科学”。尽管网络科学以新兴学科的姿态越来越引人瞩目，而实际上，网络科学具有悠久的历史，可以追溯到 1736 年瑞士数学家欧拉(L. Euler)利用图论解决哥尼斯堡七桥问题。在随后 200 年内，图论研究处于停滞状态，直到 20 世纪 50 年代，匈牙利科学家 P. Erdos 提出 Erdos-Renyi(ER)随机图模型开始，复杂网络又进入研究者的视野。接着，20 世纪 60 年代至 70 年代，社会心理学家 Milgram 观察到小世界效应(small-word effect)和“六度分割理论”(six degrees of separation)。到了 20 世纪 90 年代，随着万维网和社会网络的发展以及计算机处理大规模图能力的不断提升，网络科学发展迅猛，目前正朝着成为一门独立学科而发展。本节简要介绍网络科学的 5 个主要议题，包括：网络建模、社会影响力分析、社区检测、安全与隐私，这些议题和社会化推荐一起覆盖了社会计算领域绝大部分的研究。

1. 网络建模

复杂网络已经成为描述自然和社会中系统结构的一个有力工具，社会网络本质上是复杂网络的一种表现形式，复杂网络领域的研究者从 20 世纪 90 年代就开始网络建模问题。研究者们发现来自不同应用领域的大规模网络表现出极为相似的特征，最著名的三个特征为：①无标度(scale-free)特性；②小世界效应；③强社区结构。

无标度特性指网络节点的度服从幂律分布，即 $h(k)\sim k^{-q}$，其中，$k>1$ 表示度，q 为指数，一般地，$2<q<3$。用非数学语言来描述，无标度特性指网络包含少量高度节点和大量低度节点。在 Albert 等先驱性工作的基础上[2]，很多实际网络被证明为是服从幂律度序列分布的网络，推翻了以前认为网络度序列分布是服从泊松分布或二项分布的假设，互联网、铁路/天然气/石油系统、生物网络无不被证明具有无标度特性[3]。

社会心理学家 Milgram 通过连锁信实验首先观察到小世界效应[4]，他将一些信件交给自愿参加者，要求他们通过自己的熟人将信传到信封上指明的收信人手里，他发现，294 封信件中有 64 封最终送到了目标人物手中。而在成功传递的信件中，平均只需要 5 次转发，就能够到达目标，这也被称为“六度分割理论”。然后，Watts 和 Strogatz 提出随机化一个 2-规则网络的链路会创建基本的小世界网络，这一历史性的重要生成过程称为 Watts-Strogatz(WS)算法[5]。

2. 社会影响力分析

社会影响力(social influence)指受到社会网络中其他人的影响而引起的个体行为的改变[6]，比如当某用户采纳一个新思想或接受一种新产品时，他会向其朋友推荐，某些朋友可能会采纳他的推荐，并进一步向他们自己的朋友推荐，这个过程也称为传播或扩散。Richardson 等将影响力最大化问题归纳为一个算法问题[7]，即如何定位网络中最有影响力的成员集合，提供给他们免费的样品，希望通过他们向网络中其他成员推荐，从而达到营销的目标，问题核心是如何选择这个初始成员集合使得最终购买人数最多，在营销学上，这种方式也称为口碑(word-of-mouth)营销。

节点之间的同质性(homophily)是决定相互影响力大小的关键因素[6]，同质性表征了节点与其邻居之间的相似程度，同质性越强，则相互影响力越大，基于用户的协同过滤算法就是说明同质性与影响力的一个典型例子。在社会网络中，一般认为两个节点的公共邻居越多，它们的同质性或相似度就越高，具有相同邻居节点的节点集合称为等价结构。

在社会网络信息传播模型中，节点被划分为两种状态：激活状态(购买了某产品或接受了某观念等)和未激活状态(尚未购买或接受)。学术界提出很多种模型以刻画激活状态节点如何影响未激活状态节点，其中最著名的两个模型分别是线性阈值模型[8]和独立级联模型[9]。当前所有社会网络影响最大化问题的研究都是基于这两个基本模型展开，Kempe 等证明了如何选择若干个种子节点，使其在传播过程结束之后，传播范围最大这一问题为 NP-hard 问题，并提出一种爬山贪心算法，它在每一步都选择当前影响力最大的节点作为初始传播对象进行传播[10]。除了贪心算法之外，学者们还提出多种启发式算法，如 DegreeDiscount、PMIA、MIAM 和 MIMC 等[11, 12]。

3. 社区检测

强社区结构是复杂网络的三大特性之一，属于同个社区的成员往往持有相似观点和共同兴趣，而且相互之间影响程度较大。尽管到目前为止对社区尚未有明确的数学定义，学者们通常将社区描述为内部连接紧密、与外部连接相对疏松的顶点集合[13]。多种证据表明，社区结构往往在网络中表现出清晰的语义[14]，比如，在生物网络中，社区结构经常是一个功能模块或通路，而在人际关系网中，社区结构经常是由一群持相同观点或共同兴趣的人组成，在科学家协作网中，社区结构则经常是一个科研团队或一个科研领域。

社区检测领域的大部分研究致力于发现不相交社区，即试图将网络中的节点划分成 K 个互不相交的分组，这类社区检测方法可以归为两类：①依据全局模型“自上而下”；②依据局部结构“自下而上”。第一类方法预定义目标函数，将社区检测问题归化为该目标函数上的最优化问题，由于目标函数最优化是 NP_hard 问题，为此，研究者围绕目标函数定义和启发式策略展开了广泛研究。早期的图分割方法定义了各种形式的割(cut)，然后以割为目标函数，提出了一系列算法，如 Kernighan-Lin 算法[15]、谱平分法[16]等。随着 Newman 和 Girvan 于 2004 年提出网络模块性(modularity)评价函数[17](通常称为 Q 函数)，并提出以 Q 函数为目标函数的 Fast Newman 算法[18]。Q 函数产生了深远的影响，它不仅作为评价社区优劣的内部指标广为使用，还有很多工作围绕 Q 函数的优化效果和效率展开[13]。第二类“自下而上”的方法基于预定义的假设或启发式规则来发现社区，比如，最大流社区检测算法[19]和 GN 算法[20]分别假设社区内边的流和边介度大于社区外的流和边介度。

Kossinets 和 Watts 于 2006 年发表在 *Science* 上的论文[21]指出实际社会网络随时间而演变，时间是社会网络分析应该考虑的重要因素。社区结构易随时间演化更是显而易见，比如：政治社区在选举前后的活跃程度可能差别很大，某社区中的个体也有可能转移兴趣或受到特定事件影响而迁移到另一社区[22]。社区演化分析本质上属于演化数据学习，希望观察社区的出现、变化、分裂和消失等过程。大部分方法利用随机分块模型将社区演化分析建模为优化问题，然后基于已有方法，如 Gibbs 抽样、谱方法和演化聚类等[22]，提出启发式算法来解决。

在现实生活中，社区间往往是重叠的(overlapping)，比如，一位科学家可能参与专业领域的社区，也可能参与家庭、朋友和爱好等方面的社区，由此，重叠社区检测的研究应运而生。最著名的重叠社区检测算法是 CPM 方法(clique percolation method)[23]，首先发现网络中的所有 k 团(k-clique，即由 k 个节点组成的团)，然后将“邻接”k 团(即共享 k–1 个节点的 k 团)合并成社区结构，CFinder 工具 (http://www.

cfinder.org/)是 CPM 方法的一种实现形式,在很多应用上具有多项式级时间复杂度。除此之外，国内外学者还提出很多其他类型的方法，包括边划分方法[24]、局部扩展和优化方法[25]及基于模糊聚类的方法[26]等。

4. 社会网络安全

社会网络为用户提供了一个相对安全的交互平台，该平台需要通过以用户彼此之间的了解为基础建立可靠的信任关系，一旦社会网络受到攻击，将极大地破坏网络用户之间的信任关系，同时影响用户信息的安全性。现有的影响社会网络用户安全的行为包括：网络水军攻击、僵尸粉丝攻击以及搜索引擎攻击。

网络水军指受雇于网络公关公司，为他人发帖回帖造势的虚拟用户群体。为客户发帖回帖造势常常需要成百上千个人共同完成，那些临时在网上征集来的发帖人被称为“网络水军”。版主把主帖发出去后，获得最广大“网民”的注意，进而营造出一个话题事件，所有网络公关公司都必须雇佣大批的人员来为客户发帖回帖造势。从“贾君鹏，你妈喊你回家吃饭”到“小月月的疯狂蹿红”，到蒙牛“诽谤门”事件暴露，到 3Q 大战，再到魅族手机被曝上市炒作等事件。事后都有调查证明，背后有一只操纵网络舆论的手——网络水军。网络水军可以帮助幕后的商业企业，迅速地炒作恶意信息并打击竞争对手，扮演着网络打手的角色；也可以为新开发、新成立的网络产品(如网站、论坛、网络游戏等)快速提高人气，吸引网民关注和参与。目前，由于网络水军在学术上定义的模糊性及检测的复杂性，尤其针对中文社交网络，网络水军检测仅得到了少量研究。比如，文献[27]首先介绍了网络水军形成因素，并对网络水军的用户行为以及组织架构，通过统计分析以及语义分析对网络水军进行检测。

微博作为现在人们获取信息的主要渠道，微博推广也越来越受到商家、企业的欢迎。企业通过微博进行信息展示已经成为推广的主流。随着微博推广的盛行，一条灰色产业链悄然生成：注册微博、狂刷粉丝数量，当粉丝达到几千、几万，甚至是十几万时，他们利用这些已经刷的僵尸粉丝帮助商家进行微博推广。目前，僵尸粉丝检测方法主要有基于特征和基于图两种方式，基于特征的方式通过提出一系列的僵尸粉丝特征，利用监督和非监督学习实现僵尸粉丝检测[28, 29]，而基于图的方式则通过僵尸粉丝在社会网络中的活动及影响力来分析僵尸粉丝用户行为[30, 31]。文献[32]对新浪微博的僵尸攻击展开了研究，该文通过商业模式产生训练集，并提出了 16 个新的属性用于检测僵尸攻击，并通过传播的级联快速和细化两个阶段来预测僵尸攻击。

搜索引擎通常组合相关性和重要性来计算排序值用于对展现给用户的查询结果进行排序。对于用户给定的一个查询，通常情况下搜索引擎都能返回成千上万的结果，但是研究发现 85%的搜索引擎用户只查看第一页的内容，也就是排在前十的网页。所以，在搜索引擎返回结果列表中排名的位置成了网络服务提供者所关心的内容，尤其对于一些商业站点来说，在搜索引擎中排名的提前可以转换成销售、收入和利润的增加。因此许多人采用一些欺诈方式用来欺骗搜索引擎排序算法，使一些网页获得不应有的高排序值来吸引用户的关注，从而达到获取某方面利益的目的。所有试图增加网页在搜索引擎结果列表中排序的欺诈行为被称为搜索引擎病毒，具体可细分为两类，一类为内容病毒(content spam)，另一类为链接病毒 (link spam)[33]。内容病毒是为了提高目标网页与某些查询的相关性，检测该类病毒通常是从大规模的网页实验数据集中提取网页的特征，然后通过统计的方法对特征进行分析，得到区分病毒网页和正常网页的特征。然后，根据样本的这些特征值建立分类器来实现自动把网页分成病毒网页和正常网页[34]。链接作弊技术通过欺骗手段操作网页间的链接结构图，扰乱超链接结构分析算法来增加某些网页的重要性，检测该类病毒通常基于页面的信任值与非信任值来衡量网页的“诚实”可信度[35, 36]。

4.1.2　社会化推荐

总的来说，社会网络数据包含网络拓扑结构和社会媒体两部分。社会网络拓扑结构表示出了节点之间的社会关系，在不同类型的社会网络中，“社会关系”表现出迥异的含义，比如说，像国外 Facebook、MySpace、LinkedIn、Orkut，国内的人人网、腾讯朋友网等社交网站，社会关系表示了朋友关系，而且很可能对应于现实生活中的真实朋友、同学或同事关系。在 Twitter、Bolgspot、Wordpress、LiveJournal、新浪微博、腾讯微博等微博网站，社会关系通常表示“follow”关系。在 Flickr、优酷、Justin.tv、Ustream 等媒体共享网站，及 Del.icio.us、StumbleUpon、Diigo 等社会化标签网站，社会关系表示出人与人之间兴趣相投，而兴趣由标签反映出来。学术界通常使用图对社会网络拓扑结构建模，然而，不同类型的社会关系图结构也大相径庭，朋友关系是对称的，可建模为无向图，然而，微博的“follow”关系却不对称，比如，明星大腕的粉丝达数百万，草根平民的粉丝却寥若晨星，这不仅使得图具备有向性，而且节点度分布也极不均匀。图结构的巨大差异将对信息扩散、社区检测、社会化推荐等研究领域产生深远影响。

广大用户主动发布内容或分享数据，信息消费者转变为信息生产者，是社会网络的显著特征，促使了海量、异构社会媒体数据的产生和累积。由社会网络用户数量的急剧增长，不难理解社会媒体数据的海量性。同时，用户不仅可以在社会网络上发布文本和图片，更能发布视频和音频，这使得社会媒体表现出异构性。

社会化推荐(social recommendation)肇始于 Kautz 等 1997 年发表的论文[37]，近年来，社交网站和社会媒体的飞速发展使得社会化推荐这一前沿研究领域受到越来越广泛的关注。尽管如此，由于社会化推荐涵盖面极广，至今未有统一明确的定义，文献[38]对社会化推荐的定义进行了初步探索，认为可以从狭义和广义两个层面定义社会化推荐。狭义上，社会化推荐指融合社会关系的推荐方法，Firebelly(http://firebellymarketing.com/)是一家专门帮助企业通过社会媒体进行市场营销的公司，据 Firebelly 统计，66%的用户通过咨询朋友或粉丝做出决定，12~24 岁的年轻人所点击 88%的链接都是由朋友发来的。这证实了社会关系对推荐系统的重要显著影响作用，而狭义层面的社会化推荐正是试图融合社会关系来提升推荐系统的质量和性能。广义上，社会化推荐指推荐所有社会媒体的方法或系统，这不仅包括了上述狭义的社会化推荐定义，而且包含着利用传统推荐方法推荐诸如标签、朋友、社区、社会媒体等对象的系统。

4.2　社会化协同过滤模型

由第 2 章所述，协同过滤模型是目前应用最广泛的推荐模型，将社会网络与协同过滤相结合设计社会化推荐系统成为最直观的想法，也是社会化推荐中获得最多关注的领域。传统协同过滤模型以用户-项目评分矩阵作为输入数据，而社会化协同过滤模型则包含两部分输入数据：①用户-项目评分矩阵；②用户-用户社会关系矩阵，如图 4.1 所示。据此，社会化推荐通常以基本协同过滤模型为基础，融合由社会网络分析获得的社会化信息[38]。

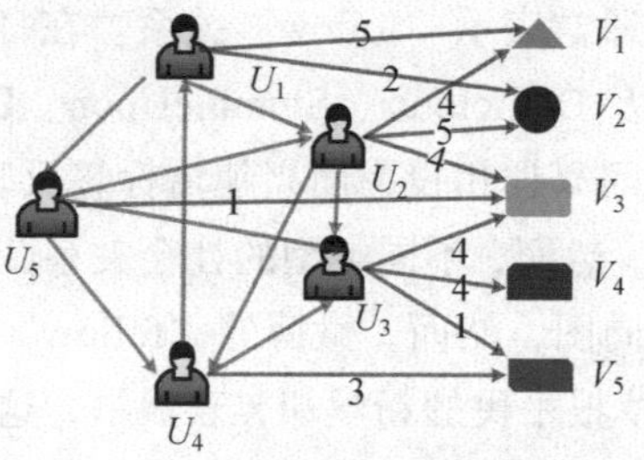

(a) 社会网络

	V_1	V_2	V_3	V_4	V_5
U_1	5	?	?	?	?
U_2	4	4	5	?	?
U_3	?	?	4	4	1
U_4	?	?	?	?	3
U_5	?	?	1	?	?

(b) 传统推荐系统

	V_1	V_2	V_3	V_4	V_5
U_1	5	?	?	?	?
U_2	4	4	5	?	?
U_3	?	?	4	4	1
U_4	?	?	?	?	3
U_5	?	?	1	?	?

＋

	U_1	U_2	U_3	U_4	U_5
U_1	0	1	0	0	1
U_2	0	0	1	1	0
U_3	0	0	0	0	0
U_4	1	0	1	0	0
U_5	0	1	1	1	0

(c) 社会化推荐系统

图 4.1　社会化协同过滤示例

最简单的社会化协同过滤模型依托基于用户的协同过滤(UCF)来设计，传统 UCF 基于用户-项目评分，计算用户之间相似度，根据 k 近邻用户集合的评分来预测未知评分。UCF 的潜在依据是根据用户好友的喜好来推测未知用户的喜好，既然如此，有了社会网络的帮助，我们将更容易获得用户的朋友集合，比如，可以用用户在社会网络上直接邻居集合来代替 k 近邻用户集合，然后基于式(2.2)预测未知评分。显然，这种方法失之于简单，事实上，学者们已经提出各种各样的方法来融合协同过滤与社会化信息，本节将阐述该领域的标志性成果。

4.2.1　基于信任关系的社会化协同过滤

社会网络隐含的社会关系可以理解为是一种信任关系，朋友之间相互信任，关系愈近的朋友相互之间信任度就愈强，大量研究从衡量社会网络节点之间信任度入手，以此构建社会化协同过滤模型[39-42]，本节介绍两类基于信任关系的社会化协同过滤。

1. 基于信任度指标计算的方法

社会网络中用户之间的信任度是不一样的，正如，日常生活中，朋友之间的亲疏也会导致不同程度的信任一样，一系列的研究围绕怎样定量刻画信任度而展开。TidalTrust[38]系统认为信任度的强弱满足以下两个假设：①节点之间路径越短，信任度越强；②路径上各个节点之间信任度越强，路径的源节点与终节点间的信任度越强。显然，这两个假设符合人们对信任度的直观理解。据此，TidalTrust 可归纳为算法 4.1 所示流程。

算法 4.1　TidalTrust

输入： $\boldsymbol{R}$：$n\times m$ 维用户-项目评分矩阵

$\boldsymbol{A}$：$n\times n$ 维社会网络邻接矩阵

τ：信任度阈值

输出： $\boldsymbol{\Omega}$：针对 α 中用户的推荐项目列表集合

---

1. **for**(α 集合中所有用户，$u\in\alpha$)
2. **for**(所有用户，$v\in U$)
3. 搜索 u 和 v 之间的最短路径，记为 SP_{uv}
4. 计算 u 和 v 之间的信任度，$\boldsymbol{T}_{uv}=\frac{\sum_{u_k\in SP_{uv}}\boldsymbol{T}_{uk}\boldsymbol{T}_{kv}}{\sum_{u_k\in SP_{uv}}\boldsymbol{T}_{uk}}$
5. **end for**
6. 计算 u 的信任邻居集合，$N^{+}(u)=\{v|\boldsymbol{T}_{uv}>\tau\}$
7. 计算 u 的未知项目评分，$\hat{r}_{ui}=\bar{r}_u+\frac{\sum_{v\in N^{+}(u)}\boldsymbol{T}_{uv}(r_{vi}-\bar{r}_v)}{\sum_{v\in N^{+}(u)}\boldsymbol{T}_{uv}}$
8. **end for**
9. 根据 Top-N 推荐或阈值推荐方法构建 $\boldsymbol{\Omega}$

比较算法 4.1 和 UCF 算法不难看出两者的区别，TidalTrust 根据信任度来确定目标用户的近邻集合。在 TidalTrust 的基础上，Massa 等提出了 MoleTrust[40, 41]，MoleTrust 首先将原始网络中的环路去掉，然后模拟执行大量的信任传播过程(类似于信息扩散过程)，从而将原始网络转化为有向无环图，在该图上利用随机漫步算法计算给定最大路径长度 *max-depth* 下的信任度。TidalTrust 和 MoleTrust 思想类似，TidalTrust 仅仅考虑最短路径下的信任度计算，而 MoleTrust 更为复杂，利用随机漫步考虑所有路径下的信任度计算。总的来说，基于信任度指标计算的方法遵循了 TidalTrust 所提出的两个假设。

2. 基于随机漫步的方法

在 TidalTrust 和 MoleTrust 等众多融合信任关系与协同过滤推荐方法的影响下，Jamali 等提出基于随机漫步的可信推荐方法 TrustWalk[42]，成为可信推荐最著名的方法之一。假设现在拟对未知用户-项目对(u_0,i)进行预测，TrustWalk 的基本思想是从 u_0 开始随机漫步，当第 k 步漫步到节点 u 时，如果(u,i)已知，即用户 u 对项目 i 评过分，则停止随机漫步过程；如果(u,i)仍然未知，以概率ϕ_{ujk}停止随机漫步，以概率 $1-\phi_{ujk}$ 继续随机漫步。TrustWalk 的另一特点是融合了项目之间的相似度，以 u 所评分项目与项目 i 之间的相似度来定义停止概率ϕ_{ujk}，即 u_0 和 u 相似度越高，停止概率ϕ_{ujk}应越大。同时，停止概率ϕ_{ujk}也应受到随机漫步步长 k 的限制，显然，k 越大，ϕ_{ujk}越大。正式地，停止概率ϕ_{ujk}计算公式为

$$\phi_{ujk} = \max_{j \in RI_u} sim(i,j) \frac{1}{1+\mathrm{e}^{-k/2}} \tag{4.1}$$

其中，RI_u 为用户 u 评分项目集合，$sim(i,j)$为项目之间相似度函数。显然，停止概率ϕ_{ujk}与 $sim(i,j)$成正比，与 k 成反比。$sim(i,j)$定义为

$$sim(i,j) = \frac{1}{1+\mathrm{e}^{-\frac{|UC_{ij}|}{2}}} corr(i,j) \tag{4.2}$$

其中，UC_{ij} 为对项目 i 和 j 评过分的公共用户集合；$corr(i,j)$为项目 i 和 j 的皮尔逊系数。式(4.1)和式(4.2)都使用 S 型函数(Sigmoid 函数)进行规则化，使得ϕ_{ujk}和 $sim(i,j)$值域为[0,1]。

TrustWalk 随机漫步过程的停止条件可总结为三种情况：①到达一个为目标项目 i 评过分的节点；②在某个节点 u，由停止概率ϕ_{ujk}决定终止随机漫步过程；③为防止随机漫步无休止的进行，设定阈值 *max-depth*，当 k>*max-depth* 时终止随机漫步过程，根据“六度分割理论”，通常设定 *max-depth*=6。

考虑漫步到节点 u 时继续随机漫步的情况，令 N_u 为 u 的邻居节点集合，$X_{u_0,i,k}$

为决定第 k 步选择哪个节点的随机变量。TrustWalk 假设等概率选择 u 的邻居节点，作为下一步节点，因此，我们有

$$P\left(X_{u_0,i,k}=u \middle| X_{u_0,i,k+1}=v\right)=\left(1-\phi_{ujk}\right)\frac{1}{N_u} \tag{4.3}$$

针对(u_0,i)的预测，TrustWalk 展开若干次随机漫步，最后集成所有随机漫步结果作为最终(u_0,i)的预测结果，(u,i)的预测函数定义为

$$\widehat{r_{ui}}=\sum\nolimits_{\{(v,j)|R_{vj}\}}P(XY_{ui}=(v,j))r_{vj} \tag{4.4}$$

XY_{ui}为随机变量，表示随机漫步过程终止与节点 v，并返回 v 的评分项目 j 作为预测依据。根据三种随机漫步停止条件，概率 $P(XY_{ui}=(v,j))$可以定义为

$$P\left(XY_{ui}=(v,j)\right)=\begin{cases}P(X_{ui}=v)\phi_{ui}P(Y_{vi}=j) & v\neq u;i\neq j\\ P(X_{ui}=v) & v\neq u;i=j\\ \phi_{ui}P(Y_{vi}=j) & v=u;i\neq j\end{cases} \tag{4.5}$$

那么，TrustWalk 到底针对某个待预测用户-项目未知评分应执行多少次随机漫步呢？TrustWalk 利用本次随机漫步预测分值与上一次随机漫步预测分值之间的误差来决定是否还要进行一次随机漫步。具体地，第 k 次随机漫步预测误差定义为

$$\sigma_k^2=\frac{\sum_{i=1}^{k}(r_i-\bar{r})^2}{k} \tag{4.6}$$

给定阈值 ε，当$|\sigma_k^2-\sigma_{k+1}^2|\leqslant\varepsilon$时，结束所有随机漫步过程。文献[42]证明了 TrustWalk 的收敛性，同时，TrustWalk 还可以表达为精炼的矩阵形式。文献[42]的实验结果表明，TrustWalk 比 TidalTrust 和 MoleTrust 等方法具有更高的预测精度，在冷启动用户的预测上效果尤佳。

4.2.2　基于矩阵分解的社会化协同过滤

由第 2 章关于“潜在语义分析模型”的介绍，矩阵分解方法试图学习用户和项目在 K 维语义空间中的表示向量，学习过程通常建模为优化问题，即最小化预测分值与已知分值的误差。矩阵分解方法具有三个主要优点：①具有很好的概率可解释性；②可以灵活融合多种优化算法；③可以灵活融合先验知识。优点③促使人们思考能否将社会化信息以先验知识的形式融入矩阵分解模型，这催生了大量基于矩阵分解的社会化协同过滤方面的研究工作。我们首先将 SVD 目标函数(2.28)写成一般形式：

$$\min_{\boldsymbol{U},\boldsymbol{V},\Omega}||\boldsymbol{W}\odot(\boldsymbol{R}-\boldsymbol{U}^{\mathrm{T}}\boldsymbol{V})||_F^2+\lambda(||\boldsymbol{U}||_F^2+||\boldsymbol{V}||_F^2) \tag{4.7}$$

其中，$\boldsymbol{U}$ 和 $\boldsymbol{V}$ 分别为用户和项目在 K 维语义空间中的表示矩阵；$\boldsymbol{R}$ 为原始评分矩阵(即训练集合)；$\boldsymbol{W}$ 为控制学习过程的参数，比如，在 pLSA 模型中，$\boldsymbol{W}$ 对应于 $\boldsymbol{\varphi}$ 和 $\boldsymbol{\theta}$。将社会化信息作为先验知识，即社会网络作为除了评分矩阵之外的又一训练集合，式(4.7)可以写为

$$\min_{\boldsymbol{U},\boldsymbol{V},\Omega} ||\boldsymbol{W}\odot(\boldsymbol{R}-\boldsymbol{U}^{\mathrm{T}}\boldsymbol{V})||_F^2+\alpha\cdot S(\boldsymbol{T},\boldsymbol{S},\Omega)+\lambda(||\boldsymbol{U}||_F^2+||\boldsymbol{V}||_F^2+||\Omega||_F^2) \tag{4.8}$$

其中，$S(\boldsymbol{T},\boldsymbol{S},\Omega)$为融入的社会化信息，$\Omega$ 为由社会网络学习而得的参数，α 为社会化信息所占权重。不同的基于矩阵分解的社会化协同过滤因$S(\boldsymbol{T},\boldsymbol{S},\Omega)$的定义而异，一旦构建起式(4.8)所示的目标函数，就可以使用如梯度下降等优化算法迭代求解。本节介绍两类最主要的基于矩阵分解的社会化协同过滤方法[38]。

1. 协同分解方法

协同分解方法(co-factorization method)的基本思想是一个用户的兴趣既受到用户-项目评分矩阵的影响，又受到社会网络的影响。前者等同于传统矩阵分解模型的假设，后者考虑社会关系的制约。因此，社会化推荐实际上就是协同分解用户-项目评分矩阵和用户-用户社会关系矩阵，最终同样试图学习到用户和项目在 K 维语义空间中的表示向量。SoRec[43]和 LOCABAL[44]是两种典型的协同分解方法。

SoRec 将$S(\boldsymbol{T},\boldsymbol{S},\Omega)$定义为

$$\min\sum_{i=1}^{n}\sum_{u_k\in N_i}(\boldsymbol{S}_{ik}-u_i^{\mathrm{T}}z_k)^2 \tag{4.9}$$

其中，N_i 为用户 i 的邻居节点集合，$\boldsymbol{Z}=\{z_1,z_2,\cdots,z_n\}$为用户的潜在语义空间矩阵。据此，SoRec 的目标函数可以定义为

$$\begin{aligned}\min_{\boldsymbol{U},\boldsymbol{V},\boldsymbol{Z}}&||\boldsymbol{W}\odot(\boldsymbol{R}-\boldsymbol{U}^{\mathrm{T}}\boldsymbol{V})||_F^2+\alpha\sum_{i=1}^{n}\sum_{u_k\in N_i}\left(\boldsymbol{S}_{ik}-u_i^{\mathrm{T}}z_k\right)^2\\&+\lambda(||\boldsymbol{U}||_F^2+||\boldsymbol{V}||_F^2+||\boldsymbol{Z}||_F^2)\end{aligned} \tag{4.10}$$

SoRec 将式(4.10)所示目标函数写成对数形式，利用微分求极值方法，得出迭代步之间关系，最后利用 EM 算法求解式(4.10)的最优解。

SoRec 直接将社会化信息优化目标定位成用户的潜在语义空间矩阵 $\boldsymbol{Z}$，LOCABAL[44]则略有不同，它认为用户在社会网络中的关系由 $K\times K$ 维关系矩阵 $\boldsymbol{H}$ 决定，只要学习到 $\boldsymbol{H}$ 就能得出用户在社会网络下相似兴趣的用户组。于是，LOCABAL 的$S(\boldsymbol{T},\boldsymbol{S},\Omega)$定义为

$$\min\sum_{i=1}^{n}\sum_{u_k\in N_i}(\boldsymbol{S}_{ik}-u_i^{\mathrm{T}}\boldsymbol{H}u_k)^2 \tag{4.11}$$

$\boldsymbol{H}$ 既可反映无向图(社会关系对等，如朋友网络，$\boldsymbol{H}$ 为对称矩阵)，又可反映有向图(社会关系不对等，如微博 follow 关系，$\boldsymbol{H}$ 为非对称矩阵)。由式(4.11)，我们可以得到 LOCABAL 的目标函数定义：

$$\min_{\boldsymbol{U},\boldsymbol{V},\boldsymbol{Z}}\|\boldsymbol{W}\odot(\boldsymbol{R}-\boldsymbol{U}^{\mathrm{T}}\boldsymbol{V})\|_F^2+\alpha\sum_{i=1}^{n}\sum_{u_k\in N_i}(\boldsymbol{S}_{ik}-u_i^{\mathrm{T}}\boldsymbol{H}u_k)^2$$
$$+\lambda(\|\boldsymbol{U}\|_F^2+\|\boldsymbol{V}\|_F^2+\|\boldsymbol{H}\|_F^2) \tag{4.12}$$

本质上，当我们把 z_k 进一步分解为 $\boldsymbol{H}u_k$ 时，SoRec 和 LOCABAL 是统一的。

2. 组合方法

组合方法(ensemble method)不再把社会化信息建模为独立的因子，而是将社会化信息融入到预测函数之中，即认为计算预测分值时，既需要考虑用户-项目评分矩阵，又需要考虑用户-用户社会关系矩阵，而两者之间用线性方法组合起来。我们介绍两种典型的组合方法：STE[45]和 mTrust[46]。由第 2 章介绍可知，矩阵分解模型的预测函数为

$$\widetilde{\boldsymbol{R}}=\boldsymbol{U}^{\mathrm{T}}\boldsymbol{V} \tag{4.13}$$

STE[45]将社会化信息线性融入评分预测函数中，将预测函数改写为

$$\widetilde{\boldsymbol{R}}=(I+\beta\boldsymbol{S})\boldsymbol{U}^{\mathrm{T}}\boldsymbol{V} \tag{4.14}$$

STE 所要最小化的误差 Ferbenius 范数形式就为

$$\|\boldsymbol{W}\odot((\boldsymbol{R}-\boldsymbol{U}^{\mathrm{T}}\boldsymbol{V})-\beta\boldsymbol{S}\boldsymbol{U}^{\mathrm{T}}\boldsymbol{V})\|_F^2 \tag{4.15}$$

式(4.15)与式(4.8)给出的一般形式是统一的，我们将 STE 的$S(\boldsymbol{T},\boldsymbol{S},\Omega)$定义为

$$\|\boldsymbol{W}\odot(\boldsymbol{R}-\beta\boldsymbol{S}\boldsymbol{U}^{\mathrm{T}}\boldsymbol{V})\|_F^2-2\mathrm{tr}(\boldsymbol{W}\odot((\boldsymbol{R}-\boldsymbol{U}^{\mathrm{T}}\boldsymbol{V})(\beta\boldsymbol{S}\boldsymbol{U}^{\mathrm{T}}\boldsymbol{V}))) \tag{4.16}$$

则，我们有

$$\|\boldsymbol{W}\odot((\boldsymbol{R}-\boldsymbol{U}^{\mathrm{T}}\boldsymbol{V})-\beta\boldsymbol{S}\boldsymbol{U}^{\mathrm{T}}\boldsymbol{V})\|_F^2=\|\boldsymbol{W}\odot(\boldsymbol{R}-\boldsymbol{U}^{\mathrm{T}}\boldsymbol{V})\|_F^2+\alpha\cdot S(\boldsymbol{T},\boldsymbol{S},\Omega) \tag{4.17}$$

mTrust[46]思想类似于基于用户的协同过滤，将社会网络相似度作为预测函数权重，用户 u_i 对项目 v_j 的预测函数如式(4.18)所示：

$$\widetilde{\boldsymbol{R}}_{ij}=\boldsymbol{u}_i^{\mathrm{T}}\boldsymbol{v}_j+\beta\frac{\sum_{u_k\in N_i}\boldsymbol{S}_{ik}\boldsymbol{R}_{kj}}{\sum_{u_k\in N_i}\boldsymbol{S}_{ik}} \tag{4.18}$$

于是，mTrust 的目标函数为

$$\min_{U,V,S}\sum_i\sum_j\left(\boldsymbol{R}_{ij}-\boldsymbol{u}_i^{\mathrm{T}}\boldsymbol{v}_j-\beta\frac{\sum_{u_k\in N_i}\boldsymbol{S}_{ik}\boldsymbol{R}_{kj}}{\sum_{u_k\in N_i}\boldsymbol{S}_{ik}}\right)^2 \tag{4.19}$$

同样地，式(4.19)与式(4.8)给出的一般形式是统一的，仅需将 mTrust 的$S(\boldsymbol{T},\boldsymbol{S},\Omega)$定义为

$$\sum_i\sum_j \boldsymbol{W}_{ij}\left(\left(\boldsymbol{R}_{ij}-\beta\frac{\sum_{u_k\in N_i}\boldsymbol{S}_{ik}\boldsymbol{R}_{kj}}{\sum_{u_k\in N_i}\boldsymbol{S}_{ik}}\right)^2-2(\boldsymbol{R}_{ij}-\boldsymbol{u}_i^{\mathrm{T}}\boldsymbol{v}_j)\left(\beta\frac{\sum_{u_k\in N_i}\boldsymbol{S}_{ik}\boldsymbol{R}_{kj}}{\sum_{u_k\in N_i}\boldsymbol{S}_{ik}}\right)\right) \quad (4.20)$$

比较式(4.14)和式(4.18)，STE 实际上是从社会网络学习获得用户之间的相似度，而 mTrust 将由社会网络上计算出的用户相似度作为权重融入到预测评分函数，即 STE 从整体上考虑社会网络对预测函数的影响，而 mTrust 从单个用户对角度考虑社会网络对预测函数的影响。

3. 规格化方法

规格化方法(regularization method)认为用户在评分矩阵上表现出的兴趣应该与其在社会网络上表现出的兴趣接近，即从最小化评分矩阵与社会关系矩阵所获得用户在 K 维潜在语义空间向量。SocialMF[47]和 Social-Regularization[48]是两种典型的规格化方法。

SocialMF[47]将$S(\boldsymbol{T},\boldsymbol{S},\Omega)$定义为衡量由评分矩阵投影到 K 维潜在语义空间后所得的用户表示向量，与用户在社会关系矩阵上与其邻居节点平均相似向量的误差，正式地，SocialMF[47]的$S(\boldsymbol{T},\boldsymbol{S},\Omega)$定义为

$$\min\sum_{i=1}^{n}(\boldsymbol{u}_i-\sum_{u_k\in N_i}\boldsymbol{S}_{ik}\boldsymbol{u}_k)^2 \quad (4.21)$$

$\sum_{u_k\in N_i}\boldsymbol{S}_{ik}\boldsymbol{u}_k$表示用户 i 的邻居用户的平均向量，此时，社会关系矩阵上用户间相似度作为规格化 K 维潜在语义空间上用户表示向量的因子，这种方法与 K-means 聚类算法以算术平均向量作为簇的质心极为类似。将式(4.21)代替式(4.8)的$S(\boldsymbol{T},\boldsymbol{S},\Omega)$就得到 SocialMF 的目标函数。

$$\min_{\boldsymbol{U},\boldsymbol{V}}||\boldsymbol{W}\odot(\boldsymbol{R}-\boldsymbol{U}^{\mathrm{T}}\boldsymbol{V})||_F^2+\alpha\sum_{i=1}^{n}(\boldsymbol{u}_i-\sum_{u_k\in N_i}\boldsymbol{S}_{ik}\boldsymbol{u}_k)^2+\lambda(||\boldsymbol{U}||_F^2+||\boldsymbol{V}||_F^2) \quad (4.22)$$

Social-Regularization[48]与 SocialMF 本质上类似，但是，Social-Regularization 使用社会关系矩阵上用户间相似度作为规格化用户与其近邻对误差的权重，其$S(\boldsymbol{T},\boldsymbol{S},\Omega)$定义为

$$\min\sum_{i=1}^{n}\sum_{u_k\in N_i}\boldsymbol{S}_{ik}(\boldsymbol{u}_i-\boldsymbol{u}_k)^2 \quad (4.23)$$

将式(4.23)代替式(4.8)的$S(\boldsymbol{T},\boldsymbol{S},\Omega)$就得到 Social-Regularization 的目标函数。

$$\min_{\boldsymbol{U},\boldsymbol{V}} ||\boldsymbol{W}\odot(\boldsymbol{R}-\boldsymbol{U}^{\mathrm{T}}\boldsymbol{V})||_F^2+\alpha\sum_{i=1}^{n}\sum_{u_k\in N_i}\boldsymbol{S}_{ik}(\boldsymbol{u}_i-\boldsymbol{u}_k)^2+\lambda\left(||\boldsymbol{U}||_F^2+||\boldsymbol{V}||_F^2\right) \tag{4.24}$$

值得一提的是，Social-Regularization 的$S(\boldsymbol{T},\boldsymbol{S},\Omega)$定义可以表示成精炼的矩阵形式，这展现了 Social-Regularization 数学表达上的美感。

$$\begin{aligned}\frac{1}{2}\sum_{i=1}^{n}\sum_{u_k\in N_i}\boldsymbol{S}_{ik}(\boldsymbol{u}_i-\boldsymbol{u}_k)^2&=\sum_{i=1}^{n}\sum_{i=1}^{n}\boldsymbol{S}_{ik}(\boldsymbol{u}_i-\boldsymbol{u}_k)^2\\&=\frac{1}{2}\sum_{i=1}^{n}\sum_{i=1}^{n}\sum_{j=1}^{K}\boldsymbol{S}_{ik}\left(\boldsymbol{U}_{ij}-\boldsymbol{U}_{kj}\right)^2\\&=\sum_{i=1}^{n}\sum_{i=1}^{n}\sum_{j=1}^{K}\boldsymbol{S}_{ik}\boldsymbol{U}_{ij}^2-\sum_{i=1}^{n}\sum_{i=1}^{n}\sum_{j=1}^{K}\boldsymbol{S}_{ik}\boldsymbol{U}_{ij}\boldsymbol{U}_{kj}=\mathrm{tr}(\boldsymbol{U}^{\mathrm{T}}\boldsymbol{L}\boldsymbol{U})\end{aligned} \tag{4.25}$$

其中，$\boldsymbol{L}=\boldsymbol{D}-\boldsymbol{S}$，为拉普拉斯(Laplacian)矩阵，$\boldsymbol{D}$ 为对角矩阵，定义为：$\boldsymbol{D}(i,i)=\sum_{j=1}^{n}\boldsymbol{S}(j,i)$。

规格化方法非常适合于处理用户-项目评分矩阵中的冷启动用户，因为，这种方法可以综合冷启动用户在社会网络里邻居用户的兴趣来推断其兴趣。

4.3　社会化标签系统中的推荐

社会化标签系统(social tagging system)是 Web 2.0 的核心构件和重要应用，自其诞生以来，就得到了学术界和工业界的广泛关注，被普遍认为是解决信息爆炸时代数据组织、管理和挖掘的有效工具[49]。借助于社会化标签系统，用户可以自由地对信息进行标注，从用户的标签中能反映出兴趣和认知偏好。鉴于标签中所蕴含的丰富个性化信息，启发了国内外学者尝试将标签应用到推荐系统中。本节首先简要介绍社会化标签系统涉及的一些重要概念，然后介绍与社会化标签系统相关的推荐系统方面的研究工作。

4.3.1　社会化标签系统概述

社会化标签系统允许用户上传自己的资源，然后使用自己的语言为资源打上标签，目前，国内外已经出现了很多著名的社会化标签系统。比如，图片共享网站 Flickr(http://www.flickr.com/)、在线社交书签网站 Delicious(http://delicious.com/)、视频共享网站如美国的 YouTube(http://www.youtube.com/)和国内的优酷网(http://www.youku.com/)、面向科研人员的参考文献共享网站 CiteULike(http:// www.citeulike.org/)和 Connotea(http://www.connotea.org/)等。图 4.2 显示了 Flickr 网站的标签，其中所有图片都是在“drsun”标签下的图片，矩形框内图片总共有 3 个标签：drsun、mausoleum、nanjing。

图 4.2　社会化标签系统 Flickr

1. 众分众类

社会化标签系统采用的方式称为众分众类(Folksonomy)，即由“群众”自发地为网络资源定义非等级分类，而不是像中图分类号一样，有专门部门对图书进行分类，这反映出 Web 2.0 由用户主导而生成内容的互联网产品模式。比如，对于“香港回归交接仪式”这段视频，经统计，使用“中国”、“历史”、“纪录片”、“时事”这几个关键词来描述它的频率最高，那么这 4 个词就是用户对这段视频的众分众类。Folksonomy 由个人自发式定义，公开共享，而且由用户群体定义的频率来决定。Folksonomy 的优点在于自由共享和动态更新，标签词汇不像传统分类法那样受到词汇表的限制，而是由用户自由选择，同时，老的标签一旦不符合历史潮流，用户就会打上新的标签，这使得标签总能反映出当前人们关注的热点。当然，Folksonomy 的缺点也非常明显，首先是缺乏层次性，标签只能构成平面结构，很难像传统分类法那样表现出极强的层次性，从而揭示对象之间的复杂关系。其次是表达概念的模糊性，不同用户认知存在差异，这导致其所表达的语义不精确，而且同义词广泛存在。同时，用户可能在输入标签时不够严谨，导致大量噪声标签的存在，比如，用户希望打上“中国”这个标签，却写成了“china”，可能让人误解为“瓷器”。

Folksonomy 通常可分为 Broad Folksonomy 和 Narrow Folksonomy 两类[50]，前者指分类面向大众、拥有大量异质用户，如 Flickr、Delicious 和 YouTube，因为可能大部分用户都希望共享图片、社交信息和视频。后者指面向的用户群比较窄，这些用户在知识结构和兴趣偏好上具有同质性，如 CiteULike 和 Connotea，因为只有科研工作者或工程技术人员才可能有共享参考文献的需求。

2. 标签模型

在学术界，社会化标签系统被定义为三元组<U,T,I>，以反映“用户-标签-项目”之间的关系，用户是参与标签活动的主体，项目是标签的受体、标签是用户对项目的自由描述[50]。它们两两之间都表现出多对多的关系，一个用户可以对多个项目打标签，也可以对一个项目打上多个标签，而一个项目可以由多个用户同时打上标签。图 4.3 说明了社会化标签系统概念模型。

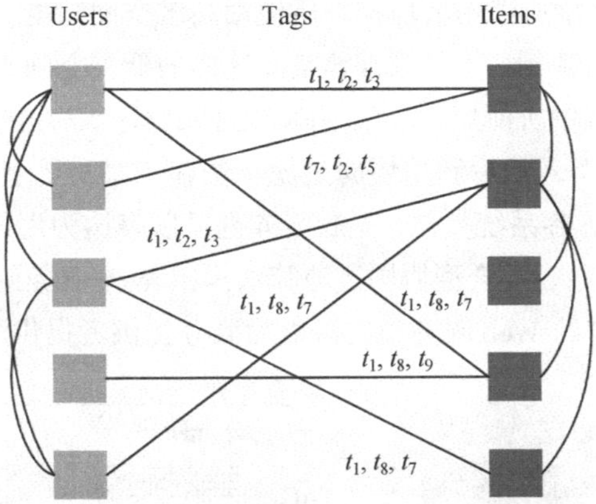

图 4.3　社会化标签系统概念模型

社会化标签系统的研究工作外延颇广，涉及信息科学、物理学、社会科学、管理科学等多门学科，是一个典型的交叉研究领域，其研究对象“用户-标签-项目”构成一个复杂动态的系统，受互联网和社会经济发展的影响，这导致社会化标签系统在不同时期的统计特性有极大不同[49]。我们很难勾画该领域的研究全景，仅将讨论焦点落在与社会化标签系统相关的推荐领域。

4.3.2　基于社会化标签的多模式推荐

传统推荐系统大多以推荐项目为目标，社会化标签系统中的推荐则更为灵活，按照推荐对象的不同，我们可以基于社会化标签的推荐分为三类：

(1) 项目推荐：与传统推荐系统目标一致，只是扩展了标签信息，标签扩展方法主要包括排序方法、语义与标签混合方法、pLSA、朴素贝叶斯方法等，本节第 1 部分将分别介绍排序方法 FolkRank 算法及语义与标签混合方法。

(2) 标签推荐：为用户推荐其感兴趣的标签，是社会化标签系统中特有的推荐方式，本节第 2 部分将介绍三类标签推荐方法。

(3) 用户推荐：基于标签信息，为用户推荐潜在的朋友或兴趣相近的人群，这类似于社交网站的朋友推荐。用户推荐是很多在线社交网站关注的问题，尽管大部分研究将用户推荐归为链路预测问题(将在 4.4 节介绍)，还是有一些工作针对社会化标签系统研究用户推荐方法。比如，文献[79]所研制的 ISID 系统(Internet Social Discovery System)能根据标签发现兴趣相近的用户。

鉴于这样的灵活推荐方式，我们把社会化标签系统涉及的推荐称为多模式推荐(multi-mode recommendation)。从三元组<*U,T,I*>来看，基于社会化标签的推荐在传统推荐模型用户-项目评分矩阵的基础上加上了一个新的维度——标签，使得推荐空间成为三维，从第 3 章所述的情境推荐所使用高维空间角度，基于社会化标签的推荐可视为情境推荐的特例。就三维推荐空间这样的低维空间来说，我们很方便将其分解为传统推荐模型中所使用的二维矩阵，文献[51]将<*U,T,I*>分解为 3 个二维矩阵：<*U,T*>、<*I,T*>和<*U,I*>，然后利用协同过滤算法在二维矩阵上生成推荐，原理如图 4.4 所示。与社会化标签系统类似，Web 服务也可以表达为用户-服务-服务提供者的三维空间，文献[52]融合混合型协同过滤算法提出 Web 服务的双向推荐机制，既可以为用户推荐感兴趣的 Web 服务，也可以为服务提供者提供潜在用户。

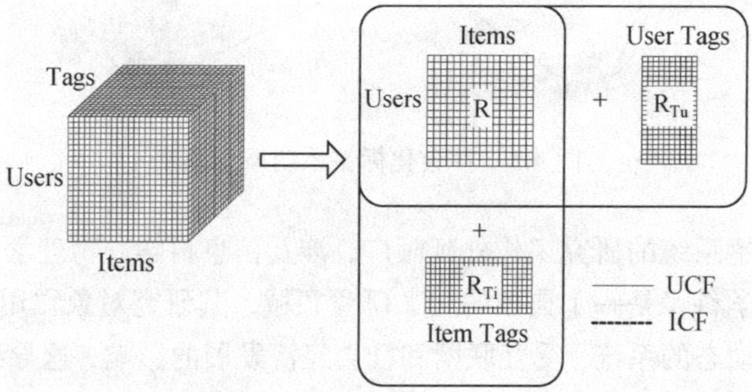

图 4.4　将用户-标签-项目三维立方体分解为二维矩阵的推荐(图片来源：文献[51])

当然，上述分解的方法本质上仍然属于协同过滤的范畴，下面我们介绍将标签信息融入推荐模型的一些有意思的成果。

1. 项目推荐

1) FolkRank 算法

著名的 PageRank 算法[53]和 HITS 算法[54]给出了描述 Web 页面权威性的基本思想和方法，即页面被链接次数越多(入度越大)，其权威性或重要性就越高。据此，Hotho 等提出了 FolkRank 算法[55]，用于在图 4.4 所示的用户-标签-项目图上计算项目的重要性，其基本思想是某个项目被越重要的用户打上越重要的标签，则其重要性就越高，这一思想可以对称地扩展到计算用户和标签的重要性。

PageRank 算法和 HITS 算法是针对有向图而言的，FolkRank 算法扩展到了无向图。用户-标签-项目图包含三类边关系：用户-标签、标签-项目、用户-项目，即 $E=\{\{u,t\},\{t,r\},\{u,r\}\}$，FolkRank 算法首先为三类边分别定义了权重：①$\omega(u,t)$表示用户 u 利用关键词 t 作为标签的次数；②$\omega(t,r)$表示项目 r 标签中关键词 t 出现的次数；③$\omega(u,r)$表示用户 u 对项目 r 打标签的次数。我们将用户-标签-项目图用行规格化后邻接矩阵 $\boldsymbol{A}$ 表示，得到类似于 PageRank 的迭代公式：

$$\boldsymbol{\omega} = d\boldsymbol{A}\boldsymbol{\omega} + (1-d)\boldsymbol{p} \tag{4.26}$$

其中，$\boldsymbol{p}$为重要性权重向量，d 为调节权重。沿用 PageRank 的迭代计算方法，FolkRank 算法可以根据三类边的权重，计算出用户、标签和项目的重要性，根据这些重要性，FolkRank 算法适用于标签系统中的多模态推荐。比如，根据 $\omega(u,r)$的计算结果，可将用户感兴趣的项目推荐给用户；根据 $\omega(u,t)$的计算结果，可为用户推荐其他相关的标签。

2) 语义与标签混合方法

基于社会化标签项目推荐的关键是如何利用标签信息来增强推荐，由于不同标签词汇之间的相似性，一个直观的想法是将具有类似标签的项目推荐给用户，沿着这一思路，Shepitsen 等[56]利用层次式聚类方法将经常共同出现的标签放到同一类簇。但是，标签类簇未能表达标签中隐藏的语义信息，Xu 等[57]提出 SemRec 系统，试图同时挖掘标签簇及其语义信息以进一步增强推荐性能。图 4.5 给出一个标签语义增强的例子，很好地说明了标签语义信息对推荐系统的重要影响，比如，标签 Howto、

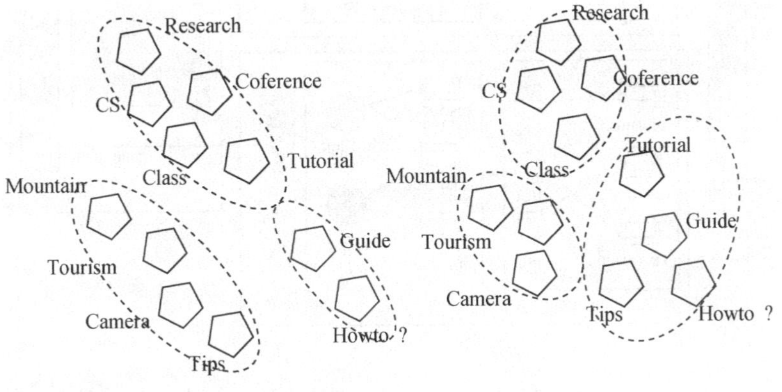

(a) 由共同出现表征的结构化信息　　(b) 由语义抽取获得的主题内在关联

图 4.5　标签语义增强示例(图片来源：文献[57])

Guide、Tips 和 Tutorial 表现出相似的语义信息，按照主题模型，可用“Howto”这

一主题来概括，同时，Tutorial 标签经常与学术相关词汇出现，因此它被划分到“Research”类簇。当用户为项目打上 Tutorial 标签时，通过语义关联，SemRec 不仅将“Research”类簇下其他标签的项目推荐给用户，而且将“Howto”主题范围内的其他标签项目推荐给用户。

图 4.6 描述了 SemRec 系统框架，可以看出，SemRec 包含两个关键部分：标签聚类和标签主题抽取。标签聚类基于标签-项目二元关系展开，如果将该二元关系表示为一个矩阵，矩阵行对应于标签，矩阵列对应于项目，每个元素说明标签是否在某项目上出现过，然后利用 K-means 等聚类算法就能对标签进行聚类，类簇表示了经常共同出现的标签集合。设标签聚类将所有标签划分成$|TC|$个类簇，考虑用户-标签和项目-标签两个二元关系，每个用户和项目的标签分别可以映射到$|TC|$个类簇，然后规格化为单位权重，于是，每个用户和项目可以表示成$|TC|$个类簇上的权重向量，将用户 u 和项目 r 的向量分别记为

$$\boldsymbol{u}_{TC} =< \omega_{TC}(TC_1), \omega_{TC}(TC_2), \cdots, \omega_{TC}\left(TC_{|TC|}\right) >$$

$$\boldsymbol{r}_{TC} =< v_{TC}(TC_1), v_{TC}(TC_2), \cdots, v_{TC}\left(TC_{|TC|}\right) > \tag{4.27}$$

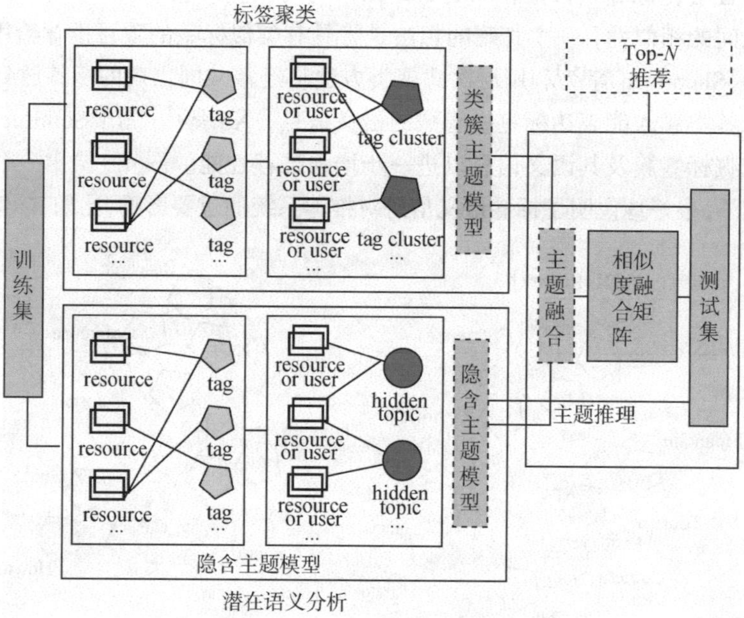

图 4.6 SemRec 系统框架(图片来源：文献[57])

根据用户和项目在标签类簇上的表示向量，不难定义用户与项目之间的相似度，SemRec 采用余弦函数作为相似度度量。

$$\cos sim(\boldsymbol{u}_{TC},\boldsymbol{r}_{TC})=\frac{\boldsymbol{u}_{TC}\cdot\boldsymbol{r}_{TC}}{||\boldsymbol{u}_{TC}||\cdot||\boldsymbol{r}_{TC}||} \tag{4.28}$$

标签主题抽取采用文本处理领域常用的潜在狄利克雷分配模型(第 2 章所述的 LDA 模型)，此时，潜在语义空间可以视为主题空间，设为$|TP|$维，然后同样将每个用户和项目的标签分别映射到$|TP|$维主题空间，获得主题空间的用户和项目表示向量，使用式(4.28)计算余弦相似度。最后，SemRec 线性融合标签类簇和主题分布上的相似度，得出用户和项目之间的融合相似度，将最相似的 N 个项目推荐给用户，相似度线性融合如式(4.29)所示，其中，λ 为调节权重。

$$sim(\boldsymbol{u},\boldsymbol{r})=\lambda\cdot\cos sim(\boldsymbol{u}_{TC},\boldsymbol{r}_{TC})+(1-\lambda)\cdot\cos sim(\boldsymbol{u}_{TP},\boldsymbol{r}_{TP}) \tag{4.29}$$

2. 标签推荐

Folksonomy 允许用户根据自己的理解选择任意词汇作为标签，这导致标签的多样性和模糊性，质量不高的标签将导致资源难以被其他用户搜索到，或降低资源被推荐的概率，这限制了资源共享的范围和程度。为此，标签推荐应运而生，它为用户推荐相关的标签词汇，这些词汇通常是广泛被认可的具有较好描述含义的，试图增强用户上传资源的可见性，并减少社会化标签系统的噪声标签。大部分已有的标签推荐方法采用了三类思想：①基于张量分解的方法；②关联规则挖掘；③混合概率模型。

1) 基于张量分解的方法

张量分析起源于物理学，在固体力学中有着广泛应用，近年来，张量分析被引入到推荐系统领域，试图将高维空间的预测问题分解到若干个低维空间和矩阵来解决[58-60]。所谓张量是一个物理量或几何量，它由在某参考坐标系中一定数目的分量的集合所规定，当坐标变换时，这些分量按一定的变换法则变换，张量有不同的“阶”和“结构”，这由它们所遵循的不同的变换法则来区分。下面以文献[58]为例，介绍张量分解(tensor factorization)在标签推荐中的应用。

令 $S\subseteq U\times I\times T$ 表示已知用户-项目-标签数据，即训练集，我们将 S 表示为张量 $\boldsymbol{Y}$。本质上，$\boldsymbol{Y}$ 是维度分别为用户、项目和标签的三维立方体(cube)。标签推荐的目标是构建预测器张量$\hat{\boldsymbol{Y}}$，元素$\hat{\boldsymbol{y}}_{u,i,t}\in\hat{\boldsymbol{Y}}$表示用户 u 在项目 i 上对标签 t 的喜爱程度。给定张量$\hat{\boldsymbol{Y}}$，标签推荐目标函数如式(4.30)所示，即将 Top-N 个用户 u 在项目 i 上最喜爱的标签推荐给用户。

$$\mathrm{Top}(u,i,N):=\mathrm{argmax}_{t\in T,N}\,\hat{\boldsymbol{y}}_{u,i,t} \tag{4.30}$$

基于张量分解理论，可以将张量$\hat{\boldsymbol{Y}}$分解为 3 个低维矩阵和 1 个小规模张量，这 3 个低维矩阵称为特征矩阵，小规模张量称为核心张量，图 4.7 表示了张量$\hat{\boldsymbol{Y}}$的分解过程。最终，张量$\hat{\boldsymbol{Y}}$可表示为特征矩阵与核心张量的乘积，如式(4.31)所示：

$$\hat{\boldsymbol{Y}} \coloneqq \hat{\boldsymbol{C}} \times_u \hat{\boldsymbol{U}} \times_i \hat{\boldsymbol{I}} \times_t \hat{\boldsymbol{T}} \tag{4.31}$$

将式(4.31)变换到针对$\hat{\boldsymbol{Y}}$中每个元素的分解形式，得

$$\hat{\boldsymbol{y}}_{u,i,t} \coloneqq \sum_{\tilde{u}} \sum_{\tilde{\imath}} \sum_{\tilde{t}} \hat{\boldsymbol{c}}_{\tilde{u},\tilde{\imath},\tilde{t}} \cdot \hat{\boldsymbol{u}}_{u,\tilde{u}} \cdot \hat{\boldsymbol{\imath}}_{i,\tilde{\imath}} \cdot \hat{\boldsymbol{t}}_{t,\tilde{t}} \tag{4.32}$$

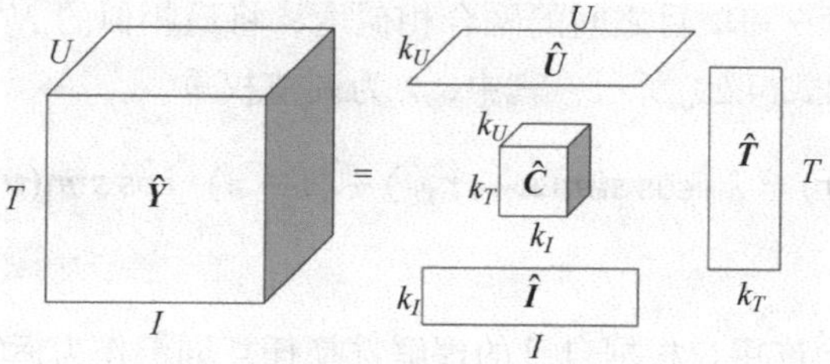

图 4.7　张量分解图示(图片来源：文献[57])

由张量$\hat{\boldsymbol{Y}}$的张量分解模型，推荐任务本质是在最小化$\hat{\boldsymbol{Y}}$与训练集 $\boldsymbol{Y}$ 的约束下，学习模型中参数$\hat{\boldsymbol{\theta}} = (\hat{\boldsymbol{C}}, \hat{\boldsymbol{U}}, \hat{\boldsymbol{I}}, \hat{\boldsymbol{T}})$，不失一般性，目标函数可以定义为

$$\operatorname{argmin}_{\hat{\boldsymbol{\theta}}} \sum_{(u,i,t) \in U \times I \times T} (\hat{\boldsymbol{y}}_{u,i,t} - y_{u,i,t})^2 \tag{4.33}$$

模型参数学习算法与 SVD 思路类似，文献[58]现将式(4.33)表示成 AUC(area under ROC-curve)形式，基于梯度下降算法，利用微分方法求解 t 步迭代结果与 $t+1$ 步迭代结果直接的关系，逐步迭代计算直至收敛。

总的来说，张量分析实质上是一种降维方法，类似于潜在语义分析，区别在于，潜在语义分析将高维空间分解到若干个向量上，而张量分析将高维空间分解为 1 个核心张量和若干个特征矩阵的乘积。至于优化目标函数构建及其求解方法，张量分析则与潜在语义分析异曲同工。

2) 关联规则挖掘

令 T_1 和 T_2 为两个标签集合，假设 $T_1 \Rightarrow T_2$ 为满足支持度和置信度阈值的关联规则，如果某项目已经被打上 T_1 内的标签，则就将 T_2 内的标签推荐给用户，这个思想本质上属于第 2 章所介绍的基于关联规则的推荐模型。Heymann 等的实验[61]观测到很多标签关联规则具有实际意义，比如：关联规则“humour⇒humor”和“tools, utilities, utility⇒tools”说明人们对同样词汇拼写和表达上的差异，“tutorial, resouces⇒reference”说明相近词义之间的关联，“software, mac, apple⇒osx”说明现实关联性很大的标签。

3) 混合概率模型

混合概率模型与 SemRec 处理标签思路类似，首先利用 LDA 模型抽取标签主题，然后用条件概率分别表示项目与主题、标签与主题之间的关系，接着将融合这两个条件概率得出项目与标签之间的相关概率，最终将与某资源相关概率高的标签作为推荐结果。

4.4　链 路 预 测

链路预测(link prediction)是指如何通过已知的网络拓扑结构等信息预测网络中尚未连接边的两个节点产生连接的可能性[38]。链路预测并不是社会计算特有的问题，实际上，它早就受到复杂网络研究者的广泛关注，原因在于链路预测具有重大的实际应用价值。比如说，在生物领域，验证蛋白质之间是否存在相互作用关系，需要通过大量实验结果进行推断，成本极高，如果能利用链路预测算法预测未知蛋白质网络的连接边，以预测结果为指导开展生物实验能有效降低实验成本及提高实验成功率。在推荐系统领域，链路预测能用于朋友推荐，即根据当前网络结构预测哪些现在尚未结交的用户在未来有可能成为朋友，这有助于提升社交网站的用户忠诚度。

到目前为止，链路预测领域的研究已十分深入，成果颇丰，已有的链路预测算法大致可分为两类[64]：①基于拓扑结构信息的算法；②基于节点信息的算法。下面我们分别介绍这两种链路预测方法。

4.4.1　基于拓扑结构信息的链路预测

这类方法由拓扑结构反映出的节点间相似性来进行链路预测，其前提假设是两个节点之间相似性越大，它们在未来存在连接边的可能性就越大。这种相似性与第 2 章所述的相似度计算有所区别，它的定义完全基于网络拓扑结构，通常称为结构相似性，而与节点的属性无关，比如，节点如果表示一个人，结构相似性与其年龄、职业、性别等属性无关，仅与节点的拓扑结构有关，如该节点与其他多少节点相连接、与哪些节点相连接等。

人们最早基于公共邻居数量来定义节点之间的结构相似性，两个节点的公共邻居越多，则它们更易于有连接边，即共同朋友越多的两个人，越容易成为朋友。我们把公共邻居完全相同的节点集合称为等价结构(equivalent structure)，正式地，令 N_p 为 i_p 节点的邻居节点集合，如果节点集合 $S=\{i_1,i_2,\cdots,i_{|S|}\}$ 为等价结构，则

$$N_1 = N_2 = \cdots = N_{|S|} \tag{4.34}$$

显然，等价结构表征了最为相似的一组节点，是一种特殊情况，在实际网络中

也极少。退一步说，我们试图找到具有较高相似度的节点集合，不妨将这样的节点集合称为近似等价结构[65]，正式地，若集合 S 为近似等价结构，则满足：

$$sim(S) \geqslant t^*, \quad 0 \leqslant t^* \leqslant 1 \tag{4.35}$$

其中，$sim(S)$为相似性函数，t^*为阈值。人们提出一系列相似性函数，应用较广泛的包括 Salton 指标(余弦相似度)、Jaccard 系数、Sorenson 指标、大度节点有利指标(HPI)、大度节点不利指标(HDI)、LHN-I 指标等，具体计算公式归纳在表 4.1 中。

表 4.1　结构相似性指标

名称	定义	名称	定义
Salton 指标	$s_{pq} = \frac{\lvert N_p \cap N_q \rvert}{\sqrt{\lvert N_p \rvert \lvert N_q \rvert}}$	Jaccard 系数	$s_{pq} = \frac{\lvert N_p \cap N_q \rvert}{\lvert N_p \cup N_q \rvert}$
Sorenson 指标	$s_{pq} = \frac{2\lvert N_p \cap N_q \rvert}{\lvert N_p \rvert + \lvert N_q \rvert}$	HPI 指标	$s_{pq} = \frac{\lvert N_p \cap N_q \rvert}{\min(\lvert N_p \rvert, \lvert N_q \rvert)}$
HDI 指标	$s_{pq} = \frac{\lvert N_p \cap N_q \rvert}{\max(\lvert N_p \rvert, \lvert N_q \rvert)}$	LHN-I 指标	$s_{pq} = \frac{\lvert N_p \cap N_q \rvert}{\lvert N_p \rvert \lvert N_q \rvert}$

本质上，表 4.1 所示的结构相似性仅考虑了直接相连邻居(即二阶邻居)的影响，那么更远的邻居，三阶、四阶……n 阶邻居如何影响相似度？据此，人们提出路径相似度指标融入更远邻居计算结构相似度。局部路径(LP, local path)考虑三阶邻居的贡献，正式地，令 $\boldsymbol{A}=[A_{pq}]$表示网络的邻接矩阵，$A_{pq}=1$ 表示节点 i_p 和 i_q 之间有边相连，反之，$A_{pq}=0$。显然，$\boldsymbol{A}^n=[A^n{}_{pq}]$表示了节点 i_p 和 i_q 之间长度为 n 的路径数。i_p 和 i_q 之间的 LP 指标定义为

$$LP(i_p, i_q) = A_{pq}^2 + \beta A_{pq}^3 \tag{4.36}$$

如果将式(4.36)扩展到考虑所有阶邻居，就得到 Katz 指标，计算公式为

$$Katz(i_p, i_q) = \beta A_{pq} + \beta^2 A_{pq}^2 + \cdots + \beta^n A_{pq}^n \tag{4.37}$$

文献[66]在 6 个实际网络上的实验表明，融入更多阶邻居可以有效提升链路预测的准确率，但是，考虑邻居阶数越多，计算复杂性就越高。

4.4.2　基于节点信息的链路预测

这类方法将链路预测建模为一个分类问题，即试图将每个节点对分成两类：有连接边和无连接边，在此模型下，很多监督学习和半监督学习的分类算法被提出[67, 68]。文献[68]所提出的模型具有一般意义，我们以此为例介绍基于节点信息的链路预测方法。

设 $X=\{x_1,x_2,\cdots,x_{|X|}\}$ 和 $Y=\{y_1,y_2,\cdots,y_{|Y|}\}$ 为节点集合，对于同一网络，$X=Y$。设

$Z=\{z_1,z_2,\cdots,z_{|Z|}\}$为边类型集合。在电子商务网站中，$X$和$Y$分别表示用户和商品，$Z$表示连接类型，比如可以包括点击、购买或评价等不同类型的用户与商品间关系。令$[F^*]_{i,j,k}$为训练集合，即已知的边关系。令W_X、W_Y、W_Z分别为X、Y、Z上的相似度矩阵，比如，$[W_X]_{i,l}$表示元素x_i和x_l之间的相似度，显然，W_X、W_Y、W_Z为对称矩阵。链路预测问题就转化为：已知F^*、W_X、W_Y、W_Z，试图学习F，以表征所有X-Y-Z三元组上的边连接强度，从而预测未知三元组对在未来是否应该有连接边。

文献[68]构建了链路预测的目标函数，该目标函数既融合训练集信息，又融合了测试集信息，是一种典型的半监督学习方法，我们首先给出式(4.38)所示的目标函数形式，然后逐项讨论其含义。

$$obj(\{f_{ijk}\}) \coloneqq \underbrace{\frac{\sigma}{2}\sum_{i,j,k,l,m,n} w_{ijk,lmn}\left(f_{ijk}-f_{lmn}\right)^2}_{(a)} + \underbrace{\frac{1}{2}\sum_{(i,j,k)\in E}\left(f_{ijk}-f_{ijk}^*\right)^2}_{(b)} + \underbrace{\frac{\mu}{2}\sum_{(i,j,k)\notin E} f_{ijk}^2}_{(c)} \tag{4.38}$$

式(4.38)分为三部分：(a)项表示无监督学习，其本质是，如果两个未知三元组(x_i,y_j,z_k)和(x_l,y_m,z_n)相似度越高，所对应的预测边强度f_{ijk}和f_{lmn}应越接近；(b)项对应于监督学习，即已知边的预测应接近于训练集中边强度；(c)项为规格化因子，用于增强目标函数的稳定性。可以看出，式(4.38)所示的目标函数清晰地反映了链路预测问题的本质，且有效融合了训练集和测试集信息，具有普适性。

有了这一链路预测基础模型，接下来的问题是如何定义三元组之间的相似度矩阵$[W]_{ijk,lmn}$及如何设计优化算法求解 F。解决这两个问题的方法并不唯一，还有很多值得进一步研究的空间。文献[68]利用克罗内克积(Kronecker Product)定义了三元组之间的相似度矩阵$[W]_{ijk,lmn}$，然后，仍然使用梯度下降算法递归求解F。

$$W := W_z \otimes W_Y \otimes W_X \tag{4.39}$$

文献[68]是从已有拓扑结构信息出发，将链路预测建模为半监督学习过程。还有一些研究工作试图融合多方面的节点信息，形成多维特征空间，然后利用经典的分类方法(如决策树、SVM、k 近邻、贝叶斯)来预测链路。从直观上看，这类方法能够通过融合多方面的节点信息提升链路预测准确度，但是，特征定义和获取往往依赖于具体数据集和应用领域，普适性逊于仅仅从拓扑结构出发的方法。文献[69]针对科研协作网络(DBLP 数据集)上定义了一系列特征，然后比较了多种已有分类器在链路预测上的效果，特征包含三个部分：①相似度特征，通过对作者(节点)发表论文中的关键词匹配计数来定义；②聚合特征，包括作者发表论文数量的计数、邻居数量、论文分类码计数等；③拓扑特征，包含最短距离、聚类系数、关键词网络中最短距离等。在 BIOBASE 和 DBLP 数据集上的实验表明，SVM 分类器在链路预测上的性能优于其他类型分类器[69]。

4.5　作者协作关系网络中的推荐

作者协作关系网络是社会网络的一种重要形式，此类网络构成复杂且蕴含丰富的信息，是一种典型的异构网络。总的来说，作者协作关系网络由 4 种不同类型的节点构成：作者(author)、论文(paper)、关键词(term)、发表场所(venue)。边关系也呈现出异构性，比如，作者之间的协作关系、作者和论文的署名关系、论文之间的互相引用关系、论文(作者)与关键词及发表场所与论文(作者)之间的包含关系等。图 4.8(a)给出作者协作关系网络框架，展现出 4 种类型节点之间的交互关系；图 4.8(b)给出作者协作关系网络的一个例子。

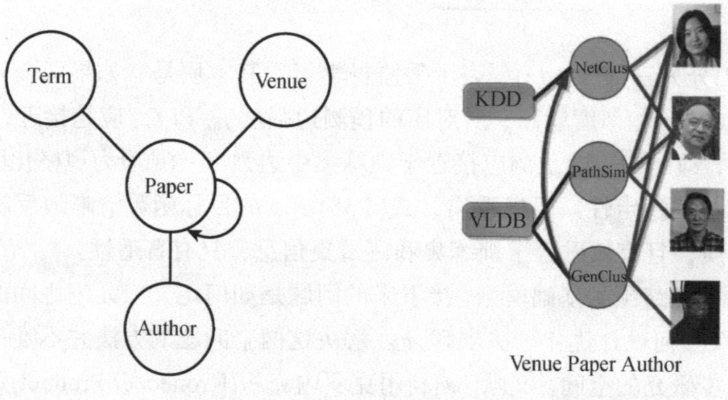

(a) 作者协作关系网络模式　　(b) 作者协作关系网络示例

图 4.8　作者协作关系网络图示(图片来源：文献[70])

近年来，面向作者协作关系网络挖掘与推荐方面的研究如雨后春笋，已成为数据挖掘和社会网络分析领域的热点问题。作者协作关系网络挖掘涵盖议题颇广，比如，基于排序的聚类和分类、基于元路径相似度的查询和挖掘、面向异构关系强度的挖掘等，受限于本书主题和篇幅，我们难以对这些议题一一展开论述，感兴趣的读者可以参阅专著[70]。

依托多种多样的面向作者协作关系网络挖掘手段，大量讨论作者协作关系网络中推荐的研究和应用系统不断涌现，根据推荐对象不同，本节介绍专家推荐和论文推荐两个子领域的有趣研究成果。

4.5.1　专家推荐

专家推荐与专家查找(expert finding)和专长匹配(expertise matching)意思相近，试图定位和推荐某研究领域或跨领域的专家，这是人们面对作者协作关系网络时产生的最直观实际应用，因而专家推荐也受到了大量研究者的关注。早期的研究致力于从电子邮件网络中发现专家[71]，其本质思想是利用 HITS 算法[54]对网络节点进行排序，将权威性高的节点作为专家。文献[72]将专家查找建模为信息获取问题，试图回答“谁是主题 X 上的专家？”这一问题，针对查询主题 X，提出两类语言模型，对候选专家排序，将排序高的专家作为查询结果返回。文献[73]提出一种基于信息扩散的方法，融合节点的局部信息和网络的拓扑结构信息，节点局部信息包含个人资料、联系方式、所发表的论文等，这使得作者协作关系网络具有强异构性，比如，两个节点之间可能因共同发表论文而建立边关系，也可能因住在同一所城市建立边关系。然后，文献[73]通过两个阶段的计算来实现专家推荐：①初始化阶段，由节点局部信息为每个人计算初始专家分值，其基本思想是，如果某人在主题 X 上发表(或共同发表)了大量论文，他/她成为专家的概率越大；②信息传播阶段，利用异构边关系信息提升专家推荐的精度，其基本思想是，如果某人与主题 X 上的专家联系越紧密，他/她成为专家的概率越大。

最近，清华大学唐杰等在跨领域协作推荐上做了探索[74]，这项研究不仅具有前瞻性，而且符合当前跨学科发展所带来的需求。例如，医学和计算机科学的融合催生了电子健康，于是医学领域的研究者希望能有一些计算机科学领域专家推荐给他们，以便在未来就某些主题进行合作研究。正式地，跨领域协作推荐问题可以描述为：给定源领域 G^S 和目标领域 G^T，每个领域都用主题词集合描述，对源领域用户 $v_q \in G^S$，试图为推荐目标领域 G^T 中的潜在合作者。

图 4.9 描述了跨领域协作推荐方法的总体框架，共包含 3 个阶段：作者匹配、主题匹配及跨领域主题学习(cross-domain topic learning, CTL)。作者匹配阶段的本质是衡量节点之间的相关性，即给定节点 v_q，试图确定源领域 G^S 和目标领域 G^T 中的哪些节点与 v_q 相关。重启随机漫步(random walks with restarts, RWR)是一种计算所有节点与给定点 v_q 相关性权重向量的常用方法，令 $\boldsymbol{u}_q=[u_q(1),\cdots,u_q(n)]$ 为 v_q 与图中 n 个点的相关性权重向量，$\boldsymbol{v}_q$ 为重启向量，$\boldsymbol{v}_q$ 的第 q 维分量定义为 1，其余分量定义为 0。由重启随机漫步理论，$\boldsymbol{u}_q$ 满足下面迭代公式：

$$\boldsymbol{u}_q = (1-c)\boldsymbol{M}\boldsymbol{u}_q + c\boldsymbol{v}_q \tag{4.40}$$

其中，c 为在 v_q 上重启随机漫步的概率，$\boldsymbol{M}$ 为状态迁移矩阵。主题匹配旨在分别学习源领域和目标领域的各自的描述主题，该阶段利用概率模型刻画作者、论文和发表场所之间的依赖关系，称为 ACT(author-conference-topic)模型[75]，其本质仍然是利用狄利克雷分布构建概率模型，然后使用 Gibbs 抽样方法优化。跨领域协作推荐方法关键在于 CTL 阶段，以期学习获得源领域和目标领域能产生协作关系的主题。简单来说，CTL 首先将源领域和目标领域作者所撰写论文的主题组合到一起，CTL 训练阶段仍然采用 Gibbs 抽样方法学习概率模型参数，最后计算协作主题的后验概率。

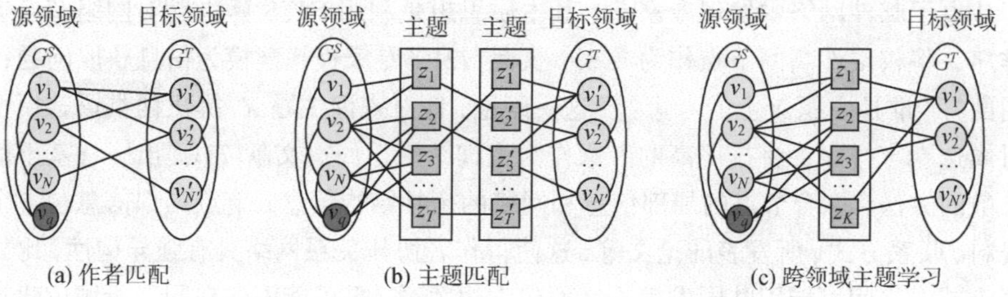

图 4.9　跨领域协作推荐框架(图片来源：文献[74])

作为专家推荐的重要子任务，文献[76]、[77]研究了审稿人推荐问题。文献[76]以匹配投稿论文主题与审稿人专长为主要目标，比较了传统信息检索语言模型与 APT(author-persona-topic)模型，APT 模型与 ACT 模型类似，本质上是一种概率模型，指出 APT 模型较之于其他模型具有更加准确的匹配率。而文献[77]将审稿人推荐建模为多目标优化问题，除了考虑投稿论文主题与审稿人专长的匹配程度，还增加考虑其他约束因素，比如审稿人不能过多审阅论文等。

4.5.2　论文推荐

随着科技论文的大量涌现，为了使得科技工作者快速获取与自己研究领域相近的论文，论文推荐成为作者协作关系网络中推荐的一大应用问题。事实上，Google 学术(http://scholar.google.com)已经提供了论文推荐功能，它允许作者构建“我的著作引用情况”主页，在为作者提供其印证参数的同时，捕捉了作者感兴趣的研究领域，一旦有该领域论文发表，Google 学术会在搜索栏下方推荐一些密切相关的论文，如图 4.10 所示。

文献[78]总结了论文推荐的几个需求：①推荐较早论文非常重要，类似于传统推荐问题，越著名的论文易于被越多的人收藏进个人图书馆(或被评越高的分值)，因此，推荐较早论文的任务就演变成基于历史评分数据预测未知评分数据，这是传统推荐模型和算法的研究重点；②推荐新论文同样重要，科技工作者希望了解相关领域的最新研究进展，这激发了新论文推荐的需求，但是，不像较早论文，新论文的评分信息和其他历史信息较少，具有“冷启动”(cold-start)特性；③变量可解释性作用明显，这有助于解析不同用户由哪些具体主题而产生相近兴趣，有利于揭示跨领域影响力、影响因素和协作关系。可以看出，需求②和③描述了论文推荐有别于传统推荐的两大特点。

图 4.10　Google 学术论文推荐界面

文献[78]综合运用了已有方法解决上述三个需求，需求①视为矩阵内预测(in-matrix prediction)，利用潜在语义方法解决，需求②称为矩阵外预测(out-matrix prediction)，通过构建主题概率模型，利用内容的推荐解决。然后，利用回归分析将主题作为被解释变量，以解释跨领域协作主题的含义。

4.6　社会化推荐领域的挑战性问题

社会网络分析和图挖掘无疑是近年来数据挖掘领域最热的话题，以数据挖掘国际大会 KDD 2013 为例，在该话题上的报告分会场达到 7 个(共 27 篇论文)，而社会化推荐成为该领域中最重要的应用研究之一。社会化推荐通过引入社会关系数据，在一定程度上解决了传统推荐方法在用户-项目评分矩阵上呈现出的数据稀疏性和冷启动用户问题。经过近几年的发展，在社会化推荐领域涌现出大量高水平的理论研究成果及工业界的实际应用系统。但是，毫无疑问，社会化推荐领域的理论研究和系统实践离“至善之境”仍旧很远，本节总结几个该领域中的几个挑战性问题，以期为研究者在社会化推荐上取得更深入的研究进展起到抛砖引玉的作用。

1) 冗余且富含噪声的社会关系处理

在实际社交网站和微博平台上，低成本的社会关系形成使得社会关系大量冗余，比如，Facebook 的平均好友数达到 130、Twitter 平均粉丝数达到 126[38]。可以想象，一个用户所拥有的如此众多的邻居中，混杂着真正朋友及大量噪声关系。目前大部分研究都将社会关系视作相互信任，这显然未能区分有效和噪声社会关系，而且将噪声社会关系作为信任关系来处理有可能使社会化推荐效果低于传统推荐方法[46]。

2) 负面关系的处理

目前大部分研究都局限在融合正向(信任)关系，事实上，很多社交网站允许用户表达喜欢(like)和不喜欢(dislike)两种极性的态度，文献[80]基于酒店评分系统的分析指出负面关系比信任关系对推荐系统起到更加显著的影响。文献[81]在负面关系的处理上做了初步探索，将信任和不信任区分处理，从不信任关系中学习负权重。但是，负面关系如何影响决策、与正向关系影响传播是否相同、两者之间有何种依赖关系等这些复杂的议题还有待进一步研究。

3) 社会网络中的冷启动用户

传统推荐系统关注用户-项目评分矩阵上的冷启动用户，但是，由于社会网络度分布遵循幂律分布，因此，在融入社会网络后，仍然有大量冷启动用户存在。从复杂网络角度看，冷启动用户被认为是弱连接(weak-tie)节点，如何识别与这些弱连接节点具有隐式关系的用户群，捕捉冷启动用户兴趣偏好，进而提升冷启动用户的推荐效果，仍然是值得进一步研究的。

4) 跨社交平台用户肖像构建

同一用户通常会加入不同社交网络，比如，某用户同时有新浪微博账号、人人网账号、腾讯 QQ 账号等，显然，如果能跨社交网络平台聚合识别同个用户、进而为其构建肖像(包括兴趣偏好等)，能更大幅度地融合社会网络信息，有助于提升社会化推荐性能。然而，同个用户访问不同社交网络时可能采用不同的接入方式和 IP 地址，并使用不同的用户标识。传统的基于单一特征的用户身份识别技术，辨识率较低，这将严重影响跨平台用户信息聚合质量。如何从注册信息、登录模式、社交关系和网络言论等维度，研究多平台多维度的用户相似性分析模型，设计增量式和分层式的用户相似性计算和身份比对技术，提高跨平台用户统一身份识别的计算精度和计算效率具有重要的实际应用价值。同样，跨社交平台用户肖像构建对于商务智能也具有重要意义，同一用户可能在多个电子商务网站上注册账号，从多个电子商务网站集成用户信息，有助于更为精准的勾勒用户兴趣。

5) 时变社会网络信息的处理

情境推荐方法着重考虑了用户兴趣偏移，解决方案大多从用户-项目评分矩阵出发。事实上，社会关系也具有时变特性，动态网络通常建模为连续时间点上的快照(snapshot)序列，动态网络分析可以看做静态网络分析的泛化。文献[82]对信任关系随时间演化问题做了初步探索，但是，如何有效同时融合评分矩阵和社会关系矩阵的时变特征，提出社会化情境推荐方法尚缺乏系统深入的研究。

6) 热点事件驱动的社会化推荐

网络媒体信息不断变化，新事件层出不穷，热点事件持续演化，用户迫切需要及时获取其感兴趣的相关事件信息及其演化趋势，甚至需了解其他用户对此事件的观点和评论。同时，传统信息聚合方法难以进行有效的内容质量控制，当数据源数量达到一定规模时，产生二次信息爆炸，研究多源信息智能感知、聚合与质量控制显得极为重要。同时，推荐时机应当受到热点事件发生或显著变化的制约，而且用户兴趣又受到时空情境信息的影响。在多源信息智能感知、聚合与质量控制的基础上，如何捕捉事件发生、变化等重要推荐时机，进而形成感知式推荐方法值得进一步研究。

7) 跨社会媒体数据处理

随着网络上多媒体信息爆炸式的增长，信息的形式也日益增多，媒体数据包含视频、图像、文本等多源信息，数据表现形式上的差异成为挖掘社会媒体中知识，并运用于推荐系统的瓶颈问题。如何建立统一的表示模型是当前的研究难点，也是当前媒体数据处理任务成功与否的关键环节之一。面对海量的多源异构媒体数据，统一的数据表示模型会导致信息表示方式发生变革，能够带来理论上的突破且具有巨大的应用价值。传统方法是以计算词典的词频来提取关键词描述，而关键词不能准确表达语义，因此不能反映特定用户的情感、行为模式，不同类型数据源一致性差。

参 考 文 献

[1] 刘挺. 社会计算 [J]. 中国计算机学会通讯, 2011,12(7): 6-7.

[2] Barabási A L, Albert R. Emergence of scaling in random networks[J]. Science, 1999, 286(5439): 509-512.

[3] Lewis T G. Critical Infrastructure Protection in Homeland Security: Defending a Networked Nation[M]. New York: Wiley, 2006.

[4] Travers J, Milgram S. An experimental study of the small world problem[J]. Sociometry, 1969, 36(4): 425-443.

[5] Watts D J, Strogatz S H. Collective dynamics of ‘small-world’networks[J]. Nature, 1998, 393(6684): 440-442.

[6] Sun J, Tang J. Social Network Data Analytics[M]. New York: Springer, 2011: 177-214.

[7] Richardson M, Domingos P. Mining knowledge-sharing sites for viral marketing[C]//Proceedings of the eighth ACM SIGKDD International Conference on Knowledge Discovery and Data Mining. Edmonton, New York: ACM Press, 2002: 61-70.

[8] Goldenberg J, Libai B, Muller E. Talk of the network: A complex systems look at the underlying process of word-of-mouth[J]. Marketing Letters, 2001, 12(3): 211-223.

[9] Granovetter M. Threshold models of collective behavior[J]. American Journal of Sociology, 1978,83(6): 1420-1443.

[10] Kempe D, Kleinberg J, Tardos É. Maximizing the spread of influence through a social network[C]//Proceedings of the ninth ACM SIGKDD International Conference on Knowledge Discovery and Data Mining. Washington D.C., New York: ACM Press, 2003: 137-146.

[11] Chen W, Wang C, Wang Y. Scalable influence maximization for prevalent viral marketing in large-scale social networks[C]//Proceedings of the 16th ACM SIGKDD International Conference on Knowledge Discovery and Data Mining. Washington D.C., New York: ACM Press, 2010: 1029-1038.

[12] Liu B, Cong G, Xu D, et al. Time Constrained Influence Maximization in Social Networks[C]// Proceedings of 12th IEEE International Conference on Data Mining Workshops. Brussels, Piscataway: IEEE Press, 2012: 439-448.

[13] Fortunato S. Community detection in graphs[J]. Physics Reports, 2010,486(3): 75-174.

[14] 张忠元. 基于字典学习的网络社团结构探测算法[J]. 中国科学：信息科学，2011, 41(11): 1343-1355.

[15] Kernighan B W, Lin S. An efficient heuristic procedure for partitioning graphs[J]. Bell Systems Technical Journal, 1970, (49): 291-307.

[16] Barnes E R. An algorithm for partitioning the nodes of a graph[J]. SIAM Journal on Algebraic Discrete Methods, 1982, 3(4): 541-550.

[17] Newman M E J, Girvan M. Finding and evaluating community structure in networks[J]. Physical Review E, 2004, 69(2): 26113.

[18] Newman M E J. Modularity and community structure in networks[J]. Proceedings of the National Academy of Sciences, 2006, 103(23): 8577-8582.

[19] Flake G W, Lawrence S, Giles C L, et al. Self-organization and identification of web communities[J]. Computer, 2002, 35(3): 66-70.

[20] Girvan M, Newman M E. Community structure in social and biological networks[J]. Proceedings of the National Academy of Sciences, 2002, 99(12): 7821-7826.

[21] Kossinets G, Watts D J. Empirical analysis of an evolving social network[J]. Science, 2006, 311(5757): 88-90.

[22] Yang T, Chi Y, Zhu S, et al. A Bayesian approach toward finding communities and their evolutions in dynamic social networks[C]//Proceedings of SIAM International Conference on Data Mining. Austin, Nevada: Sparks, 2009: 990-1001.

[23] Palla G, Derényi I, Farkas I, et al. Uncovering the overlapping community structure of complex networks in nature and society[J]. Nature, 2005, 435(7043): 814-818.

[24] Ahn Y Y, Bagrow J P, LehmannS. Link communities reveal multiscale complexity in networks[J]. Nature, 2010, 466(7307): 761-764.

[25] Lancichinetti A, Fortunato S, Kertész J. Detecting the overlapping and hierarchical community

structure in complex networks[J]. New Journal of Physics, 2009, 11(3):033015.

[26] Zhang S, Wang R S, Zhang X S. Uncovering fuzzy community structure in complex networks[J]. Physical Review E, 2007, 76(4):046103.

[27] Chen C, Wu K, Srinivasan V, et al. Battling the internet wa-ter army:Detection of hidden paid posters[J]. CoRR, 2012, abs/1111:4297.

[28] Ma J, Saul L K, Savage S, et al. Beyond blacklists:learning to detect malicious web sites from suspicious URLs[C]//Proceedings of the 15th ACM SIGKDD International Conference on Knowledge Discovery and Data Mining. Paris, New York: ACM Press, 2009: 1245-1254.

[29] McCord M，Chuah M.Spam detection on twitter using traditionalclassifiers[M]//Autonomic and Trusted Computing. Berlin: Springer Berlin, 2011:175-186.

[30] Xie Y, Yu F, Achan K, et al. Spamming botnets: signatures and characteristics[J]. ACM SIGCOMM Computer Communication Review, 2008, 38(2): 171-182.

[31] Yang C, Harkreader R, Zhang J, et al. Analyzingspammers' social networks for fun and profit: A case study of cybercriminal ecosystem on Twitter[C]//Proceedings of the 21st World Wide Web Conference. Lyon, New York: ACM Press, 2012: 71-80.

[32] Liu H, Zhang Y, Lin H,et al. How Many Zombies Around You?[C]//Proceedings of 13th International Conference on Data Mining. Silicon, Piscataway: IEEE Press, 2013:1133-1138.

[33] Nikita S, Han J.Survey on web spam detection: principles and algorithms[J]. ACM SIGKDD Explorations Newsletter, 2012, 13(2): 50-64.

[34] Ntoulas A, Najork M, Manasse M, et al. Detecting Spam Web Pagesthrough Content Analysis[C]//Proceedings of the 15th World Wide Web Conference. Edinburgh, New York:ACM Press, 2006: 83-92.

[35] Gyöngyi Z, Garcia-Molina H, Pedersen J.Combating Web Spam withTrustRank[C]//Proceedings of the 30th International Conference on Very Large Databases. Toronto, New York: Springer, 2004: 576-587.

[36] Wu B, Goel V, Davison B D. Topical TrustRank: Using Topicality to Combat Web Spam[C]// Proceedings of the 15th International World Wide Web Conference. Honolulu, New York: ACM Press, 2006: 63-72.

[37] Kautz H, Selman B, Shah M. Referral Web: combining social networks and collaborative filtering[J]. Communications of the ACM, 1997, 40(3): 63-65.

[38] Tang J, Hu X, Liu H. Social recommendation: a review[J]. Social Network Analysis and Mining, 2013, 3(4): 1113-1133.

[39] Golbeck J. Generating Predictive Movie Recommendations from Trust in Social Networks[M]. Berlin: Springer, 2006.

[40] Massa P, Avesani P. Controversial users demand local trust metrics: An experimental study on epinions. com community[C]//Proceedings of the National Conference on Artificial Intelligence. Cambridge, London: AAAI Press, 2005, 20(1): 121.

[41] Massa P, Avesani P. Trust-aware recommender systems[C]//Proceedings of the 2007 ACM Conference on Recommender Systems. Minneapolis, New York: ACM Press, 2007: 17-24.

[42] Jamali M, Ester M. TrustWalker: a random walk model for combining trust-based and item-based recommendation[C]//Proceedings of the 15th ACM SIGKDD International Conference on Knowledge Discovery and Data Mining. Paris,New York:ACM Press, 2009: 397-406.

[43] Ma H, Yang H, Lyu M R, et al. SoRec: social recommendation using probabilistic matrix factorization[C]//Proceedings of the 17th ACM Conference on Information and Knowledge Management. Napa Valley,New York:ACM Press, 2008: 931-940.

[44] Tang J, Gao H, Hu X, et al. Exploiting homophily effect for trust prediction[C]//Proceedings of the sixth ACM International Conference on Web Search and Data Mining. Rome, New York: ACM Press, 2013: 53-62.

[45] Ma H, King I, Lyu M R. Learning to recommend with social trust ensemble[C]//Proceedings of the 32nd International ACM SIGIR Conference on Research and Development in Information Retrieval. Boston, New York: ACM Press, 2009: 203-210.

[46] Tang J, Gao H, Liu H. mTrust: discerning multi-faceted trust in a connected world[C]// Proceedings of the fifth ACM International Conference on Web Search and Data Mining. Washington D. C., New York: ACM Press, 2012: 93-102.

[47] Jamali M, Ester M. A matrix factorization technique with trust propagation for recommendation in social networks[C]//Proceedings of the fourth ACM Conference on Recommender Systems. Barcelona, New York: ACM Press, 2010: 135-142.

[48] Ma H, Zhou D, Liu C, et al. Recommender systems with social regularization[C]//Proceedings of the fourth ACM International Conference on Web Search and Data Mining. Hong Kong,New York: ACM Press, 2011: 287-296.

[49] 张子柯. 社会化标签系统的结构，演化和功能[J]. 上海理工大学学报, 2011, 33(5): 445-451.

[50] Milicevic A K, Nanopoulos A, Ivanovic M. Social tagging in recommender systems: a survey of the state-of-the-art and possible extensions[J]. Artificial Intelligence Review, 2010, 33(3): 187-209.

[51] Tso-Sutter K H L, Marinho L B, Schmidt-Thieme L. Tag-aware recommender systems by fusion of collaborative filtering algorithms[C]//Proceedings of the 2008 ACM Symposium on Applied Computing. Fortaleza, New York: ACM Press, 2008: 1995-1999.

[52] Cao J, Wu Z, Wang Y, et al. Hybrid Collaborative Filtering algorithm for bidirectional Web service recommendation[J]. Knowledge and Information Systems, 2013, 36(3): 607-627.

[53] Page L, Brin S, Motwani R, et al. The PageRank citation ranking: bringing order to the web[C]// Proceedings of the Tenth International Workshop on Multimedia Data Mining. New York: ACM Press, 2010: 4.

[54] Kleinberg J M. Authoritative sources in a hyperlinked environment[J]. Journal of the ACM, 1999, 46(5): 604-632.

[55] Hotho A, Jäschke R, Schmitz C, et al. FolkRank: A Ranking Algorithm for Folksonomies[C]// Proceedings of the LWA. Berlin: Springer, 2006, 1: 111-114.

[56] Shepitsen A, Gemmell J, Mobasher B, et al. Personalized recommendation in social tagging systems using hierarchical clustering[C]//Proceedings of the 2008 ACM Conference on Recommender Systems. Lausanne, New York: ACM Press, 2008: 259-266.

[57] Xu G, Gu Y, Dolog P, et al. SemRec: A Semantic Enhancement Framework for Tag Based Recommendation[C]//Proceedings of the Twenty-Fifth AAAI Conference on Artificial Intelligence. San Francisco, California: AAAI Press. 2011.

[58] Rendle S, Balby Marinho L, Nanopoulos A, et al. Learning optimal ranking with tensor factorization for tag recommendation[C]//Proceedings of the 15th ACM SIGKDD International

Conference on Knowledge Discovery and Data Mining. Paris,New York:ACM Press, 2009: 727-736.
[59] Kolda T G, Bader B W. Tensor decompositions and applications[J]. SIAM Review, 2009, 51(3): 455-500.
[60] Lü L, Medo M, Yeung C H, et al. Recommender systems[J]. Physics Reports, 2012, 519(1): 1-49.
[61] Heymann P, Ramage D, Garcia-Molina H. Social tag prediction[C]//Proceedings of the 31st Annual International ACM SIGIR Conference on Research and Development in Information Retrieval. Singapore, New York: ACM Press, 2008: 531-538.
[62] Krestel R, Fankhauser P, Nejdl W. Latent dirichlet allocation for tag recommendation[C]// Proceedings of the third ACM Conference on Recommender Systems. New York,New York: ACM Press, 2009: 61-68.
[63] 吕琳媛. 复杂网络链路预测[J]. 电子科技大学学报, 2010, 39(5): 652.
[64] Kashima H, Kato T, Yamanishi Y, et al. Link propagation: A fast semi-supervised learning algorithm for link prediction[C]//Proceedings of the SIAM Data Mining Conference. Nevada: Sparks, 2009: 1099-1110.
[65] Wu Z A, Cao J, Wu J J, et al. Detecting genuine communities from large-scale social networks: a pattern-Based method[J]. The Computer Journal, 2013.
[66] Zhou T, Lü L, Zhang Y C. Predicting missing links via local information[J]. The European Physical Journal B, 2009, 71(4): 623-630.
[67] Ben-Hur A, Noble W S. Kernel methods for predicting protein–protein interactions[J]. Bioinformatics, 2005, 21(Z1): i38-i46.
[68] Kashima H, Kato T, Yamanishi Y, et al. Link propagation: A fast semi-supervised learning algorithm for link prediction[C]//Proceedings ofthe SIAM Data Mining Conference. Nevada: Sparks, 2009: 1099-1110.
[69] Al Hasan M, Chaoji V, Salem S, et al. Link prediction using supervised learning[C]//Proceedings of the SDM: Workshop on Link Analysis, Counter-terrorism and Security. Seoul, Berlin: Springer, 2006.
[70] Sun Y, Han J. Mining heterogeneous information networks: principles and methodologies[J]. Synthesis Lectures on Data Mining and Knowledge Discovery, 2012, 3(2): 1-159.
[71] Campbell C S, Maglio P P, Cozzi A, et al. Expertise identification using email communications[C]//Proceedings of the twelfth International Conference on Information and Knowledge Management. New Orleans,New York:ACM Press, 2003: 528-531.
[72] Balog K, Azzopardi L, De Rijke M. Formal models for expert finding in enterprise corpora[C]//Proceedings of the 29th Annual International ACM SIGIR Conference on Research and Development in Information Retrieval. Seattle,New York:ACM Press, 2006: 43-50.
[73] Zhang J, Tang J, Li J. Expert finding in a social network[M].Advances in Databases: Concepts, Systems and Applications. Berlin:Springer, 2007: 1066-1069.
[74] Tang J, Wu S, Sun J, et al. Cross-domain collaboration recommendation[C]//Proceedings of the 18th ACM SIGKDD International Conference on Knowledge Discovery and Data Mining. Beijing, New York: ACM Press, 2012: 1285-1293.
[75] Tang J, Zhang J, Yao L, et al. ArnetMiner: extraction and mining of academic social networks[C]//Proceedings of the 14th ACM SIGKDD International Conference on Knowledge

Discovery and Data Mining. Las Vegas,NewYork:ACM Press, 2008: 990-998.

[76] Mimno D, McCallum A. Expertise modeling for matching papers with reviewers[C]// Proceedings of the 13th ACM SIGKDD International Conference on Knowledge Discovery and Data Mining. San Jose,New York:ACM Press, 2007: 500-509.

[77] Tang W, Tang J, Lei T, et al. On optimization of expertise matching with various constraints[J]. Neurocomputing, 2012, 76(1): 71-83.

[78] Wang C, Blei D M. Collaborative topic modeling for recommending scientific articles[C]// Proceedings of the 17th ACM SIGKDD International Conference on Knowledge Discovery and Data Mining. San Dieg,New York:ACM Press, 2011: 448-456.

[79] Li X, Guo L, Zhao Y E. Tag-based social interest discovery[C]//Proceedings of the 17th International Conference on World Wide Web. Beijing,New York:ACM Press, 2008: 675-684.

[80] Abbassi Z, Aperjis C, Huberman B A. Friends versus the crowd: tradeoffs and dynamics[J].

[81] Ma H, Lyu M R, King I. Learning to recommend with trust and distrust relationships[C]// Proceedings of the third ACM Conference on Recommender Systems. New York,New York:ACM Press, 2009: 189-196.

[82] Tang J, Gao H, Liu H, et al. eTrust: Understanding trust evolution in an online world[C]// Proceedings of the 18th ACM SIGKDD International Conference on Knowledge Discovery and Data Mining. Beijing, New York:ACM Press,2012: 253-261.

第 5 章　推荐系统评价指标与方法

5.1　评价任务概述

第 2 章至第 4 章已经介绍了大量推荐模型和算法，大量新的推荐算法不断涌现，如何评价一个新算法的优劣和性能成为研究者面临的共同问题。事实上，几乎所有的推荐算法设计者仅仅只能从某个角度验证其算法是优秀的，而不可能声称某个推荐算法是十全十美的。为此，大量论文在提出新推荐算法的同时，也提出一套验证这一算法的实验方案，包括评价指标、实验数据集、评价方法等，在此基础上，国内外出现了许多专门讨论推荐算法评价的综述性论文[1-3]，归纳了已有的推荐算法评价指标和方法。

总的来说，推荐算法评价是一项极具挑战性的难题，根据文献[1]的观点及作者的理解，我们可以将制约推荐算法评价的原因归纳为以下几个方面。

1) 推荐系统用途广泛，设计目标决定评价指标和方法的差异

从人机交互角度，人们普遍认为评价过程需要遵从系统的设计目标。推荐系统从诞生以来，展现出广泛的用途，文献[1]总结了推荐系统的十个不同用途。显然，针对不同的应用，即不同的推荐系统设计目标，其评价角度、指标和方法应该有所差异。比如，早期的 Tapestry[4]和 GroupLens[5]试图为用户识别出哪些帖子值得一读，帖子的内容成为其评价标准；大部分流行的推荐模型则试图为用户寻找其喜爱的商品，分值预测准确率能较好地评价这类应用；而电子商务推荐网站则希望帮助用户做出消费的决定，推荐商品转化为真正购买的比例是其评价标准。

2) 推荐算法极度依赖于数据集

不同的推荐算法在不同数据集上的表现不同，数据集特性包括评分稀疏性、评分制尺度、用户和项目的相对比例等，比如，基于用户的协同过滤算法在用户数量远远大于商品数量的数据集上表现不错，反过来，如果商品数量较大，这种算法则表现不佳[1,2]。

3) 推荐算法设计的侧重点不同

推荐算法设计通常是从具体应用出发，或者说根据具体数据来设计。尽管绝大部分推荐算法都是以用户–项目评分矩阵为出发点，Google 新闻推荐基于用户点击流来设计[6]，情境推荐则强调融入时间空间等多维上下文信息，社会化推荐考虑了

用户间社会关系的作用。评价这些推荐算法通常需比较额外信息融入前后、融合什么样的额外信息及用何种方法融合所带来的性能提升。

4) 评价指标定义和选择困难

大部分研究工作以预测准确率来评价推荐算法的优劣，在电影 5 分制评分数据集上，平均错误率低于 0.73 表明新算法具有较好的性能，但是，文献[1]发现将老算法调节到最佳状态，也能达到同样的平均错误率下限，因此，从预测平均错误率角度，可能很难变得更加精确。同时，计算平均错误率时，假定的 Ground Truth 是由用户给出的，Hill 等的工作[7]表明同一个用户对同一部电影在不同时间可能给出不同的评分，这说明我们所使用的 Ground Truth 也存在偏差。进一步，越来越多的研究者发现仅靠预测准确率难以衡量推荐系统的优劣，诸如覆盖率、多样性等衡量用户满意度的指标被提出，这使得评价指标趋于复杂，其选择和组合变得更加困难。

5) 实施在线用户测试困难

当系统积累的评分数据十分稀疏时，离线评价技术难以展开，而且，离线评价只能评价用户已经打分的产品，对于新产品或未知产品，离线评价无法给出合理的评估。在线用户测试显然是一种理想的评价途径，不仅能涵盖未知产品，更能确切获取用户满意度信息。然而，在线用户测试需依托具有一定影响力(访问量大)的实际系统，与工业界缺乏较强合作的研究者很难实施。

尽管推荐算法评价极具挑战性，经过长期摸索和研究，目前还是在推荐算法评价上形成了很多可供选择的评价指标、实验数据集和评价方法，可以说，合理组合和应用这些技巧能满足大部分推荐算法评价需求。本章将分三部分分别回顾评价指标、实验数据集和评价方法上的已有成果。

5.2 评价指标

5.2.1 准确性指标

1. 预测准确度指标

推荐系统的核心是对用户-项目评分矩阵中的缺失值进行预测，预测准确度用于衡量预测分值与真实分值之间的误差。设$\hat{r}_{ui}$和 r_{ui} 分别为用户 u 对项目 i 的预测分值和真实分值，r_{ui} 也可以称为测试集数据，$|T|$为测试集大小，即预测分值的个数。最常用的预测准确度指标是平均绝对误差(mean absolute error, MAE)，如式(5.1)所示：

$$\mathrm{MAE}=\frac{1}{|T|}\sum_{r_{ui}\in T}|r_{ui}-\hat{r}_{ui}| \tag{5.1}$$

平均绝对误差因其计算方法简单、易于理解等特点得到了广泛应用。预测准确度指标本质上是偏差，MAE 是一阶矩形式，人们还提出二阶矩形式，称为 RMSE (root mean square error)，计算公式如(5.2)所示：

$$\text{RMSE} = \sqrt{\frac{1}{|T|}\sum\nolimits_{r_{ui}\in T}(r_{ui} - \hat{r}_{ui})^2} \tag{5.2}$$

相比于 MAE，RMSE 会对大误差的预测值做出惩罚。由于不同评分系统的分值范围可能差异很大，MAE 和 RMSE 的取值范围无法控制，为此，提出 MAE 和 RMSE 的规格化版本，NMAE (normalized MAE)和 NRMSE (normalized RMSE)，一种常用的规格化技巧是除以分值最大值($r_{\max}$)和最小值($r_{\min}$)的差，式(5.3)和式(5.4)分别给出 NMAE 和 NRMSE 的计算公式。

$$\text{NMAE} = \frac{MAE}{r_{\max} - r_{\min}} \tag{5.3}$$

$$\text{NRMSE} = \frac{RMSE}{r_{\max} - r_{\min}} \tag{5.4}$$

NMAE 和 NRMSE 在任何情况下取值范围都在[0,1]，方便了在不同数据集上的性能评价。

2. 分类准确度指标

有些推荐系统被建模为分类问题，将历史数据作为训练集学习分类模型，试图对用户是否喜欢某项目做出预测，推荐系统无需给出预测分值，只需预测喜欢或不喜欢，0 或 1。在这种情况下，数据挖掘为分类问题所建立的评价体系可以直接用于推荐系统评价，一般而言，我们只需根据分类结果和真实标记信息构造出混淆矩阵(confusion matrix)，即可计算任何分类准确度指标。

图 5.1 给出一个推荐系统混淆矩阵的例子，*#TP* 和*#FP* 分别表示被推荐商品中用户真正喜欢和不喜欢的数量，*#FN* 和*#TN* 分别表示未被推荐商品中用户真正喜欢和不喜欢的数量。分类准确度需综合考虑两个指标：准确率(precision, *P*)和召回率

		预测	
		被推荐商品数	未被推荐商品数
真实	用户喜欢商品数	*#TP*	*#FN*
	用户不喜欢商品数	*#FP*	*#TN*

图 5.1　推荐系统的混淆矩阵

(recall, R)。准确率表示为用户产生的推荐列表中，有多大比例的商品是用户真正喜欢的，如式(5.5)所示。召回率表示用户真正喜欢的商品中，有多大比例的商品进入了推荐列表，如式(5.6)所示。

$$P=\frac{\#TP}{\#TP+\#FP} \tag{5.5}$$

$$R=\frac{\#TP}{\#TP+\#FN} \tag{5.6}$$

通常地，人们经常把准确率和召回率融合到单个指标，来反映分类准确度。常用的有两种方法：①F-measure；② ROC 曲线。F-measure 计算式如下：

$$F=\frac{2PR}{P+R} \tag{5.7}$$

F-measure 接近于准确率和召回率中较小的值，能为分类器提供全局视图。ROC 曲线的全称是接收者操作特征曲线(receiver operating characteristic curve)，为介绍清楚 ROC 曲线，我们需要从 ROC 空间的定义开始，ROC 空间是二维的，Y 轴是召回率(在 ROC 空间称为真阳性率 TPR)，X 轴是伪阳性率 FPR，如式(5.8)所示，显然，X 轴和 Y 轴取值范围都在[0,1]区间内，X 轴值越小性能越优，Y 轴值越大性能越优。

$$\text{FPR}=\frac{\#FP}{\#FP+\#TN} \tag{5.8}$$

在 ROC 空间内，ROC 曲线与 X 轴之间区域的面积称为曲线下面积 AUC (area under the curve of ROC)，AUC 经常作为衡量模型优劣的指标，显然，AUC 越大，分类准确度越高。从坐标点(0,0)至(0,1)的对角线表示随机分类的 ROC 曲线，如图 5.2 中黑色虚线所示，这根对角线通常作为其他 ROC 曲线的基准线，它将 ROC 空间划分成两个区域，在这条线以上的点代表的是好的分类结果，在这条线以下的点代表了差的分类结果。图 5.2 中(a)代表最完美的分类器(AUC=1)，采用这个指标预测模型时，不管设定什么阈值都能得出完美的预测，而绝大多数场合，不存在完美分类

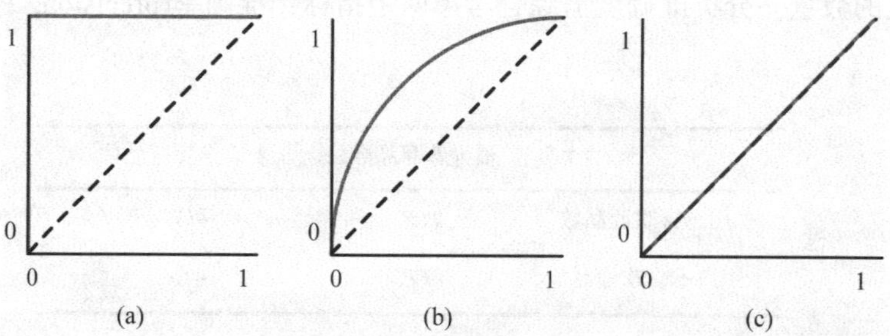

图 5.2　ROC 曲线示例

器；(b)表示优于随机猜测的分类器(0.5<AUC<1)，只要为其设定合理的阈值，就有预测价值；(c)代表与随机猜测一样(AUC=0.5)，没有预测价值。

3. 排序准确度指标

推荐系统最终为用户提供 Top-*N* 列表，该列表可以根据预测分值排序，从这个角度看，推荐系统与信息检索系统类似，比如，百度搜索引擎向用户提供与搜索词相关的排序列表，因此，很多在信息检索系统中定义的排序准确度评价指标被引入到推荐系统。测试集记录了缺失值的真实分值，对于任意用户 u，我们根据真实分值排序可以得到真实的 Top-*N* 列表，比对推荐系统输出的 Top-*N* 列表，同样可以定义准确率和召回率，准确率在文献[8]中称为 Top-*K*。令 *#hits* 表示推荐列表中“击中”真实 Top-*N* 列表的项目数量，用户 u 的准确率和召回率分别定义为

$$P_u = \frac{\#hits}{N} \tag{5.9}$$

$$R_u = \frac{\#hits}{|T_u|} \tag{5.10}$$

其中，$|T_u|$表示训练集中用户 u 相关的评分数量，实际上，准确率表示推荐列表中“击中”真实 Top-*N* 列表的比例，而召回率表示击中数量占所有用户 u 待预测项目的比例。

DOA (degree of agreement)用于衡量正确排序的项目对(item pairs)的比例，令 L_u 和 T_u 分别为训练集和测试集中用户 u 相关的项目集合，$NW_u=I-(L_u \cup T_u)$为既没出现在用户 u 相关训练集，也没出现在用户 u 相关测试集中的项目集合。首先，定义布尔函数 $check\_order(I_j,I_k)$：

$$\text{check\_order}(I_j, I_k) = \begin{cases} 1, & \hat{r}_{uj} \geqslant \hat{r}_{uk} \\ 0, & 其他 \end{cases} \tag{5.11}$$

给定项目对 I_j 和 I_k，$check\_order(I_j,I_k)=1$ 表示项目对预测排序正确，反之表示预测排序错误。用户 u 的 DOA 可以定义为

$$\text{DOA}_u = \frac{\sum_{j\in T_u, k\in NW_u} \text{check\_order}(I_j, I_k)}{|T_u| \times |NW_u|} \tag{5.12}$$

DOA 取值范围为[0,1]，值越大表示排序准确度越高。用户很少会去点击搜索引擎结果排序偏后的网页，这个假设要求推荐系统必须把用户喜欢的商品放到排序列表的前面。Breese 等[9]提出半衰期效用指标 R-score 用户对推荐列表的满意程度，其重要假设是用户浏览概率与商品在推荐列表中的位置呈指数递减关系，用户 u 的半衰期效用指标 R-score R_u 定义如下：

$$R_u = \sum_k \frac{\max(\hat{r}_{uk} - d, 0)}{2^{(k-1)/(\alpha-1)}} \tag{5.13}$$

式(5.13)中值得特别注意的是，k 表示用户 u 的推荐列表中第 k 个位置的项目，d 为中性分值，α 为半衰期。对于高 R-score 值的推荐系统所产生的推荐列表，用户感兴趣的项目容易排在前列，但是，如果实际的效用函数不是随排序指数衰减，R-score 值与用户实际满意程度之间的差别就会很大。

与 R-score 出发点类似，感兴趣项目应该排在推荐列表的前面，文献[10]提出 NDCG (normalized discounted cumulative gain)指标。DCG 来源于信息检索领域，试图将与关键词相关性强的结果放到列表的靠前位置，令 rel_k 为第 k 个位置的结果与关键词的相似度，b 为对数函数的底数，DCG@k 计算公式为

$$\text{DCG@k} = \begin{cases} \sum_{i=1}^{k} rel_i & k < b \\ \sum_{i=1}^{k-1} rel_i + \dfrac{rel_k}{\log_b k} & k \geqslant b \end{cases} \tag{5.14}$$

NDCG 是 DCG 与最理想情况的 DCG(记为 IDCG)的比值。

$$\text{NDCG@k} = \frac{\text{DCG@k}}{\text{IDCG@k}} \tag{5.15}$$

我们一般将 b 设置为 2，NDCG 取值范围是(0,1]，值越大表示排序准确度越高。当 NDCG 用于评价推荐系统时，IDCG 一般指由测试集确定的理想 Top-N 列表。式(5.14)中 rel_k 的定义则因不同应用领域而异，通常用项目的属性数据来定义相似度，因此，使用 NDCG 指标时需设计相似性定义方法。比如，文献[11]利用旅游产品共同包含的景点数量和价格接近程度来定义 rel_k。

4. 预测评分关联指标

预测评分关联是用来衡量预测评分和真实用户评分之间的相关性的，与预测准确度不同的是，预测评分关联不考虑单项的偏差，而是考虑整体的相关程度。常见的相关性指标有以下 3 种：Pearson 相关系数、Spearman 相关系数和 Kendall's Tau 相关系数方法。

Pearson 相关系数衡量预测评分和真实评分的线性相关程度，具体定义如下：

$$\text{PCC} = \frac{\sum(x - x')(y - y')}{n\sqrt{\prod(x - x')^2}\sqrt{\prod(y - y')^2}} \tag{5.16}$$

其中，x 和 y 为两个向量中对应位置的评分值；n 为向量的维度。Spearman 相关系数和 Pearson 相关系数定义的形式一样，唯一不同的是 Spearman 关联考虑的不是预

测评分值，而是预测评分值所得到的排序值，即将 x 和 y 换成对应的排名值。与 Spearman 相关系数类似，Kendall's Tau 也是一种计算排名相关性的方法，被定义为

$$\tau = \frac{C - D}{\sqrt{(C + D + TR)(C + D + TP)}} \tag{5.17}$$

其中，C 为系统预测正确的喜好偏序数；D 为预测错误的喜好偏序数；TR 为用户评分相同的项目数量；TP 为具有相同预测值的项目数量。显然，当所有商品都是正序对时，$\tau=1$；当所有商品都为逆序对时，$\tau=-1$。

预测评分关联指标提供一种计算排名列表之间相关性的途径，方法简单易于理解，最终用一个值衡量系统输出间的相关性程度。其缺点在于难以准确衡量错误偏序所产生的负面影响，比如，Kendall's Tau 为每次等距离交换赋予相等权重，推荐列表中排名第 1 与第 2 的差别和排名 1000 与 1001 的差别一样[1]，而实际上，用户显然更关心排名前 5 的项目，很可能永远不会关注排名在 1000 之后的项目。Spearman 相关系数则难以处理弱排序(weak orderings)，弱排序指至少两个项目的评分是一样的，反之，每个项目评分都不同的排序称为完全排序。由于系统会把得分相同的商品排在不同的位置，Spearman 对不同排序的反馈值不一样。但这并不合理，因为用户不会关心他所评分的商品的排序情况。

为解决弱排序评价问题，NDPM (normalized distance-based performance measure) 被引入到推荐系统评价中，其核心思想是，比较系统预测评分排名与用户实际排名的偏好关系，对基于偏好关系的度量进行标准化，定义如下：

$$\text{NDPM} = \frac{2C^- + C^u}{2C^i} \tag{5.18}$$

其中，C^-为系统排序与用户排序冲突的个数，例如，系统认为用户喜欢 1 超过 2，而用户实际却相反；C^u 为用户排序与系统排序相容的个数；C^i 为用户排序中有偏好关系的项目数量。NDPM 取值范围为[0,1]，NDPM 值越小，预测评分关联越大，即系统预测结果更好。相比于其他预测评分关联指标，NDPM 指标有一定的优势，它不仅适用于弱关联排序问题，也可以用来评价推荐算法在不同的数据集上的性能。

5.2.2 准确度以外的指标

在实际应用中，准确率高的推荐系统并不能保证用户对推荐结果的满意，而推荐系统得到用户认可才是最重要的。例如，系统推荐了非常流行的商品给用户，虽然准确率很高，但用户很可能已经从其他渠道得知这样的信息或商品，因此，这样的推荐对用户是没有价值的。除了准确度之外，衡量推荐系统的评价指标还包括推荐的覆盖率、流行性、多样性和意外性等。

1. 覆盖率

覆盖率(coverage)是指算法向用户推荐的商品能覆盖全部商品的比例。一个覆盖率较低的推荐系统意味着它只能对有限的商品进行评估和推荐，难以为用户带来很好的体验。总的来说，覆盖率可细分为三类[1]：预测覆盖率(prediction coverage)、推荐覆盖率(recommendation coverage)、种类覆盖率(catalog coverage)。预测覆盖率试图回答推荐系统能为多大比例的商品做出预测，推荐覆盖率则试图回答推荐系统能为多大比例的商品产生推荐。对于电子商务网站而言，更关注的是种类覆盖率，即产生推荐的商品能划分到哪些种类。

计算覆盖率非常直观，最简单的方法是随机对用户-项目对抽样，对每个对做一次预测，测量可预测的项目占所有项目的比例。另一种替代方案是，仅考虑用户感兴趣的项目集合，而不是所有项目，这样更贴近用户需求。正如召回率和准确率同时使用一样，覆盖率必须和准确率结合起来使用。如果一味追求高覆盖率却极大地降低了准确率，就违背了推荐系统的初衷。一个好的推荐系统必须两者兼顾，在保证准确率的前提下尽量提高覆盖率。

2. 流行性和多样性

我们将在第 7 章详细阐述流行性和多样性的关系，总的来说，流行性高的推荐系统容易带来高准确率，而多样性高的推荐系统则可能为企业有效提升绩效。已有研究提出很多种多样性指标，在此，我们仅介绍文献[12]提出的基于 Hamming 距离的多样性指标，其他多样性指标将在第 7 章给出。对于用户 u 和 v，可以利用 Hamming 距离衡量这两个用户推荐列表的不同程度，定义如下：

$$H_{uv}(N) = 1 - \frac{Q_{uv}(N)}{N} \tag{5.19}$$

其中，$Q_{uv}(N)$表示用户 u 和 v 的 Top-N 推荐列表中相同商品的数量。如果两个推荐列表是完全一致的，那么 $H_{uv}(N)=0$；反之，如果两个列表完全不同，$H_{uv}(N)=1$。

流行性也是影响推荐系统用户体验的重要指标，指系统推荐非流行商品的能力。有学者提出，利用推荐商品的平均度对推荐商品的流行性进行度量，一个商品的度就是被收藏或者购买的次数，商品度越大，说明越流行。如果系统趋向于推荐流行的商品，那么被推荐的商品的平均度就会很高。

3. 新鲜性和意外性

一些推荐系统具有非常高的准确率和相对合理的覆盖率，但是仅仅有这些，系统可能还是对用户没有任何帮助。例如，在旅游产品推荐中[11]，企业不断推出与季节相符合的新产品，这些新产品没有任何历史购买记录，但是企业希望将这些产品推荐给用户，这就是推荐系统的新鲜性(novelty)。换句话说，新鲜性和意外性强调的是推荐系统能向用户推荐他们从未购买过，但是感兴趣的商品。

然而，也有学者发现用户喜欢系统推荐他们熟悉的商品，这些用户熟悉的产品会增加用户对推荐系统的信心[1]。另外，用户更愿意买熟悉的产品，而不是全新的东西。一些推荐系统试图预测用户对一个产品熟悉的程度。对某些任务，系统推荐用户熟悉的商品；其他情况下，很少或者不推荐用户熟悉的产品。用户感到意外的产品会帮助用户发现一些他还没有发现的可能感兴趣的产品。在这里新鲜性和意外性具有本质的不同。例如，考虑一个音乐推荐系统，这个系统只考虑用户喜欢的歌手信息。如果系统给用户推荐了他喜欢的歌手唱过的但自己并不熟悉的歌曲，这首歌就是新鲜的，但是并不是意外的。如果系统推荐了一个新歌手的歌曲，那么系统提供了一个意外的推荐。从定义的角度来讲，意外的也是新鲜的。区分新鲜性和意外性在推荐系统中是非常重要的，基于内容的推荐系统不会给出意外性的推荐，只会给出新鲜性的推荐。

然而，定义一个指标来度量系统的意外性十分困难，因为意外性是度量推荐系统提供给用户的产品既感兴趣又意外的程度。一个好的意外性指标应该从用户兴趣随时间变化的角度进行推荐。尽管新鲜性和意外性的重要性早在 2001 年就被论及，直到目前，还没有系统地定量地研究新鲜性和意外性指标的工作。

4. *用户满意度*

一般情况下，推荐系统都会对推荐给用户的产品进行预测评分。系统的预测评分值也影响着用户的评分。用户对推荐系统的评分准确度十分敏感，如果系统给出的错误评分将会降低用户对系统的满意度。而用户在使用推荐系统的时候必须信任推荐系统，如果系统能对推荐的商品做出合理的解释，就非常有助于增强用户对系统推荐结果的信任。例如，仅仅一个电影的名字并不能说服用户点击看这部电影。因此，系统提供信息的种类和质量也决定了用户是否认可推荐的结果，而系统的满意度并不是用户选择系统的根本原因。以 Amazon 和 MediaUinbound 为例，用户更愿意从 Amazon 网站购买东西。然而，在实际调查中，用户认为 MediaUinbound 更有用，可以更好地理解用户的喜好。进一步的研究表明，Amazon 更多地向用户推荐用户熟悉的产品，这或许是 Amazon 成功的原因之一。因此，用户会在某个目的下选择某个系统，而在另一个目的下选择另一个系统。ChoiceStream 的调查结果显示，用户的满意度对推荐系统的错误推荐非常敏感。通常有 43% 的错误推荐是用户已经购买或拥有的产品，41% 的错误推荐是并不适合用户的推荐。

总之，用户对推荐系统的满意度不仅仅取决于系统的准确度，而是更多地取决于系统在多大程度上可以帮助用户完成任务。因此，如果想要度量用户对一个推荐系统的评价，首先这个系统必须对自身的任务有一个清晰的定义，进而，针对特定的任务选择适当的指标对推荐算法进行评价。

5.3 实验数据集

5.3.1 一般性评分数据集

一般性评分数据集指以用户-评分矩阵为主的数据集，适用于传统推荐模型和算法的评价。经过多年积累，推荐系统领域已经公开了一大批评分数据集，表 5.1 总结了 5 个最为常用的评分数据集，其中，最著名的是 MovieLens-100K 数据集，规模最大的是 Netflix 数据集，几乎所有的新提出的推荐算法都需要在这几个数据集上进行性能评价，而评价结果也为同行们所认可。本节将逐一介绍这 5 个数据集的来源、意义及下载源。

表 5.1 一般性评分数据集总结

数据集	用户数量	项目数量	评分数量	稀疏度/%	评分区间
MovieLens-100K	943	1682	100 000	6.3	1~5
EachMovie	72 916	1628	2 811 983	2.3	[0,1]
Netflix	480 189	17 770	10 亿	11.72	1~5
Book-Crossing	278 858	271 379	1 149 780	0.0015	1~10
Jester Joke	73 421	100	410 万	55.8	－10~10

1. MovieLens 数据集

MovieLens 数据集由美国明尼苏达大学 GroupLens 工作组从 MovieLens 网站中收集而来[13]。MovieLens 电影推荐网站允许用户对自己所看电影进行评分，并根据用户历史的评分信息，为用户预测其对未观看电影的评分和电影推荐。目前该数据集有三个不同规模的子数据集，分别为 MovieLens-100K、MovieLens-1M 以及 MovieLens-10M 数据集，其中 MovieLens-100K 最为常用，包含 943 个用户、1682 部电影以及 100 000 项评分；MovieLens-1M 包含 6040 个用户、3900 部电影以及 1000 209 项评分；MovieLens-10M 包含 72 000 个用户、10 681 部电影、10 000 054 项评分以及 95 580 个电影标签(tag)。数据集中用户对电影的评分区间为 1~5 分，并且每个用户至少给 20 部电影评过分。

2. EachMovie 数据集

EachMovie 数据集由 HP/CompaqDEC 研究中心提供，主要作为研究用途对外开放，目前该数据集已不提供下载，MovieLens 的部分数据来自于该数据集[14]。该数据集有 72 916 个用户、1628 部电影以及 2 811 983 项评分，评分区间为[0,1]，评分步长为 0.2，早期协同过滤方面的研究工作大多采用该数据集。

3. Book-Crossing 数据集

Book-Crossing 数据集来自于 Book-Crossing 图书社区，该数据集是由 Cai-Nicolas Ziegler 使用爬虫程序在 2004 年从该社区采集而来，包括 278 858 个用户、271 379 本书以及 1 149 780 项评分记录[15,16]。该数据集包含三个表：用户表、图书表和评分表。用户表中包含用户的年龄、性别等统计学属性(demographic feature)并以匿名的方式保存并供分析；图书表中每本图书以 ISBN 号来表示，冗余的 ISBN 号不会出现在数据集中；评分区间为 1~10 分。该数据集有两种形式存储，一种为 SQL 脚本存储，另一种为 CSV 格式存储。

4. Netflix 数据集

Netflix 数据集来自于电影租赁网址 Netflix 电影网站[17]。Netflix 于 2005 年底公布此数据集，并设立百万美元的奖金(Netflix Prize)，征集能够使其推荐系统性能提升 10%的推荐算法和架构。这个数据集包含了 480 189 个匿名用户、17 770 部电影、大约 10 亿项评分以及每项评分对应的时间戳，用户评分区间为 1~5 分。由于 Netflix 数据集规模巨大，而且包含大量的冷启动用户，相比于 MovieLens 数据集(仅包含评分数量大于 20 次的用户)，对推荐算法性能及评分预测难度都极高。

5. Jester Joke 数据集

Jester Joke 是一个网上推荐和分享笑话的网站，由加州大学伯克利分校的 Ken Goldberg 收集发布[18, 19]。目前有三个数据集：数据集 1 由 1999 年 4 月至 2003 年 5 月期间收集，包含 73 421 个用户对 100 个笑话作的 410 万次评分；数据集 2 由 2006 年 11 月至 2009 年 5 月期间收集，包含 63 974 个用户对 150 个笑话的超过 170 万次连续评分；数据集 3 为数据集 2 的增量版本，增加了 79 681 个用户以及超过 500 000 项新的评分数据。三个数据集的评分区间为 – 10~10 的实数。Jester Joke 数据集最密集(稀疏度高达 55.9%)，而且包含的项目数量较少，因此，该数据集是最为简易的一个实验数据集。

5.3.2　融合社会网络的数据集

很多在线购物网站提供社交功能，支持用户之间成为好友或表示相互信任，从这些网站中抽象出的数据集为社会化推荐模型与算法的验证提供了有力支撑。本节将介绍 6 个融合社会网络的数据集，其中，Epinions 数据集最为著名，值得注意的是，国内豆瓣网也公开了自己的数据集，并获得了广泛的关注和应用。

1. Epinions 数据集

Epinions.com 是一个国外知名的知识分享网站，用户可以在该网站上评价自己使用过的商品，从而帮助他人做出相应的购买选择[20]。用户首先需要在该网站注册账户，然后就可对商品或服务进行评分(评分区间为 1~5 分)，或发表对商品或者服务的评论。其他用户可以查看这些打分和评论，并根据自己的经验给出肯定或者反对的评价，网站会为每个用户自动建立一个用户间的信任关系列表。Epinions 数据集由 51 670 个用户、83 509 件商品、631 064 项评分以及 511 799 条信任关系组成。

2. Yelp 数据集

Yelp 是美国著名的商户点评网站，囊括各地餐馆、购物中心、酒店、旅游等领域的商户，用户可以在 Yelp 网站中给商户打分、提交评论、交流购物体验等。Yelp 庞大的学术资料数据集目前向高校学者和学生免费开放并提供科研用途，并且在 Github 上提供样例以帮助学者快速学习[21]。该公司每年为 10 个优秀的学生提供 5000 美元的 Yelp 数据集挑战奖金(Yelp Dataset Challenge)[22]。目前，Yelp 数据集中包含 15 585 个商户、111 561 项商户属性、11 434 条入住信息(check-in set)、70 817 个用户、113 993 条建议(tips)以及 335 022 个评论。Yelp 数据集的特色在于，评分和用户间的关系都是通过文本给出的，这为很多利用文本挖掘提取观点和情感，然后进行推荐系统设计方面的研究提供了数据源，同时，商户属性数据也为基于内容的推荐提供了验证机会。

3. BibSonomy 数据集

BibSonomy 是社会化书签和出版物共享的网站，该数据集以 SQL 形式为高校学者提供免费下载[23]。该数据集包含四个文件：标签文件、书签文件、bibtex 文件以及用户关联文件。标签文件中包含标签的分配、资源内容以及标签与用户的对应关系；书签文件和 bibtex 文件包含各自对应的数据维度表；用户关联文件中包含用户标签与标签之间的关联。

4. Foursquare 数据集

Foursquare 网站主要为用户提供基于地理新位置信息的社交网络服务，允许用户通过手机与好友分享自己的位置，由此产生了大规模的基于位置的用户的社交网络关系数据和用户轨迹数据[24]。该数据集由 Fred Morstatter 于 2010 年 12 月使用爬虫程序从 Foursquare 社交网上采集，其中包括 106 218 个用户和 3 473 834 条朋友关系。每个用户信息包含了用户的网络关系，历史签到地点和对应的签到时间。Foursquare 数据集最醒目的特征是包含了时空维度信息，这为基于轨迹数据的推荐提供了验证数据源。

5. Flixster 数据集

Flixster 是一个社交电影网站，允许用户共享电影的评分，从而找到用户喜好，为用户提供电影推荐[25, 26]。该数据集由 Javier Parra 于 2010 年 12 月利用爬虫程序采集而来，包含 786 936 个用户、7 058 819 个朋友关系、48 794 部电影以及 8 196 077 条评分信息。Flixster 其社会网络关系图为无向图，评分值步长为 2，评分区间为 1~10 分。

6. 豆瓣数据集

豆瓣网主要为用户提供包括电影、书籍和音乐等信息推荐，目前该网站拥有国内最大的在线中文书、电影和音乐推荐系统[27,28]。该数据集的用户信息以匿名的形式存储，其对应的社交网络关系图为有向图。该数据集包含 129 490 个不同用户、58 541 个电影、16 830 839 个电影评分以及 1 692 952 条朋友关系，评分区间为 1~10 分。

5.4 评 价 方 法

5.4.1 在线评价

在线评价就是设计在线用户实验，根据用户在线实时反馈或者事后问卷调查的结果来衡量推荐系统的表现。A/B 测试是目前最常用在线测试方法之一[1,3]，也就是说，在对同一个要素有两种版本(A/B)并且需要度量哪个指标更成功的情况下，将 A/B 两个版本都同时地做实验，然后根据度量结果来决定哪个版本更好，从而决定再真正去使用哪个版本。

A/B 测试的核心思想是通过多个方案并行测试，且每个方案之间只有一个变量不相同，然后制定一个规则以确定哪种方案更优秀。由此可知，A/B 测试必须是单变量，待测方案有非常大的差异时一般不适合做 A/B 测试，原因在于变量太多了，变量之间相互干扰，会使实验结果产生较大偏差。所以很难通过 A/B 测试的方法找出各个变量对结果的影响程度。由此可见，A/B 测试用在推荐系统评价中就对应于推荐算法。值得注意的是，虽然 A/B 测试名字中只包含 A、B，但并不是说它只能用于比较两个方案的好坏，事实上，完全可以设计多个方案进行测试，也就是说可以同时对多个推荐算法进行测试，A/B 测试这个名字只是习惯的叫法而已。另外，必须保证不同的用户在一次浏览过程中，看到的始终是同一个方案。同时，还需要注意控制访问各个版本的人数，大多数情况下希望将访问者平均分配到各个不同的版本上。

当多个用户在线反馈或提交问卷时，另一种常用的技巧是利用 Kappa 检验作为多个反馈间一致性程度的判定指标，以说明多种反馈的实际一致率与随机一致率之间的差别是否具有显著性意义。比如，对于推荐生成某个 Top-N 列表，由反馈意见获得的 κ 值大于 0.75(κ 值最大值为 1)，这说明不同用户对这个列表的评价非常一致，无论是好的评价还是差的评价，其置信度较高。

5.4.2　离线评价

在线测试虽然可以直观地得到用户对系统的满意度等指标，但是整个过程需要高额的成本。于是，更多的科研工作者寻求一种更为经济的评价方法——离线评价，这也是大部分研究所采用的评价方法。

离线评价就是将训练集的信息作为算法的输入进行推荐，然后将推荐结果和测试集的信息进行对比，并利用已有的评价指标来衡量推荐系统的表现。一旦数据集选定，只需要将待评测的推荐系统在此数据集上运行即可。与在线评价相比，离线评价的方法更经济，但是也存在着以下问题：

(1) 数据集的稀疏性限制了推荐系统的适用范围。例如不能用一个不包含某用户任何历史记录的数据集来评价推荐系统对该用户的推荐结果。

(2) 由于用户喜好的主观性，不管离线评价结果再好，都不能得出用户是否喜欢某推荐系统的结论。

(3) 难以找到离线评价指标和在线真实反馈(如点击率、转化率等)之间的具体关系。

离线评价最主要的环节是数据集的划分，即如何将完整的数据集分成训练集和测试集，最常用的方法是将数据挖掘分类算法验证中的交叉验证(cross validation)技巧引入到离线评价。具体地，K 折交叉验证(K-fold cross validation)指首先将数据集随机均匀分成 K 份，比如，将 MovieLens-100K 的 100 000 项评分随机均匀分成 10 份。然后，依次选择其中的 1 份作为训练集，剩下的 $K-1$ 份作为测试集，选择一个或多个准确性指标作为评价指标，最后，以 K 次实验的平均指标值作为最终结果。K 折交叉验证能有效避免训练集选择带来的评价偏差，能得到可靠稳定的评价结果，一般地，10 折交叉验证所得到的评价结果就能被人们所接受。

5.5　总　　结

尽管推荐系统评价体系尚未臻完善，尤其是评价指标仍然处于百家争鸣的阶段，但是，人们还是摸索出了推荐系统评价的大致思路，主要包含三个要素：数据集、评价指标及评价方法。当一种新的推荐算法被提出时，为了验证其性能，首先，选择一个能涵盖该推荐算法输入的数据集，并且，这个数据集最好是公开的，这保证了实验的可重复性；其次，选择合适的评价指标，通常需要覆盖多个方面，如预测准确度、排序准确度、多样性等；最后，选择令人信服的实验方法，如果是在线评价，需用 A/B 测试或 Kappa 检验说明并行测试的一致性程度；如果是离线评价，一般需用交叉验证计算指标的平均值。

参 考 文 献

[1] Herlocker J L, Konstan J A, Terveen L G, et al. Evaluating collaborative filtering recommender systems[J]. ACM Transactions on Information Systems, 2004, 22(1): 5-53.

[2] 刘建国，周涛，郭强，等. 个性化推荐系统评价方法综述[J]. 复杂系统与复杂性科学，2009, 6(3): 1-10.

[3] 朱郁筱，吕琳媛. 推荐系统评价指标综述[J]. 电子科技大学学报，2012, 41(2): 163-175.

[4] Goldberg D, Nichols D, Oki B M, et al. Using collaborative filtering to weave an information tapestry[J]. Communications of the ACM, 1992, 35(12): 61-70.

[5] Resnick P, Iacovou N, Suchak M, et al. GroupLens: an open architecture for collaborative filtering of netnews[C]//Proceedings of the ACM Conference on Computer Supported Cooperative Work. Chapel Hill, NewYork:ACM Press, 1994: 175-186.

[6] Liu J, Dolan P, Pedersen E R. Personalized news recommendation based on click behavior[C]//Proceedings of the 15th International Conference on Intelligent User Interfaces. New York:ACM Press, 2010: 31-40.

[7] Hill W, Stead L, Rosenstein M, et al. Recommending and evaluating choices in a virtual Community of use[C]//Proceedings of the SIGCHI Conference on Human Factors in Computing Systems. Denver, NewYork:ACM Press, 1995: 194-201.

[8] Liu Q, Chen E, Xiong H, et al. Enhancing collaborative filtering by user interest expansion via personalized ranking[J]. IEEE Transactions on Systems, Man, and Cybernetics, 2012, 42(1): 218-233.

[9] Breese J S, Heckerman D, Kadie C. Empirical analysis of predictive algorithms for Collaborative filtering[C]//Proceedings of the Fourteenth Conference on Uncertainty in Artificial Intelligence. San Francisco, Morgan: Kaufmann, 1998: 43-52.

[10] Järvelin K, Kekäläinen J. Cumulated gain-based evaluation of IR techniques[J]. ACM Transactions on Information Systems, 2002, 20(4): 422-446.

[11] Liu Q, Ge Y, Li Z, et al. Personalized travel package recommendation[C]//Proceedings of the IEEE International Conference on Data Mining. Vancouver, Piscataway: IEEE Press, 2011: 407-416.

[12] Zhou T, Jiang L L, Su R Q, et al. Effect of initial configuration on network-based recommendation[J]. Europhysics Letters, 2008, 81(5): 58004.

[13] GroupLens Research. http://grouplens.org/datasets/movielens/[2014-04-01].

[14] 推荐系统常用数据集[DB/OL]. http://www.cnblogs.com/wentingtu/p/3579803.html. [2014-04-01].

[15] Cai-Nicolas Ziegler. Book-Crossing Dataset[DB/OL]. http://www.informatik.uni-freiburg.de/~cziegler/BX/. [2014-04-01].

[16] Ziegler C N, McNee S M, Konstan J A, et al. Improving recommendation lists through topic diversification [C]//Proceedings of the 14th International World Wide Web Conference.Chiba, New York:ACM Press, 2005:22-32.

[17] 王元涛. Netflix 数据集上的协同过滤算法[D]. 北京:清华大学, 2009.

[18] Ken Goldberg, Theresa Roeder, Dhruv Gupta, and Chris Perkins[J]. Information Retrieval,2001,4(2): 133-151.

[19] O'Donovan J, Dunnion J. Evaluating Information Filtering Techniques in an Adaptive Recommender System[DB/OL]. http://link.springer.com/chapter/10.1007/978-3-540-27780-4_40. [2014-04-01].

[20] Paolo Massa. Downloaded Epinions Dataset [DB/OL]. [2014-04-01]. http://www.trustlet.org/wiki/Downloaded_Epinions_dataset.

[21] Yelp's Academic Dataset[DB/OL]. https://www.yelp.com/academic_dataset. [2014-04-01].

[22] Yelp's Dataset Challenge[DB/OL]. http://www.yelp.com/dataset_challenge/. [2014-04-01].

[23] BibSonomy dumps for research purposes[DB/OL]. http://www.kde.cs.uni-kassel.de/bibsonomy/dumps. [2014-04-01].

[24] Location-Based Social Network Data Repository: Foursquare [DB/OL]. http://www.public.asu.edu/~hgao16/dataset.html. [2014-04-01].

[25] Dataset:Flixster [DB/OL]. http://socialcomputing.asu.edu/datasets/Flixster. [2014-04-02].

[26] Mohsen Jamali.Student of Computing ScienceDatabase and Data Mining Laboratory [DB/OL]. http://www.cs.sfu.ca/~sja25/personal/datasets/. [2014-04-02].

[27] Douban Dataset [DB/OL]. https://www.cse.cuhk.edu.hk/irwin.king/pub/data/douban. [2014-04-02].

[28] 胡澍.融合社会关系的资源推荐方法研究[D].武汉:华中科技大学, 2012.

第6章　推荐系统可信性与安全性

6.1　托攻击概述

协同过滤(collaborative filtering, CF)是最流行的推荐算法[1, 2]，其基本思想是：找到与目标用户 U_t 相似的 k 个用户，根据 k 个相似用户对项目 I_i 的评分预测 U_t 对项目 I_i 的评分。这一思想符合人们日常生活中的行为习惯，即利用好朋友的喜好来推断某个陌生用户的喜好。计算用户相似度仍然依据用户评分向量，可以选择利用余弦相似度、皮尔逊相关系数、Jaccard 系数等[3]。这种朴素的预测方法给了恶意用户可乘之机，恶意用户如果能伪造出与目标用户 U_t 相似的评分向量，就能影响 U_t 的预测评分，恶意用户实施的这种攻击称为托攻击(shilling attack)。

托攻击者通过伪造用户模型(user profile)，并使得伪造用户成为尽量多的正常用户的近邻，由于协同过滤是基于近邻的兴趣来推荐的，所以，托攻击者就能干预系统的推荐结果，增加或减少目标对象的推荐频率[4]。电子商务的迅速发展，使得网店店主和供货商利用托攻击攫取经济利益成为可能。例如，2001 年，Sony Pictures 公司承认利用伪造电影评论的方法向用户推荐许多新发行的电影；2002 年，亚马逊公司接到投诉后，发现一起恶意用户利用托攻击使得网站在推荐一本基督教名著时还会推荐一本性方面的书籍[5]。

6.1.1　托攻击模型

从攻击者角度来看，最好的托攻击是对推荐系统造成的危害最大，而实施托攻击的成本却降至最低[6]，成本包括伪造的用户模型的数量和长度，伪造用户模型所需的知识，如项目平均分、流行项目集合等。图 6.1 描述了托攻击规模、威力和可检测性之间的关系[7]，规模越大，危害性越大，但是也越容易被检测；而高效托攻击正是试图以较小的规模，对推荐系统造成尽量大的危害，同时还能成功逃避检测。

从托攻击目的来看，托攻击可以分为三类：推攻击(push attack)、核攻击(nuke attack)和恶意扰乱攻击(vandalism attack)[8]。推攻击试图提高目标项目的推荐排名，反之，核攻击试图降低目标项目的推荐排名。而恶意扰乱攻击试图使推荐系统失灵。

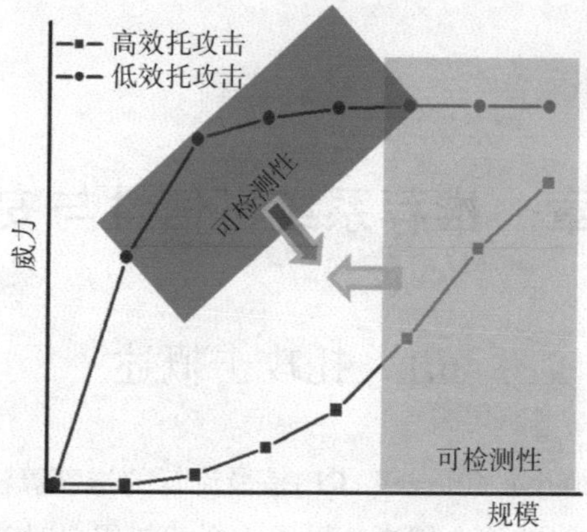

图 6.1　托攻击规模、威力和可检测性关系图

表 6.1 是文献[6]推攻击的一个实例，该实例来自于一个购书网站的推荐系统，该网站针对所购买的书籍进行评分，评分区间在 1~5 分，1 分为非常讨厌，5 分为非常喜欢。在简单的基于用户的协同过滤推荐系统中，在没有托攻击者的条件下，通过皮尔逊相关系统计算相似度，Alice 的相似用户为 User2，User2 的 Item6 评分非常低，所以 Item6 是无法推荐给 Alice 的。但加入 3 个托攻击者后，Alice 的相似邻居为 Attack1，在基于用户的协同过滤中 Item6 的预测评分值将会是 5，Item6 将被推荐给了 Alice。如果 Alice 按照推荐列表购买了该书，她会发现购买了不喜欢的书，进而对该购书网站失去兴趣。

表 6.1　一个推攻击的实例

	Item1	Item2	Item3	Item4	Item5	Item6	与 Alice 的相似度
Alice	5	2	3	3		?	
User1	2		4		4	1	– 1.00
User2	3	1	3		1	2	0.76
User3	4	2	3	1		1	0.72
User4	3	3	2	1	3	1	0.21
User5		3		1	2		– 1.00
User6	4	3		3	3	2	0.94
User7		5		1	5	1	– 1.00
Attack1	**5**		**3**		**2**	**5**	**1.00**
Attack2	**5**	**1**	**4**		**2**	**5**	**0.89**
Attack3	**5**	**2**	**2**	**2**		**5**	**0.93**

为清晰描述托攻击模型，托攻击评分向量通常被分为目标项目(target item)、装填项目(filler items)、选择项目(selected items)及未评分项目(non-voted items)，如图 6.2 所示。目标项目是攻击者试图提高或降低推荐频率的项目，攻击者利用装填

项目伪装成正常用户，利用选择项目成为尽量多正常用户的近邻，同时，装填项目和选择项目增强了攻击威力。

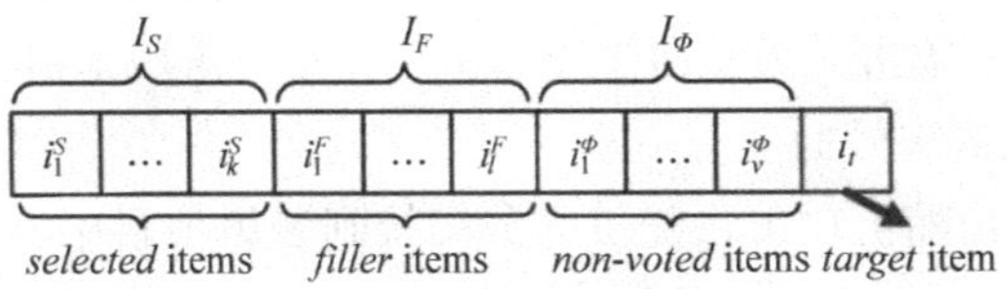

图 6.2　托攻击评分向量

每个托攻击用户包含评分个数与项目个数的比例称为填充比例(filler rate)。通常来说，托攻击用户的填充比例小，目标项目被推荐的机会就会少，就会没有攻击威力，然而填充比例越大，目标项目被推荐的机会越大，但越容易被托攻击检测算法检测出来，所以托攻击的填充比例需要维持在一定的比例范围内。

攻击规模(attack size)描述了一个推荐系统中所注入的托攻击者个数。如果托攻击规模较小，则这些托攻击者成为目标用户 k 近邻的机会就越少，攻击威力较小；反之，如果攻击规模较大，则攻击威力会非常大，却易于被检测出来，实施很大攻击规模的托攻击耗费的成本极高，比如，需为每个攻击者注册账号、根据所设计的攻击模型对目标项目和装填项目评分等。

6.1.2　托攻击分类

Zhang 和 Williams 等将托攻击构造模型分为 6 类[6,8,9]，如表 6.2 所示，推攻击都对目标项目评最高分，核攻击都对目标项目评最低分，随机攻击对装填项目评分取随机值，平均攻击对装填项目评分取该项目的平均值，平均攻击的构造代价比随

表 6.2　托攻击模型

模型		推攻击(push attack)	核攻击(nuke pttack)
随机攻击		对目标项目评最高分，对装填项目随机评分	对目标项目评最低分，对装填项目随机评分
平均攻击		对目标项目评最高分，对装填项目取其平均分	对目标项目评最低分，对装填项目取其平均分
分段攻击		对目标项目及其最近邻项目评最高分，对装填项目评最低分	—
流行攻击	随机版本	对目标项目和流行项目评最高分，对装填项目随机评分	对目标项目和非流行项目评最低分，对装填项目随机评分
流行攻击	平均版本	对目标项目和流行项目评最高分，对装填项目取其平均分	对目标项目和非流行项目评最低分，对装填项目取其平均分
抽样攻击		拷贝已有的用户模型，对目标项目评最高分	拷贝已有的用户模型，对目标项目评最低分
Love/Hate 攻击		对填充项目评最低分，目标项目评最高分	对填充项目评最高分，目标项目评最低分

机攻击高。流行攻击的基本思想是齐普夫定律(Zip’s law)，即少数项目可以吸引大多数人的注意，攻击者将流行项目作为选择项目，项目的流行程度通常使用其被评分的次数来衡量。抽样攻击也称为拷贝模型攻击，需要其他用户的评分记录作为先验知识。Love/Hate 攻击无需任何先验知识，其核攻击版本被认为是对基于用户的协同过滤推荐系统最有效的攻击手段。

(1) 随机攻击：随机攻击将随机评分安排到装填项目中，选择项目设置为空，在推攻击中目标项目设置为最高分，而在核攻击中目标项目设置为最低分。以推荐系统最常用的 MovieLens 数据集为例，装填项目通过均值为 3.6 分，标准差为 1.1 产生正态随机数来设置装填项目。随机攻击由于将随机评分安排到装填项目中，所以所需的攻击知识非常少，但根据文献[4]以及[10]的实验分析，随机攻击的效果不佳。

(2) 平均攻击：平均攻击将每个装填项目的评分均值安排到装填项目中，选择项目设置为空，在推攻击中目标项目设置为最高分，而在核攻击中目标项目设置为最低分。由于需要找到每个装填项目的均值，平均攻击需要的代价比较大，所需知识比较多，但该种攻击比较有效。

(3) 分段攻击：分段攻击目前只适用于推攻击，该攻击方式将目标项目的近邻以及目标项目设置为最高分，而装填项目设置为最低分，其核心思想是分段攻击者不仅需要将目标项目推荐给不喜欢该目标项目(产品)的用户，同样还要通过目标项目近邻推荐喜欢该目标项目的用户。由于该攻击方式需要考虑目标项目的近邻，所以需要的代价要比随机攻击大，但小于平均攻击。

(4) 流行攻击：该方式将目标项目与推荐系统比较受关注的项目(流行项目)联系在一起评分，该攻击方式有随机版本和平均两种版本。在流行攻击的随机版本中，推攻击者将比较流行的项目(选择项目)以及目标项目评最高分，将随机评分安排到装填项目中；而核攻击者则将用户评分比较差的若干项目(非流行项目)以及目标项目评最低分，将随机评分安排到装填项目中。在流行攻击的平均版本中，推攻击者将比较流行的项目(选择项目)以及目标项目评最高分，将每个装填项目的平均值安排到装填项目中；而核攻击者则将用户评分比较差的若干项目(非流行项目)以及目标项目评最低分，将每个装填项目的平均值安排到装填项目中。在流行攻击的两个版本中，随机版本攻击需要的代价比较小，而平均攻击的代价比较大。

(5) 抽样攻击：抽样攻击是一种比较简单的攻击方式，其通过随机的抽取一个正常用户，然后拷贝该用户的所有评分(除目标项目外)，在推攻击中目标项目设置为最高分，而在核攻击中将目标项目设置为最低分。

(6) Love/Hate 攻击：该攻击方式同样是一种简单也是最容易的一种攻击方式。在推攻击中，将装填项目评最低分，将装填项目评最高分；而在核攻击中，将装填项目评最高分，将装填项目评最低分。

为逃避检测，恶意用户可能采用混淆技术(obfuscated technique)，Williams 提出两种混淆技术[6]：噪声注入(noise-injection)和目标偏移(target-shifting)。Hurley 提出在最流行项目中选择装填项目构造平均攻击的混淆版本 AoP(average-over-popular)攻击，这种技巧(不妨命名为“流行装填”)显然也适用于其他类型攻击，我们将托攻击混淆技术归结为如下三种：

(1) 噪声注入：在装填项目或选择项目的评分上加上一个随机数，Williams 建议该随机数可以由常数因子 α 与高斯分布的随机数相乘得到[6]。

(2) 目标偏移：对目标项目评最高分或最低分容易引起检测器的注意，目标偏移就是将目标项目评分改成次高分或次低分。

(3) 流行装填：在 Top-x%的最流行项目集合内等概率选择装填项目，项目流行程度可以通过项目被评分的数量来衡量。

由表 6.2 中单种模型构成的托攻击往往易于检测，混合使用六种攻击模型和三种混淆技术可以构造出更为复杂的托攻击，而且如果多个恶意用户同时攻击推荐系统，他们自由选择攻击模型和混淆技术，混合型托攻击也就应运而生了。

6.2　托攻击危害性衡量指标与脆弱性分析

6.2.1　托攻击危害性指标

托攻击危害性的衡量指标用于为定量刻画描述一组托攻击对某种推荐系统的影响程度，同时也反映出需要定义托攻击危害性的衡量指标，这些指标既可以用于比较不同托攻击模型的危害性，也可以比较部署不同推荐算法的推荐系统面对托攻击时的脆弱性。危害性与托攻击类型、装填项目数量、托攻击者数量以及推荐系统核心算法有关。衡量推荐系统性能可以从预测准确度和排序准确度入手[11]，预测准确度表示推荐系统预测评分与实际分值的接近程度，排序准确度表示推荐系统所产生的 Top-N 推荐列表中有多少个项目是用户真正喜欢的。我们将已有的托攻击危害性指标分为以下两方面：

(1) 预测准确度：平均预测偏移刻画托攻击者对正常用户预测评分造成的影响，设预测的评分数量为$|T|$，p'_{mi}是存在托攻击时的预测值，p_{mi}是正常情况下的预测值，平均预测偏移计算如式(6.1)所示：

$$\bar{\Delta}=\sum_{r'_{mi}\in T}\frac{p'_{mi}-p_{mi}}{|T|} \tag{6.1}$$

平均预测偏移越大，说明推荐系统面对托攻击时越脆弱，即托攻击对该推荐系统越有效。

(2) 排序准确度：预测准确度通常并非推荐系统关注的重点，Top-*N* 推荐列表显得尤为重要。因此，托攻击者更为关注目标项目是否进入了正常用户的 Top-*N* 推荐列表。击中率就从排序角度来衡量托攻击的危害性，平均击中率的计算如式(6.2)所示：

$$\overline{\text{HitRatio}} = \frac{\sum_{U_m \in U} hits_{U_m}}{N * |U|} \tag{6.2}$$

其中，$hits_{U_m}$ 表示目标项目在用户 U_m 的 Top-*N* 推荐列表中的个数。

Lam 和 Riedl[4]注意到多个预测分值相同的项目将占用 Top-*N* 列表中的一个排名，提出预期 Top-*N* 占用数(expected Top-*N* occupancy, ExpTopN)指标，计算公式如式(6.3)所示：

$$\text{ExpTopN} = \sum_{I_t \in Targ} \frac{N_{I_t}}{RN_{I_t}} \tag{6.3}$$

其中，*Targ* 是目标项目集合；N_{I_t} 是与目标项目 I_t 有同样排名的项目个数；RN_{I_t} 是 N_{I_t} 个项目占用掉的排名个数。大部分研究工作都是以平均预测偏移来衡量托攻击的危害性，Mehta 和 Nejdl[12]以最大化平均预测偏移为目标函数得出平均攻击在所有攻击模型中最具威力这一结论。但是，HitRatio 和 ExpTopN 更加契合推荐系统本质和实施托攻击的目标。

6.2.2 托攻击脆弱性分析

推荐系统面对托攻击的脆弱性因托攻击类型以及协同过滤算法而异，在我们的文献[13]中提出了针对托攻击的脆弱性分析。实验数据集采用明尼苏达州立大学 GroupLens 研究小组的 MovieLens，该数据集包含 943 个用户对 1682 部电影的 100 000 条评分信息，分值处于[0,5]区间内，评分越高表示用户对该电影越满意，同时采用预测准确度指标来衡量推荐系统的脆弱性。实验中针对随机攻击、平均攻击、分段攻击、流行攻击随机版本以及抽样攻击五种攻击，比例按照攻击规模(attack size)向 MovieLens 数据集中分别注入五种攻击，随机选择平均分小于 3 分的 30 部电影作为目标项目集合，攻击者随机选择目标项目集合里的一部电影作为其攻击目标。五种攻击者模型产生方案如表 6.3 所示。

随机攻击和平均攻击的装填项目比例是 6%，分段攻击和流行攻击的装填项目比例是 3%。图 6.3 是基于用户协同过滤算法下五种攻击的平均预测偏移比较结果，平均攻击和流行攻击产生的危害最大，抽样攻击和随机攻击的危害较小，分段攻击随攻击者比例增长最快。

表 6.3　五类托攻击者模型产生方案

攻击模型	攻击者模型产生方法
随机攻击	目标项目 5 分；装填项目随机评分，遵从均值 3.6、标准差 1.1 的高斯分布
平均攻击	目标项目 5 分；装填项目取其平均分
分段攻击	目标项目及其 Top-*k* 近邻 5 分；装填项目 1 分
流行攻击	目标项目和流行项目 5 分，流行项目指评分用户最多的 20 部电影；装填项目随机评分，遵从均值 3.6、标准差 1.1 的高斯分布
抽样攻击	根据攻击者比例拷贝评分最多的用户模型，并对目标项目评 5 分

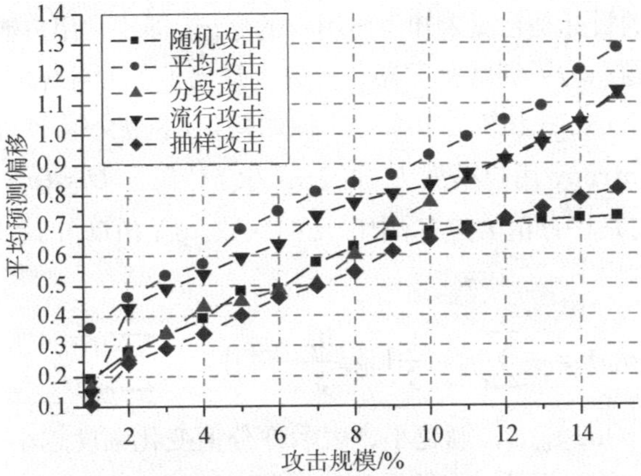

图 6.3　基于用户协同过滤算法下五种攻击的平均预测偏移比较

表 6.4 列出基于用户的协同过滤(UCF)、基于项目的协同过滤(ICF)和混合式协

表 6.4　不同协同过滤算法对五类托攻击的脆弱性

类型	攻击比例	UCF	ICF	HCF
随机攻击	5%	0.48	0.275	0.365
	10%	0.675	0.483	0.54
	15%	0.723	0.733	0.737
平均攻击	5%	0.685	0.255	0.499
	10%	0.925	0.565	0.716
	15%	1.28	0.762	0.962
分段攻击	5%	0.447	0.555	0.481
	10%	0.772	0.779	0.886
	15%	1.124	1.361	1.261
流行攻击	5%	0.594	0.246	0.356
	10%	0.83	0.485	0.584
	15%	1.139	0.789	0.862
抽样攻击	5%	0.401	0.368	0.335
	10%	0.65	0.545	0.551
	15%	0.815	0.732	0.786

同过滤(HCF)三种算法对五类托攻击的平均预测偏移，其中混合式协同过滤算法的参数 λ 取 0.4。随机攻击、平均攻击、流行攻击、抽样攻击对 UCF 影响较大，而分段攻击对 ICF 影响较大，所有攻击对 HCF 的影响最大。

6.3　托攻击检测特征指标与特征选择

6.3.1　托攻击检测特征指标

托攻击检测的目标是预测未知身份用户的标记，即正常用户或托攻击者，因此，其本质是分类问题，为了训练分类器，研究者提出了各种各样的指标以描述正常用户和托攻击者在评分方式和统计分布等方面的差异，本节介绍 11 个托攻击检测指标。

定义 6.1　Entropy 用户模型 U_m 可表示为统计集合 $U_m=\{n_r,\ r=1,2,\cdots,r_{\max}\}$，其中 r 是评分值，n_i 是评分值 i 在 U_m 中出现的次数。熵 $H(U_m)$的计算公式如式(6.4)所示：

$$H(U_m)=-\sum_{r=1}^{r_{\max}}\frac{n_r}{S}\log_2\frac{n_r}{S}\quad 其中 S=\sum_{r=1}^{r_{\max}}n_r \tag{6.4}$$

熵的范围是$[0,\log_2 r_{\max}]$，熵越小，表示评分值变化幅度越小，当所有评分值都相等时，熵为 0；当 n_i 相等时，熵取到最大值 $\log_2 r_{\max}$。

托攻击者的另一个特点是它与很多正常用户都非常相似，否则，托攻击者就无法影响大部分用户的预测评分，也就难以使目标项目进入推荐列表。本节定义与近邻的平均相似度来表征这一点。

定义 6.2　DegSim 用户 U_m 与其 k 近邻的平均相似度，计算公式如式(6.5)所示：

$$\mathrm{DegSim}_{U_m}=\frac{\sum_{v=1}^{k}\mathrm{PCC}'(U_m,U_n)}{k} \tag{6.5}$$

其中，$\mathrm{PCC}'(U_m, U_n)$表示用户 U_m 和用户 U_n 的调整的 Pearson 相关系数：

$$\mathrm{PCC}'(U_m,U_n)=\frac{\max(|U_m|,|U_n|)}{|U_m\cup U_n|}\mathrm{PCC}(U_m,U_n)$$

其中，U_m 和 U_n 分别表示用户 m 和用户 n 的项目评分集合；$|U_m|$和$|U_n|$分别表示 U_m 和 U_n 的长度。

一般地，推荐系统中正常用户模型长度较短，而托攻击者为了与更多的用户相似，模型长度较长，因此，长度变化能反映出两者的区别。

定义 6.3　LengthVar 用户模型 U_m 的长度记为$|U_m|$，用户模型的总数为$|U|$，用户 U_m 的长度变化 $\mathrm{LengthVar}_{U_m}$ 如式(6.6)所示：

$$\mathrm{LengthVar}_{U_m}=\frac{|U_m|-|\bar{U}|}{\sum_{n=1}^{|U|}(|U_n|-|\bar{U}|)^2}\quad 其中|\bar{U}|=\sum\nolimits_n\frac{|U_n|}{|U|}\tag{6.6}$$

Chirita 认为 RDMA(rating deviation from mean agreement)[14]是检测托攻击的有效指标，RDMA 是用户模型评过分项目与其平均值之间的平均偏差。

定义 6.4　RDMA 用户模型 U_m 的长度记为$|U_m|$，用户 U_m 的 RDMA_{U_m} 计算公式如下：

$$\mathrm{RDMA}_{U_m}=\frac{\sum_{j=0}^{|U_m|}\frac{|r_{mj}-\bar{r}_j|}{|I_j|}}{|U_m|}\tag{6.7}$$

其中，r_{mj} 表示用户 U_m 对项目 I_j 的评分；$\bar{r}_j$ 表示对项目 j 的平均评分；$|I_j|$是对项目 I_j 评过分的用户数量，Chirita 定义的 RDMA 以 $1/|I_j|$作为权重的，这使得$|I_j|$很小的项目的权重过高，不符合实际情况，WDMA(weighted deviation from mean agreement)将权重改为 $1/|I_j|^2$。

定义 6.5　WDMA 用户 U_m 的 WDMA_{U_m} 计算公式如下：

$$\mathrm{WDMA}_{U_m}=\frac{1}{|U_m|}\sum\nolimits_{j=1}^{|U_m|}\frac{|r_{mj}-\bar{r}_j|}{|I_j|^2}\tag{6.8}$$

Burke 在 RDMA 的基础上提出了 WDA(weighted degree of agreement)[15]，同样以 $1/|I_j|$作为权重。

定义 6.6　WDA 用户模型 U_m 的长度记为$|U_m|$，用户 U_m 的 WDA_{U_m} 计算公式如下：

$$\mathrm{WDA}_{U_m}=\sum\nolimits_{j=1}^{|U_m|}\frac{|r_{mj}-\bar{r}_j|}{|I_j|}\tag{6.9}$$

在随机攻击和流行攻击的装填项目集合中，托攻击者一般利用正态分布 $N(\mu,\sigma^2)$ 生成随机评分数据，评过分项目与其该用户的评分平均值的偏差会较小，Burke 定义 MeanVar 来检测随机攻击和流行攻击[10]，定义如下：

定义 6.7　MeanVar 用户 U_m 的装填项目与用户平均评分的偏差，U_m 的 $\mathrm{MeanVar}_{U_m}$ 计算公式如下：

$$\mathrm{MeanVar}_{U_m}=\frac{1}{|U_m|-1}\sum\nolimits_{I_j\in(r_{mj}-I_t)}(r_{mj}-\bar{r}_j)^2\tag{6.10}$$

Williams 在 MeanVar 的基础上定义了 FMD(filler mean filler)[6]，定义如下所示：

定义 6.8　FMD 用户评分与用户平均评分之差的绝对值的平均值，U_m 的 FMD_{U_m} 的计算公式如下：

$$\mathrm{FMD}_{U_m}=\frac{1}{|U_m|}\sum_{j=1}^{|U_m|}|r_{mj}-\bar{r}_j| \tag{6.11}$$

分段攻击和流行攻击都是对一组项目评最高分，它们的特征是评最高分项目集合的平均分与装填项目平均分之差极大，Williams 将这一指标称为 FMTD(filler mean target difference)[6]，定义如下：

定义 6.9　FMTD 用户模型 U_m 可分为 U_m^T 和 U_m^F，U_m^T 是用户 U_m 评最高分的项目集合，U_m^F 是剩余的用户 U_m 评过分的项目集合，即装填项目集合。用户 U_m 的 FMTD_{U_m} 计算公式如下：

$$\mathrm{FMTD}_{U_m}=\left|\left(\frac{\sum_{i\in U_m^T} r_{mi}}{|U_m^T|}\right)-\left(\frac{\sum_{j\in U_m^F} r_{mj}}{|U_m^F|}\right)\right| \tag{6.12}$$

由于平均攻击为每个装填项目装填了项目所在列的平均值或与平均值略有偏差，所以 Williams 定义 FMV(filler mean variance)[13]作为一个检测指标，定义如下：

定义 6.10　FMV 用户 U_m 的装填平均偏差，U_m 的 FMV_{U_m} 计算公式如下：

$$\mathrm{FMV}_{U_m}=\frac{1}{|U_m^F|}\sum_{I_j\in U_m^F}(r_{mj}-\bar{r}_j)^2 \tag{6.13}$$

用户模型可能包括一个或多个评最高分的项目，本节定义 TMF(target model focus)来衡量用户模型对目标项目的关注度，定义如下：

定义 6.11　TMF 用户模型对目标项目的关注度，用户 U_m 的 TMF_{U_m} 计算公式如下：

$$\mathrm{TMF}_{U_m}=\max_{I_j\in U_m^T}\frac{|I_j^{\max}|}{\sum_{U_n\in I_j^{\max}}|U_n^T|} \tag{6.14}$$

其中，U_m^T 表示对项目 I_j 评最高分的用户集合；U_n^T 表示用户 U_n 中评最高分的项目集合。

6.3.2　托攻击检测指标特征选择

由上述 11 个托攻击检测指标的定义不难看出，某个指标并非放之四海而皆准，而仅仅对于某些类型的托攻击有效。因此，预先选定某个或某几个检测指标训练的分类器难以对付所有托攻击类型，我们的工作提出特征选择算法，动态根据标记数据集灵活选择指标集合来弥补这一不足[13]。

设有 n 个检测指标，我们需要选择一个子集包含 m 个最有价值的指标$(m<n)$，算法 6.1 给出了特征选择算法的伪代码。第 1 行定义了每个检测指标的权重 $W[M_j]$ $(j=1,2,\cdots,n)$，初始值赋为 0。第 2~9 行从训练数据集中随机抽出 1 个用户，重复 S_n 次，对于每个被抽出的用户 u，根据 PCC 相似度，找出与 u 属于同一类的最近邻

u_s，及与 u 属于同一类的最近邻 u_d，根据两个用户在指标 M_j 上的差值来调整 $W[M_j]$，$diff(M_j,u,v)$表示 u 用户 M_j 值减去 v 用户的 M_j 值。算法 6.1 所示特征选择算法的思想是某指标在两个不同类用户间的差值越大，其权重就越高(式(6.15)更新 $W[M_j]$时加上两个不同类用户间的差值 $diff(M_j,u,u_d)/n$)；而某指标在两个同类用户间的差值越大，其权重就越低(式(6.15)更新 $W[M_j]$时减去两个同类用户间的差值 $diff(M_j,u,u_s)/n$)。本书实验使用 PCC 来衡量用户之间的相似度。

抽样次数 S_n 越大，选择出的特征子集越可信，但是，耗费时间也越长，S_n 不超过训练数据集的总数。m 值过小，如 m=1，无法有效区分托攻击者和正常用户；m 值过大，如 m=n，又包含了很多冗余指标，也将影响检测算法性能。本书通过实验给出了各类托攻击检测指标的排序以及 m 取值对两种检测算法的影响。本书实验详细分析了特征选择算法对检测算法的影响。

算法 6.1　特征选择算法

输入： 训练数据集，n 个检测指标，输出指标个数 m，抽样次数 S_n

输出： m 个检测指标

将 n 个检测指标的初始权重 $W[M_j]$设为 0 (j=1,2,⋯,n)

for $s\leftarrow 1$ **to** S_n　　　　/*从训练数据集中抽样 S_n 次*/

　　随机选择训练数据集中的 1 个用户，记为 u

　　找出与用户 u 属于同一类的最近邻居，记为 u_s

　　找出与用户 u 不属于同一类的最近邻居，记为 u_d

　　for $j\leftarrow 1$ **to** n　　　　/*更新 n 个指标的权重*/

$$W[M_j]\leftarrow W[M_j]-\frac{diff(M_j,u,u_s)}{n}+\frac{diff(M_j,u,u_d)}{n} \tag{6.15}$$

　　end for

end for

选择权重最大的 m 个检测指标作为输出结果

表 6.5　各托攻击类型检测指标的排序结果

检测指标排序	类型				
	随机攻击	平均攻击	分段攻击	流行攻击	抽样攻击
No.1	DegSim	WDA	FMTD	DegSim	TMF
No.2	FMTD	Entropy	Entropy	MeanVar	DegSim
No.3	MeanVar	DegSim	FMV	WDA	LengthVar
No.4	LengthVar	MeanVar	MeanVar	TMF	FMV
No.5	Entropy	FMV	RDMA	WDMA	Entropy
No.6	WDA	RDMA	WDA	RDMA	RDMA
No.7	RDMA	WDMA	WDMA	FMV	FMTD
No.8	WDMA	FMTD	LengthVar	FMTD	WDA
No.9	FMV	TMF	DegSim	Entropy	WDMA
No.10	TMF	LengthVar	TMF	LengthVar	MeanVar

由于检测指标并非对所有种类的托攻击都起到检测作用，文献[13]给出了检测5种攻击类型情形下，10种检测指标(Entropy、LengthVar、DegSim、FMTD、RDMA、WDA、WDMA、FMV、MeanVar 和 TMF)的排序结果。实验将 MovieLens 训练集中的用户标记为正常用户，根据表 6.4 所示方法生成五类攻击类型的用户模型，将攻击者用户模型注入 MovieLens 的训练集，这样就得到了实验的训练数据集。正常用户数量为 100，攻击者数量为 50，装填比例为 10%(即 168 部电影)。表 6.5 是调用特征选择算法得出的各攻击类型的检测指标排序结果，可以看出每类攻击的排序结果差异性很大，如 TMF 指标对随机攻击、平均攻击和分段攻击类型的检测作用很小，但对抽样攻击和流行攻击类型的检测结果却很好，而 DegSim 检测指标对分段攻击类型的检测效果很差，对其他托攻击类型效果却很好。因此，如果我们盲目地选取检测指标，很难应对所有种类的托攻击。

6.4 托攻击检测算法

自从 2004 年托攻击概念被提出以来，国内外学者提出了很多检测算法来加强推荐系统的健壮性和安全性。托攻击检测本质上是一个分类问题，从对先验知识的使用程度，检测算法可分为基于监督学习、无监督学习和半监督学习三类[17]。从算法使用用户模型信息来看，检测算法可分为两类：第一类算法依据第 6.3.1 节所介绍的特征指标来检测；第二类算法直接依据用户评分记录来检测。我们以机器学习角度分类为主线，融合所依据的用户模型信息类型来介绍现有的托攻击检测算法。

6.4.1 监督学习模型

以已知类别用户作为参照来训练检测器是人们应对托攻击检测时的直观想法，其本质是基于监督学习构造分类器，该类检测算法大多将第 6.3.1 节定义的特征指标作为分类器属性。Chirita 等[14]提出的第一个托攻击检测算法通过观察根据标记用户的各项特征指标分布规律，首次提出结合 DegSim 和 RDMA 的托攻击检测经验算法使用平均相似度和 RDMA 两个指标来检测平均攻击和随机攻击。随后，研究者们陆续将朴素贝叶斯、k 近邻及决策树等分类模型用于托攻击检测，提出了不同种类的基于监督学习的托攻击检测算法。

1. 基于朴素贝叶斯的托攻击检测算法

贝叶斯分类法来自统计法，可以预测特定用户模型属于一个特定类的概率，由于第 6.3.1 节所定义的一系列指标间是相互独立的，因此，我们可以使用朴素贝叶斯分类(Naïve Bayesian classifier)来检测托攻击，具体过程如算法 6.2 所示。

算法 6.2　基于朴素贝叶斯分类的托攻击检测算法

输入：训练数据集，待检测的用户模型 u

输出：用户模型 u 的类别

1. 对训练数据集预处理
2. 类别 i=S, N，根据$\Omega = \ln(P(S|u)/P(N|u))$的值来判断 u 是否为托攻击者
3. 计算 u 的 n 个指标值，记为$\{x_1,x_2,\cdots,x_n\}$
4. 根据式(6.16)计算 $P(x_k|i)$、μ_{ik}和σ_{ik}分别是 i 类训练数据第 k 个指标的均值和标准差：

$$P(x_k|i) = g(x_k, \mu_{ik}, \sigma_{ik}) \quad 其中 \quad g(x,\mu,\sigma)\frac{1}{\sqrt{2\pi}\sigma}\mathrm{e}^{-\frac{(x-\mu)^2}{2\sigma^2}} \tag{6.16}$$

5. 根据式(6.17)计算判断托攻击者的分值

$$\Omega = \ln\frac{P(S|u)}{P(N|u)} = \ln\frac{P(S)}{P(N)} + \sum_{k=1}^{n} \ln\frac{P(x_k|S)}{P(x_k|N)} \tag{6.17}$$

6. 根据 Ω 的值判断 u 是否为托攻击者。

对训练数据集预处理(第 1 行)，首先由用户模型以及式(6.4)~式(6.14)可以计算出各个指标的值，得到图 6.4 所示格式的数据。

UID/Profile	Class S/N	Metric 1 $H(X)$	Metric 2 ADegSim	……	Metric n RDMA

图 6.4　预处理后的数据格式

式(6.4)~式(6.14)中定义的指标都是连续值，本书参考[16]给出的$P(x_k|i)$计算方法，计算第 i 类训练数据上第 k 个指标的均值和标准差μ_{ik}和σ_{ik}，代入高斯分布 $g(x,\mu,\sigma)$ 函数得到 $P(x_k|i)$。

使用比值 $\ln(P(S|u)/P(N|u))$ 作为决策依据比较合理，文献[15]建议使用 $P(S|u)/P(N|u)$的对数函数来代替它，进一步地，式(6.18)中，$\ln(P(S|u)/P(N|u))$是常数，设用 C 表示；并定义 ω_k=$\ln(P(x_k|S)/P(x_k|N))$，Ω 就可简洁地表示为

$$\Omega = C + \sum_{k=1}^{n} \omega_k \tag{6.18}$$

2. 基于 k 近邻分类的托攻击检测算法

本节提出基于 k 近邻分类的托攻击检测算法，它属于惰性学习法(lazy learner)，或称为基于实例的学习法(instance-based learner)，该算法只是对训练数据集存储并稍加处理，当有了待分类用户模型时，才进行泛化，根据存储的训练数据集的相似性对该用户模型进行分类。

算法 6.3　基于 k 近邻分类的托攻击检测算法

输入：训练数据集，待检测的用户模型 u

输出：用户模型 u 的类别

1. 对训练数据集预处理
2. 计算用户模型 u 与训练数据集中用户模型的欧氏距离，计算公式如下：

$$dist(u,u_t)=\sqrt{\sum_{j=1}^{n}\left(x_j-x_{ij}\right)^2} \tag{6.19}$$

3. 找出用户模型 u 在训练数据集中最近的 k 个数据点
4. 根据多数决定原则预测用户模型 u 的类别

算法 6.3 对训练数据集预处理(第 1 行)首先仍然是得到图 6.4 所示格式的数据，并需要对 n 个指标值规范化；然后使用交叉确认方法(cross-validation)确定 k 值，一般地，k 值随着训练数据集的增加而增大。本书简单选择欧氏距离作为用户模型的距离，当然还有如曼哈顿(Manhattan)距离等计算方法。多数决定原则(majority rule)指待分类用户模型指派到它的 k 个最近邻中的多数类。

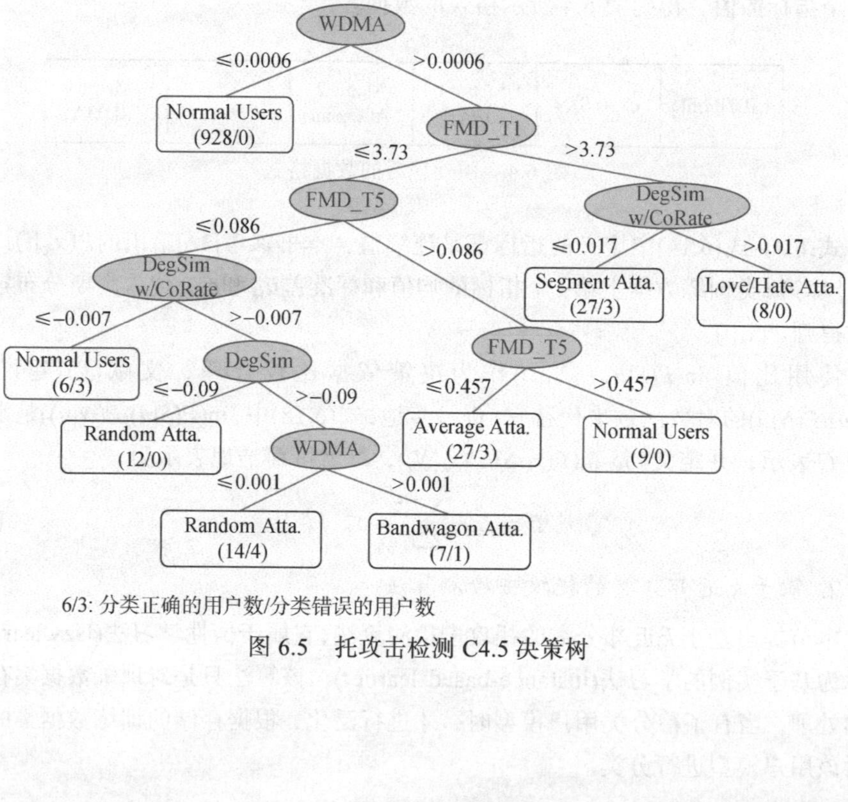

6/3: 分类正确的用户数/分类错误的用户数

图 6.5　托攻击检测 C4.5 决策树

3. 基于 C4.5 决策树的托攻击检测算法

美国 DePaul 大学 Mobasher, Burke 和 Williams 等学者系统定义了检测指标，在基于决策树检测托攻击方面做了大量工作[6,10,15]，Williams 的技术报告总结了他们所做的工作，图 6.5 给出了用于检测平均、随机、分段、流行和 Love/Hate 5 种托攻击的 C4.5 决策树，该方法的检测准确率达到 97.38%。

基于监督学习的方法最为直观，其性能依赖于选取的检测指标和训练集，对于跟训练集特征相似的用户模型检测效果良好，而对于新的托攻击或经过混淆后托攻击则力所不及。

6.4.2 无监督学习模型

有监督学习需要根据用户模型经过特征提取后，由训练好的分类器给出类别标记，而无监督学习不依赖训练集，而是通过聚类手段分离托攻击者。本质上，所有上述这些基于无监督学习的检测器潜在假设了托攻击者具有极大的相似性，检测器的准确性也依赖于这一规律是否应验。目前比较常用的无监督学习算法主要有四种，下面主要介绍这四种无监督学习算法。

1. PCASelectUsers 算法

Mehta 等发现托攻击用户之间具有高关联性[12,16]，其选取了 50 个正常用户和 20 个托攻击用户，然后计算这些用户的皮尔逊相关系数，其中前 50 个用户为正常用户，后 20 个用户为托攻击用户，可以看出托攻击用户具有高相关性，具体如图 6.6 所示。Mehta 发现托攻击者之间的皮尔逊相似度极高(>0.9)，因此，相似度最高的一些用户很可能就是托。Mehta 提出第一个基于无监督学习的检测器 PCASelectUsers，

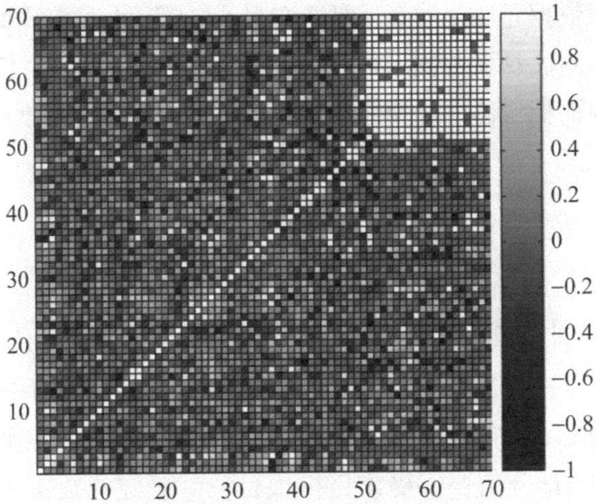

图 6.6　托攻击用户之间的关联性图(图片来源：文献[16])

无需任何先验知识，而且不依赖于特征指标。主成分分析(principal component analysis, PCA)除了具有维度规约的功能以外，还能用于选取独立程度最高的多元随机变量分子[18]，从多元统计角度看待评分矩阵 $\boldsymbol{R}_{U*I}$，PCA 得到每个主成分的组合系数(关联性指标)，某个用户对应的相关系数越小，表明这个用户作为托攻击的嫌疑越大。

PCASelectUsers 算法首先将用户-项目评分矩阵转化为 z-score，然后将 $\boldsymbol{D}$ 的转置矩阵与 $\boldsymbol{D}$ 相乘得到协方差矩阵，再利用主成分分析获得 3~5 个 Eigen 向量以计算距离，返回 r 个距离最小的用户作为托攻击者，PCASelectUsers 算法流程如图 6.7 所示。PCASelectUsers 极具巧思，在没有任何先验知识的指导下取得了不错的效果，但是，它难以对付 AoP 攻击[19]，更为致命的是，人们难以知道实际的推荐系统中隐藏了多少个托攻击者，所以，很难设定参数 r，这极大限制了 PCASelectUsers 的实际应用。

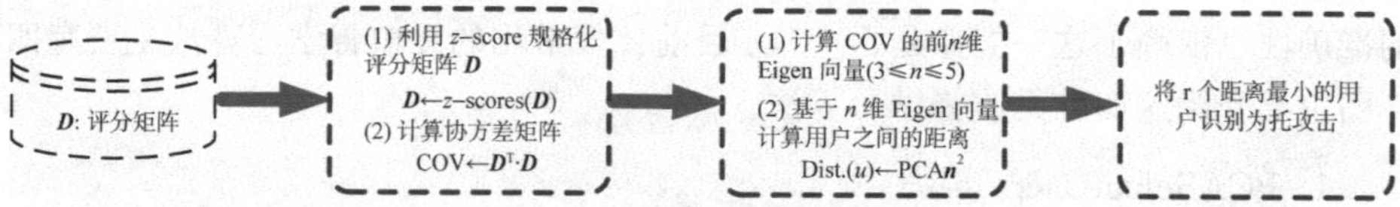

图 6.7　PCASelectUsers 算法总体流程

2. UnRAP 学习算法

文献[20]提出了 UnRAP(unsupervised retrieval of attack profiles)算法利用双聚类(biclustering)技术检测托攻击者。双聚类的目的在于寻找因子表达矩阵中的若干特殊子矩阵。在这些子矩阵中，因子之间在实验条件的某个子集上的表达高度相关。寻找此子类矩阵的依据是 H_v-score，即拥有最小 H_v 值的子矩阵即是一个双聚类。与传统的单向聚类不同，双聚类同时将矩阵的行和列作为研究对象，达到了类似于特征选择的效果，因而能够挖掘出数据更细微的结构[21,22]。文献[20]将双聚类思想引入托攻击检测，定义了每个用户的 H_v-score，如式(6.20)所示：

$$H_v(u)=\frac{\sum_{i\in R(u)}(r_{ui}-\bar{R}_i-\bar{R}_u-\bar{R})}{\sum_{i\in R(u)}(r_{ui}-\bar{R}_u)^2} \tag{6.20}$$

其中，$\bar{R}_i$，$\bar{R}_u$，$\bar{R}$分别表示项目 i、用户 u 以及矩阵所有评分的均值，用户的 H_v-score 越大，表明该用户为托攻击者的可能性越大，而真实的用户评分模式与评分矩阵的匹配程度比较高，所以对应的 H_v-score 比较低。UnRAP 通过三个步骤检测托攻击：①计算所有用户的 H_v 分值；②确定目标项目；③确定托攻击者，该算法能够准确检测随机攻击、平均攻击和流行攻击，但对核攻击与扰动攻击的检测能力较弱。

3. pLSA 检测算法

文献[12]提出了基于概率潜在语义分析(probabilistic latent semantic analysis, pLSA)的托攻击探测算法。pLSA 属于概率产生模型，其能够揭示共现数据(co-occurring data)之间的潜在语义关系。推荐系统中，共现数据(u, i)可视为二元随机变量(User, Item)的抽样值。pLSA 假设任一抽样值(u,i)都与一隐含类属变量 s 相关联，$s\in S=\{s_h|h=1\sim H\}$。且给定 s 时，u 与 i 条件独立，即 $p(u,i|s)=p(u|s)p(i|s)$，则存在：

$$p(u,i)=\sum_{h=1}^{H}p(s_h)\,p(u|s_h)p(i|s_h) \tag{6.21}$$

其中，参数 $p(s_h)$、$p(u|s_h)$、$p(i|s_h)$可以通过最大期望(expectation maximization,EM)算法迭代求解[23]。EM 迭代收敛后，用户 u 被分配到 $p(u|s_h)$达到最大时的那个类。算法计算出每一个类的平均马哈拉诺比斯(Mahalanobis)距离作为密度指标，并认为托攻击者之间平均距离最小。

4. 基于概率模型的 SVD 检测算法

用户的评分矩阵可以抽象地看出一个低维线性模型，所以可以通过奇异值分解(singular value decomposition, SVD)来求解最佳低维表示[24, 25]。基于评分矩阵可以体现出用户的主流评分特征，因此代表支流特征的托攻击者无法与该模型具有较高的匹配度。文献[26]基于该思想提出了基于概率模型的 SVD 检测算法。算法假设评分矩阵由一个低维矩阵和一个高斯噪声矩阵叠加而成。X代表真正意义上的评分矩阵，其中的评分代表了用户对项的纯粹喜好程度。然而各种主客观因素的干扰(如数据噪声等)会使真实评分出现一定偏差，所以实际的评分矩阵 $\boldsymbol{R}$ 是与 X 服从正态分布的评分偏差 Z 叠加的产物，这样，$\boldsymbol{R}$ 的客观低维特性被噪声 Z 所掩盖。由于 $\boldsymbol{R}$ 中存在大量缺失评分，无法直接利用 SVD 求出矩阵 $\boldsymbol{X}$。鉴于此，算法将 $\boldsymbol{X}$ 看做固定参数，充当正态随机变量的均值，同时认为 $\boldsymbol{R}$ 产生于对此随机变量的抽样，所以通过 EM 算法可找到 $\log \Pr(R_{ui}|X)$，即

$$\log\Pr(R_{ui}|X)=\log\Pr(R_{ui}|x_{ij})=-\frac{1}{2\sigma^2}(R_{ui}-X_{ui})^2+C \tag{6.22}$$

其中，C 是一个常数。用户 u 的评分模型可以用公式(6.23)来描述：

$$\frac{1}{h_i}\sum_{l=1}^{h_i}\log\Pr(R_{ui_l}|X)=-\frac{1}{2\sigma^2}\frac{\sum_{l=1}^{h_i}(R_{ui_l}-X_{ui_l})^2}{h_i}+C \tag{6.23}$$

其中，$\sum_{l=1}^{h_i}(R_{ui_l}-X_{ui_l})^2/h_i$是 $\boldsymbol{R}$ 矩阵上第 i 个用户的评分向量与矩阵 $\boldsymbol{X}$ 上的第 i 个用户评分矩阵上平方偏差的权重平均值。令用户 u 的评价项集为 $R(u)$，当 EM 过程

收敛后，算法计算 u 的信任度 $D(R_i||X_i)$，如果一个用户满足如下条件，则该用户为正常用户，否则为托攻击用户：

$$D(R_i||X_i) \leqslant \text{mean}\big(D(R_j||X_j)\big) + c \times std(D(R_i||X_j)) \tag{6.24}$$

其中 $D(R_i||X_i)$可定义为

$$D(R_i||X_i) \underline{\underline{\text{def}}} \frac{\sum_{l=1}^{h_i}\left(R_{ui_l} - X_{ui_l}\right)^2}{h_i} \tag{6.25}$$

托攻击者的异常评分行为导致攻击模型与低维模型的匹配度不高，即信任度较低，所以算法将低信任度的用户认定为攻击者。这种算法能够有效检测随机攻击，检测结果如图 6.8 所示，但是该算法面临平均攻击时近乎失效，因为平均攻击的填充项评分更加符合真实用户的评分分布，可以更加有效地隐藏攻击行为。

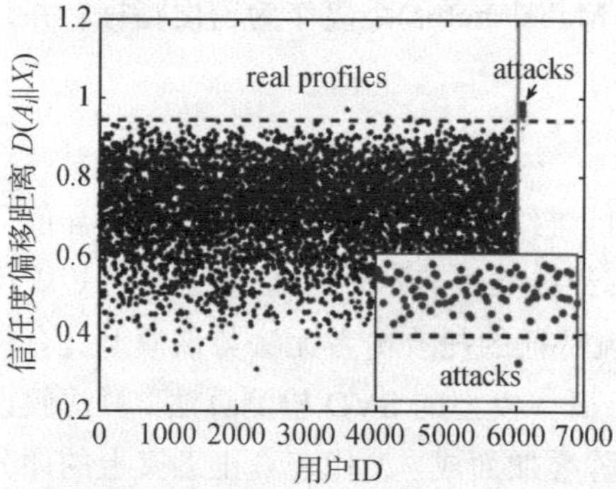

(a) 随机攻击(推攻击)

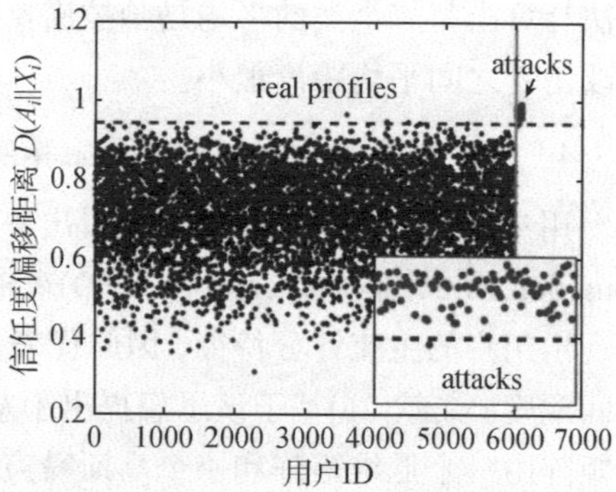

(b) 随机攻击(核攻击)

图 6.8　基于概率模型的 SVD 检测算法的检测效果图

6.4.3　半监督学习模型

利用珍贵的标记用户信息以及无标记用户的分布规律，研制基于半监督学习的托攻击检测器成为改善上述两类检测器的直观想法[27]。同时，在亚马逊、淘宝等实际的电子商务网站中，存在大量无法确定身份的用户(即无标记数据)，而只有少量用户的身份可以确定(即标记数据)，比如淘宝网上好评率极高或极低的用户、黄冠用户等的身份容易确定，大量好评率适中用户的身份难以确定。同时，无标记数据往往容易获取，获取标记数据可能耗费大量的人力物力，比如，淘宝网中有海量的用户模型，但是，要逐一辨明其身份是非常困难的，基于半监督学习的托攻击检测方法满足了这一实际需求。

我们在文献[28]、[29]提出了一种基于半监督学习的托攻击检测方法，首先使用朴素贝叶斯分类器在标记数据上训练初始分类器，然后在无标记数据上改进分类器。以往的检测器都聚焦于由单种模型构造出的托攻击，事实上，不同的恶意用户可能使用不同模型和混淆技术实施托攻击，推荐系统面临着混合型托攻击的威胁。为此，我们提出一种针对混合型托攻击的基于半监督学习检测器，称为 HySAD，图 6.9 描述了 HySAD 的总体框架，HySAD 是基于特征指标的，集成了特征自动选择功能，核心部分的学习过程基于半监督朴素贝叶斯(SNB_λ)方法展开，SNB_λ 利用极大似然估计参数值，使用类似最大期望算法迭代求解[30]。

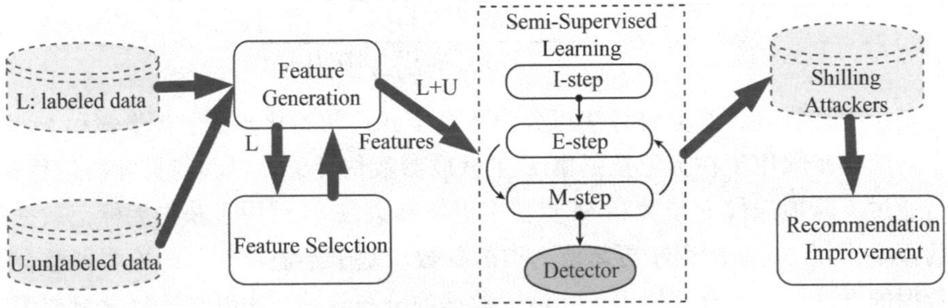

图 6.9　HySAD 总体框架

在文献[30]中，我们以推攻击作为实例选取了随机攻击、流行攻击(随机版本)、平均攻击以及流行攻击(平均版本)四种攻击模式，并向推荐系统注入由多种不同模型和混淆技术构造的托攻击，假设特征指标满足正态分布，SNB_λ估计 3 个类(Normal, FM, AM)上多个特征指标的均值和方差，待估计参数集为 θ，x_i 是用户模型

$$p(x_i|\theta)=\sum_{j=1}^{c}p(x_i|C_j,\theta_j)\,p(C_j) \tag{6.26}$$

由极大似然估计方法，我们得到如下目标函数：

$$\begin{gathered}\max_\theta \sum_{x_i\in D}\Lambda_i \ln p(x_i,\theta)\\ \text{s.t.}\sum_{j=1}^{c}p(C_j)=1\\ \text{其中}\quad \Lambda_i=\begin{cases}\lambda, & x_i\in D^U\\ 1, & \text{其他}\end{cases}\end{gathered} \tag{6.27}$$

利用拉格朗日乘数法，可以得到

$$L=\ln p(D|\theta)-\rho\left(\sum_{j=1}^{c}P(C_j)-1\right)$$

$$\nabla_{\theta_j}L=\sum_{x_i\in D}\frac{1}{p(x_i|\theta)}\nabla_{\theta_j}p(x_i|C_j,\theta_j)\,P(C_j) \tag{6.28}$$

由 $\nabla_{\theta_j} L = 0$ 得到满足目标函数时的参数估计：

$$\hat{\mu}_{jl} = \frac{\lambda \sum_{x_i \in D^U} P(C_j|x_i, \hat{\vartheta}) x_{il} + \sum_{x_i \in D^{Lj}} x_{il}}{\lambda \sum_{x_i \in D^U} P(C_j|x_i, \hat{\vartheta}) + |D^{Lj}|}$$

$$\hat{\sigma}_{jl} = \frac{\lambda \sum_{x_i \in D^U} P(C_j|x_i, \hat{\vartheta})(x_{il} - \hat{\mu}_{jl})^2 + \sum_{x_i \in D^{Lj}} (x_{il} - \hat{\mu}_{jl})^2}{\lambda \sum_{x_i \in D^U} P(C_j|x_i, \hat{\vartheta}) + |D^{Lj}|} \tag{6.29}$$

$$\hat{P}(C_j) = \frac{\lambda \sum_{x_i \in D^U} P(C_j|x_i, \hat{\vartheta}) + |D^{Lj}|}{\lambda |D^U| + \sum_{j=1}^{c} |D^{Lj}|}$$

基于上述推导，半监督算法可分为 3 个步骤：初始化步骤、E 步骤和 M 步骤，其中初始化步骤用于在标记数据集 L 上获取参数估计，该过程与贝叶斯过程相同，然后通过不断地迭代 E 步骤和 M 步骤来更新参数,E 步骤用于获得无标记数据集 U 上的概率，而 M 步骤用于更新所有类的参数。基于半监督学习的检测器综合了标记数据的准确性，又合理使用了无标记数据的分布规律，比以往监督学习或无监督学习的检测器达到了更加优越的性能。

6.5　托攻击检测算法评价方法

为评价新提出托攻击检测算法的有效性，需要通过在一些开放数据集上实验获得一系列评价指标。仿真实验是将模拟产生各种类型托攻击注入开放数据集中，以评价算法的检测效果。而真实案例分析试图检测实际网站中存在的托攻击，并为检测结果寻求语义支撑。本节从仿真实验和真实案例分析两个角度介绍托攻击检测实验中的常用数据集、评价指标、实验方法等内容，为其他研究者进一步实施实验评价方面提供基础知识。

6.5.1　仿真实验

绝大部分托攻击模型与检测领域的研究[4,6,10,12-15,19]都将美国明尼苏达大学 GroupLens 研究小组发布的 MovieLens (http://movielens.umn.edu/)作为实验数据集，MovieLens 包含 100K、1M 和 10M 三个数量级的评分个数，在托攻击模型与检测领域应用最广泛的是 MovieLens-100K 数据集，它包含 5 个训练集和测试集分组，每一个分组是 943 个用户在 1682 部电影上 100 000 条评分的不同比例拆分。少量研究采用了 EachMovie 数据集[31]，原因在于 MovieLens 部分数据来自于 EachMovie。Netflix (http://www.netflixprize.com/)是另一个著名电影评分数据集，Netflix 数据集规模极大，很难在全部数据集上作分析，文献[30]、[32]在 Netflix 部分数据集上验证了检测算法性能。

评价托攻击检测方法性能需要同时观察准确率和召回率，而 F-measure 指标综合了准确率和召回率两个指标，能刻画检测算法的整体性能。与经典分类问题一样。我们首先得到真正(TP)、假负(FN)、假正(FP)和真负(TN)四个分量，然后由式(6.30)可计算出准确率(P)、召回率(R)和 F-measure(F)。

$$P=\frac{TP}{TP+FP},\quad R=\frac{TP}{TP+FN},\quad F=\frac{2*P*R}{P+R} \tag{6.30}$$

图 6.10 描述了托攻击检测仿真实验流程，托攻击生成器根据表 6.2 所示的托攻击模型定义，产生托攻击评分向量，并注入开放数据集，形成合成数据集，其中开放数据集的原有用户被标记正常用户、新注入的用户被标记为托攻击者。图中托攻击检测器可部署各类检测器，如 C4.5 决策树、PCASelectUsers、HySAD 等，基于特征指标的检测器根据用户评分向量和式(6.4)~式(6.14)得到各种指标值，检测器的输出是合成数据集内所有用户的身份标识(正常用户或托攻击者)。合成数据集标记已知，因此，计算准确率、召回率和 F-measure 等指标就可以定量评估检测算法。

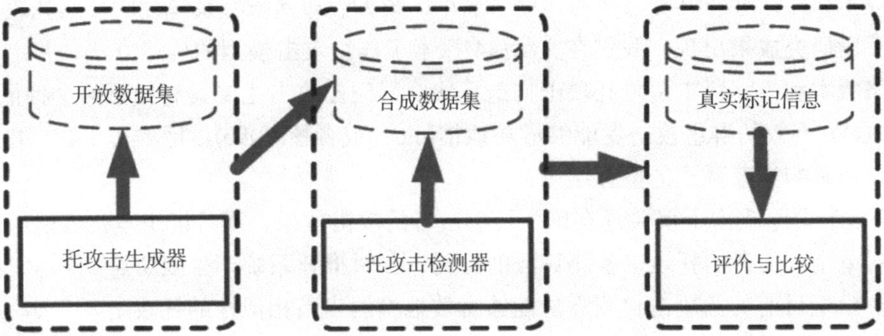

图 6.10　托攻击检测仿真实验流程

6.5.2　真实案例分析

目前尚未有精确标记正常用户和托攻击的真实数据集公布，因而才需要仿真产生托攻击用户模型，显然，合成数据集的真实标记信息正确的前提条件是开放数据中用户都为正常用户，而事实上，这个前提条件未必正确，即我们无法确定开放数据集原有用户是否包含托攻击，其比例有多大。据此，真实案例分析试图识别数据集中的托攻击者，利用语义来支撑识别结果，而语义信息的获取视不同应用和数据而异，并无固定方法。

文献[30]在 Amazon 评论数据集上做了真实案例分析。Amazon 数据集包含 49 289

个用户在 504 170 件商品上的 2 347 178 个评论记录，每条记录包含评论 ID、用户 ID、商品 ID、评论题目和内容、5 分制评分值创建和更新时间及是否购买标记。首先，以评分值为输入数据，使用半监督托攻击检测算法 HySAD 识别出概率最高的托攻击用户集合；其次，通过评论内容、创建和更新时间、购买行为、Amazon 排名等几个方面来分析这些值得怀疑用户的行为，从而为检测算法结果找到语义支撑。

真实案例分析面向实际系统，相比于仿真实验，语义支撑在验证托攻击检测方法上更具说服力。但是，语义支撑依据往往通过手工获取，耗时耗力，难以排查实际系统中的所有用户。因此，结合仿真实验和真实案例分析两种方法，从基准测试数据和语义信息两方面来评价新提出的托攻击检测算法是一个非常合理可信的手段。

6.6 群组攻击

随着推荐系统托攻击的不断发展，目前托攻击不再个体完成托攻击，而是一组攻击者协同工作来增加或降低推荐系统目标项目的排名，文献[33]首次提到了群组托攻击，并针对群组攻击检测建立了简单的模型，却尚未有系统性的群组托攻击检测手段研究成果出现。我们在文献[34]探索了群组攻击模型的构造方法，并定义了严格版本和松弛版本两种托攻击构造算法。群组托攻击主要具有如下两个特征：

(1) 有效的群组攻击者能够成功地推(push)或者核(nuke)目标项目集合，并能够有效地影响推荐系统的推荐结果；

(2) 群组攻击不仅要具有单个托攻击者的攻击效果，而且群组攻击者能够逃脱针对单个攻击者的托攻击检测算法的检测，并对推荐系统产生威胁。

由于目前的托攻击检测算法能够有效地检测出高相似性的托攻击者，如 C4.5、PCA 和基于聚类的算法，所以本节将利用托攻击者之间高偏差(相似度比较低)的思想设计群组攻击者。在实现群组攻击前需要定义几个群组攻击与普通托攻击的维度上的区别，具体内容如下：

维度 1 目标项目集合 T_i: 在一个群组中的所有的托攻击者将合力去推动或降低目标项目集合的推荐排名，而不仅仅只针对一个目标项目，如一个群组攻击者将会促进一个商标的若干商品的销售。

维度 2 群组攻击的个数 l: 群组攻击者的个数也是不固定的，一般一个推荐系统中包含多个群组攻击。

维度 3 一个群组攻击的大小 n_i: 一般说来一个群组托攻击者越多，则该群组攻击的威力越大，但所需的代价也比较大，因为推荐系统网上注册需要耗费人力。

维度 4 填充大小$|b_j|$: 群组攻击中某个托攻击者包含的填充项目数量，相当于单

种攻击的填充项目大小(filller size)。

一般说来，目标项目集合 T_i、群组攻击的个数 l 以及填充大小$|b_j|$越大，群组攻击的威力越大，但花费的代价同样在加大，所以一个聪明的群组攻击既能危害到推荐系统，同样花费的代价要低。

6.6.1　严格版本的群组攻击构建算法

在产生群组攻击时，首先需要使用普通的个体攻击(如随机攻击和平均攻击)作为输入，然后基于这些个体攻击产生低相似度的群组攻击集 $\mathbf{B}_i$，并满足如下定义：

定义 6.12　严格版本的群组攻击　如果一个集合 $\mathbf{B}_i=\{b_1,\cdots,b_n\}$满足如下 3 个条件：(1) $\forall u\neq v, b_u\cap b_v\neq\emptyset$; (2)$\forall u\neq v\neq t, b_u\cap b_v\cap b_t=\emptyset$; (3)$\forall u\neq v, PCC_{uv}=-1$。

在定义 6.12 中，PCC_{uv} 为用户 b_u 和 b_v 的皮尔逊相关系数(Pearson correlation coefficient)。由于皮尔逊相关系数的范围在[-1,1]之间，$PCC_{uv}\leqslant 0$ 表明用户 b_u 和 b_v 之间不相似，而 $PCC_{uv}=-1$ 表示用户 b_u 和 b_v 之间完全不相似。严格版本的群组攻击产生算法如算法 6.4 所示，在第 1 行中 $\mathbf{B}_i$ 初始为一个普通的个体攻击者 a_1，第 2~16 行用户检查每个 $a_u\in\mathbf{A}_i$，如果满足定义 6.12 中的条件，则将该用户及其评分经过变换后加入到 $\mathbf{B}_i$ 中。5~7 行针对满足第 4 行条件的评分项进行变换，而 8~10 行将不满足第 8 行条件(定义 6.12 中的条件 2)的普通攻击者 a_i 去掉，跳转到另外一个用户，如果检测普通托攻击者 a_i 的所有项目都不满足第 8 行的条件(即满足定义 6.12 中的所有条件)，则根据 11~13 行将普通托攻击者 a_i 的其他评分项目赋值给b_u，然后 15 行将新的托攻击者添加到严格版本的群组攻击集合 $\mathbf{B}_i$ 中。

通过算法 6.4 的第 4 行、5 行以及 11 行可看出该算法满足定义 6.12 中所有条件，下面将证明$\forall u\neq v$, $\mathrm{PCC}_{uv}=-1$，证明过程如下所示：

证明：设$\kappa = b_u \cap b_v$，由于

$$\mathrm{PCC}_{uv} = \frac{\sum_{j\in\kappa}(b_{uj}-\overline{b_{u,\kappa}})(b_{vj}-\overline{b_{v,\kappa}})}{\sqrt{\sum_{j\in\kappa}(b_{uj}-\overline{b_{u,\kappa}})^2}\sqrt{\sum_{j\in\kappa}(b_{vj}-\overline{b_{v,\kappa}})^2}}$$

$\because b_{uj} = 2\overline{b_{v,\kappa}} - b_{vj}$，且$\overline{b_{u,\kappa}} = \overline{b_{v,\kappa}}$

$\therefore b_{uj} - \overline{b_{u,\kappa}} = -(b_{vj} - \overline{b_{v,\kappa}})$

$\therefore PCC_{uv}=-1$，完成证明。

算法 6.4　严格版本的群组攻击构建算法 $GSAGen_s$

输入：普通的个体攻击集($\mathbf{A}_i = \{a_1,\cdots,a_{n_i}\}$)

输出：严格版本的群组攻击集($\mathbf{B}_i = \{b_1,\cdots,b_i\}$)

---

1. $b_1 \leftarrow a_1$，$\mathbf{B}_i \leftarrow \{b_1\}$
2. **for** $u \leftarrow 2{:}n$ **do**

3.　　**for** $j \leftarrow 1{:}m$**do**
4.　　　　**if** $\exists b_v \in B_i, a_{uj} \neq 0 \,\&\&\, b_{vj} \neq 0$ **Then**
5.　　　　　　**if** $\forall b_t \in \mathbf{B}_i, b_{tj} \neq 0$ **then**
6.　　　　　　　　$b_{uj} \leftarrow 2\overline{b_{v,\kappa}} - b_{vj}, \kappa = a_u \cap b_v$
7.　　　　　　**end if**
8.　　　　　　**if** $\exists b_t \in \mathbf{B}_i, b_{tj} \neq 0$**then**
9.　　　　　　　　**goto** line 3;
10.　　　　　**end if**
11.　　**else if**$\forall b_v \in \mathbf{B}_i, a_{uj} \neq 0 \,\&\&\, b_{vj} = 0$**then**
12.　　　　$b_{uj} \leftarrow a_{uj}$
13.　　**end if**
14.　　　　**end for**
15.　　　　$\mathbf{B}_i \leftarrow \mathbf{B}_i \cup \{b_u\}$
16.　　**end for**
17.　　**return** $\mathbf{B}_i$
18.　　**end procedure**

从定义 6.12 可以看出严格版本的群组攻击构建算法构建的群组攻击集合都有极其严格的条件使得群组攻击集合中的任意两个用户之间的皮尔逊相关系数 PCC=−1，这是我们称之为严格版本的原因所在。

6.6.2 松弛版本的群组攻击构建算法

虽然严格版本的群组攻击构建算法能够逃脱基于相似度的托攻击检测算法的检测，但受其严格条件的影响，其攻击规模(attack size)受到严格的限制(一般只能产生 6~10 个)，所以我们在文献[34]同时提出了一个松弛版本的群组攻击构建算法，其具体定义如定义 6.13 所示：

定义 6.13　松弛版本的群组攻击　如果一个集合 $\mathbf{B}_i=\{b_1,\cdots,b_n\}$满足如下 2 个条件：(1) $\forall u\neq v$, $\kappa=b_u\cap b_v$, $\kappa=\emptyset$或者 $\kappa\neq\emptyset$, $\exists j\in\kappa$, $\forall t\neq u\neq v, b_{tj}=0$；(2) $\forall u\neq v$, $PCC_{uv}\leqslant 0$。

在定义 6.13 中，我们允许群组攻击中的用户 b_u 和 b_v 的共同评分项目集合为空，当用户 b_u 和 b_v 的共同评分项目集合不为空时，则我们保证用户 b_u 和 b_v 的共同评分项目集至少存在一个项目只有这两个用户对其评分，从而确保了松弛版本的群组攻击集合中任意两个项目之间的皮尔逊相关系数小于等于 0，具体算法如算法 6.5 所示：

算法 6.5　松弛版本的群组攻击构建算法 $GSAGen_l$
输入：普通的个体攻击集($\mathbf{A}_i = \{a_1, \cdots, a_{n_i}\}$)
输出：松弛版本的群组攻击集($\mathbf{B}_i = \{b_1, \cdots, b_i\}$)

1.　　$b_1 \leftarrow a_1, \mathbf{B}_i \leftarrow \{b_1\}$
2.　　**for** $u \leftarrow 2{:}n$**do**

3. **bool** $flag \leftarrow$ TRUE
4. **for** $t \leftarrow 1: |\mathbf{B}_i|$**do**
5. let$\kappa = a_u \cap b_t$
6. **if** $\exists j \in \kappa, |\mathbf{B}_i[j]| > 1$ **Then**
7. $flag \leftarrow$ FALSE
8. **break**;
9. **else**
10. $\forall j \in \kappa, |\mathbf{B}_i[j]| = 1, b_{uj} = 2\overline{b_t} - b_{tj}$
11. **end if**
12. **end for**
13. **if** $flag =$ TRUE **then**
14. $\forall j \in [1, m], a_{uj} \neq 0 \ \&\& |\mathbf{B}_i[j]| = 0, b_{uj} = a_{uj}$
15. $\forall j \in [1, m], a_{uj} \neq 0 \ \&\& |\mathbf{B}_i[j]| > 1, b_{uj} = \overline{b_u}$
16. $\mathbf{B}_i \leftarrow \mathbf{B}_i \cup \{b_u\}$
17. **end if**
18. **end for**
19. **return** $\mathbf{B}_i$
20. **end procedure**

类似于严格版本的群组攻击构建方法，松弛版本的群组构建算法在产生群组攻击时，首先需要使用普通的个体攻击(如随机攻击和平均攻击)作为输入，然后基于这些个体攻击产生低相似度的群组攻击集 $\mathbf{B}_i$。在第 1 行中 $\mathbf{B}_i$ 初始为一个普通的个体攻击者 a_1，第 2~18 行用户检查每个 $a_u \in \mathbf{A}_i$，如果满足定义 6.12 中的条件，则将该用户及其评分经过变换后加入到 $\mathbf{B}_i$ 中。在 6~9 行，若普通托用户a_u和b_t共同评分的项目大于 1 个，则将 $flag$ 设置为 FALSE，同时当前的普通用户a_u被过滤掉。$|\mathbf{B}_i[j]|$表示第 j 个项目被当前群组攻击集合 $\mathbf{B}_i=\{b_1,\cdots,b_{u-1}\}$，对于能够满足定义 6.13 中所有条件的普通用户 a_u,根据普通托用户 a_u 中所有非 0 项目对应的$|\mathbf{B}_i[j]|$的不同，算法中设置了 3 种方式：①当前群组攻击集合 $\mathbf{B}_i$ 所有群组攻击者没有对该项目进行评分，则直接将项目 j 的值赋值给 b_t(算法 6.5 第 14 行)；②当前群组攻击集合 $\mathbf{B}_i$ 所有的群组攻击者仅有一个对项目 j 进行评分，则选择 $b_t \in \mathbf{B}_i$ 并根据第 10 行更新 b_u；③当前群组攻击集合 $\mathbf{B}_i$ 所有的群组攻击者有超过攻击者对项目 j 进行评分，则将当前群组攻击者 b_u 的平均值赋给该项目(算法 6.5 第 15 行)。通过算法 6.5 的第 4 行、5 行以及 11 行可看出算法 6.5 满足定义 6.13 中所有条件，下面得到如下条件：

$$\forall b_u, b_v \in \mathbf{B}_i, \mathrm{PCC}_{uv} = \begin{cases} 0 & b_u \cap b_v = \emptyset \\ -1 & \text{其他} \end{cases}$$

证明过程如下所示：

证明：设$\kappa = b_u \cap b_v$，由于

$$\mathrm{PCC}_{uv}=\frac{\sum_{j\in\kappa}(b_{uj}-\overline{b_u})(b_{vj}-\overline{b_v})}{\sqrt{\sum_{j\in\kappa}(b_{uj}-\overline{b_u})^2}\sqrt{\sum_{j\in\kappa}(b_{vj}-\overline{b_v})^2}}$$

当 $\kappa=\emptyset$时，很显然$\mathrm{PCC}_{uv}=0$。

当$\kappa\neq\emptyset$, $\forall j\in\kappa$, 由于$b_{uj}=\overline{b_u}$, 使得$b_{uj}-\overline{b_u}=0$，所以第j个项目无法影响皮尔逊相关系数的结果，但是当算法 6.5 中第 13 行 *flag*=TURE 时，因为至少存在一个项目只有 b_u 和 b_v 这两个用户对其评分，即 $a_{uj}\neq 0$ 且$|\mathbf{B}_i[j]|=1$。

$\because\ \exists j, b_{uj}=2\overline{b_v}-b_{vj}$, 且$\overline{b_u}=\overline{b_v}$

$\therefore\ \exists j, b_{uj}-\overline{b_u}=-(b_{vj}-\overline{b_v})$, 因此 $\mathrm{PCC}_{uv}=-1$

即 $\mathrm{PCC}_{uv}\leqslant 0$，完成证明。

6.7 未来的研究方向

托攻击模型与检测具有丰富的应用前景，尽管在该领域已经投入了大量的研究工作，并取得了诸多令人鼓舞的研究成果，表现为攻击模型、检测器、健壮性算法三方面。然而，我们认为该领域内尚有以下几个方向值得进一步探索：

(1) 群组托攻击(group shilling attacks)检测：一组托攻击者协同工作以增加或降低目标项目的推荐排名，群组托攻击内的单个攻击模型看起来更接近于正常用户，已有的检测器难以逐个发现群组托攻击，尽管很多学者对群组托攻击方式进行了勾勒[33,34]，但是，目前已有的工作仅包括文献[33]对群组托攻击检测的简单讨论，及文献[34]探索了群组托攻击模型构造方法，却尚未有系统性的群组托攻击构造方式和检测手段研究成果出现。

(2) 基于商品评论的托攻击检测：已有的研究都是假设托攻击通过伪造用户对项目的评分来进行的，在实际电子商务系统中，用户对商品的评论将直接影响其他用户的购买行为，因此，恶意用户有基于商品评论展开托攻击的可能。尽管恶意评论检测甚至群组恶意评论检测得到了研究者的重视[35-37]，尚未有研究检测隐藏在商品评论中的托攻击。

(3) 非协同过滤式推荐系统的攻击与防范：目前的托攻击都是针对采用协同过滤的推荐系统展开的，协同过滤诚然是应用最广泛且最简洁有效的推荐算法，但是，还存在很多其他推荐算法，如基于 K-means 聚类、pLSA、频繁模式挖掘等方法的推荐算法[38,39]。都柏林大学的 Cheng 和 Hurley 提出了针对非协同过滤式推荐系统的托攻击模型，具有极高的击中率[40]。

(4) 抗托攻击的推荐算法设计：攻守相辅相成，检测已存在的托攻击固然是保障推荐系统安全性的一个方法，设计难以为托攻击所乘的高健壮性推荐算法成为研究者的自然想法。很多学者在提出托攻击检测方法的同时，也提出抗托攻击的推荐算法，如文献[12]、[41]~[43]等。但是，设计具有较高的预测准确度的抗托攻击推荐算法极具挑战性，还需要付出进一步的努力。

参 考 文 献

[1] Goldberg D, Nichols D, Oki B M, et al. Using collaborative filtering to weave an information tapestry [J]. Communications of the ACM, 1992, 35 (12): 61-70.

[2] Resnick P, Iacovou N, Suchak M, et al. Grouplens: an open architecture for collaborative filtering of netnews [C]//Proceedings of the ACM Conference on Computer Supported Cooperative Work. Chapel Hill,New York:ACM Press, 1994: 175-186.

[3] Herlocker J, Konstan J, Terveen L, et al. Evaluating collaborative filtering recommender systems[J]. ACM Transactions on Information Systems, 2004, 22(1): 5-53.

[4] Lam S K, Riedl J. Shilling recommender systems for fun and profit[C]//Proceedings of the 13th International Conference on World Wide Web. New York, New York:ACM Press, 2004:393-402.

[5] 张富国，徐升华. 推荐系统安全问题及技术研究综述[J]. 计算机应用研究，2008,25(3): 656-659.

[6] Williams C. Profile Injection attack detection for securing collaborative recommender systems[R]. Telecommunications and Information Systems Technical Report, Chicago: DePaul University, 2006.

[7] Ricci F, Shapira B. Recommender Systems Handbook[M]. Berlin: Springer, 2011.

[8] Zhang S, Chakrabarti A, Ford J, et al. Attack detection in time series for recommender systems[C]//Proceedings of the 12th ACM SIGKDD Conference on Knowledge Discovery and Data Mining, Philadelphia,New York: ACM Press, 2006:809-814.

[9] Zhang S, Ouyang Y, Ford J, et al. Analysis of a low-dimensional linear model under recommendation attacks [C]//Proceedings of ACM SIGIR Conference on Research and Development in Information Retrieval. Seattle, New York:ACM Press, 2006:517-524.

[10] Burke R, Williams C, Bhaumik R. Segment-based injection attacks against collaborative filtering recommender systems[C]//Proceedings of the 5th IEEE International Conference on Data Mining. Texas, Piscataway:IEEE Press, 2005:577-580.

[11] Liu Q, Chen E H, Xiong H et al. Enhancing collaborative filtering by user interest expansion via personalized ranking[J]. IEEE Transactions on Systems, Man, and Cybernetics, 2012, 42(1): 218-233.

[12] Mehta B, Nejdl W. Unsupervised strategies for shilling detection and robust collaborative filtering [J]. User Modeling and User-Adapted Interaction, 2009, 19(1-2): 65-97.

[13] 伍之昂，庄毅，王有权，等. 基于特征选择的推荐系统托攻击检测算法[J]. 电子学报，2012,40(8): 1687-1693.

[14] Chirita P, Nejdl W, Zamfir C. Preventing shilling attacks in online recommender systems[C]//Proceedings of the 7th ACM International Workshop on Web Information and Data Management. Bremen, New York:ACM Press, 2005:67-74.

[15] Burke R, Mobasher B, Williams C, et al. Classification features for attack detection in collaborative recommendation systems[C]//Proceedings of the 12th ACM SIGKDD Conference on Knowledge Discovery and Data Mining. Philadelphia,New York:ACM Press, 2006: 542-547.

[16] Mehta B, Hofmann T, Fankhauser P. Lies and propaganda: detecting spam users in collaborative filtering[C]//Proceedings of the 12th International Conference on Intelligent User Interfaces. Honolulu,New York:ACM Press,2007:14-21.

[17] 伍之昂，王有权，曹杰. 推荐系统托攻击模型与检测技术[J]. 科学通报, 2014, (59): 551-560.

[18] Jolliffe I T . Discarding variables in a principal component analysis. I: artificial data [J]. Journal of the Royal Statistical Society, 1972, 21(2): 160-173.

[19] Hurley N, Cheng Z P, Zhang M. Statistical attack detection[C]//Proceedings of the 3rd ACM Conference on Recommender Systems. New York, ACM Press,2009:149-156.

[20] Bryan K, O'Mahony M, Cunningham P. Unsupervised retrieval of attack profiles in collaborative recommender systems [R]. Postersview Electronic Technical Report. Dublin:University College Dublin, 2008.

[21] Cho H, Dhillon I S, Guan Y, et al. Minimum Sum-squared Residue Co-coclustering of Gene Expression Data [C]//Proceedings of the 4th SIAM International Conference on Data Mining. Orlando, Piscataway:IEEE Press,2004:114-125.

[22] Bryan K, Cunningham P. Bottom-up Biclustering of Expression Data [C]//Proceedings of the 2006 IEEE Symposium on Computational Intelligence and Bioinformatics and Computational Biology. Ontario, Piscataway: IEEE Press, 2006:1-8.

[23] Dempster A P, Laird N M, Rdin D B. Maximum Likelihood from Incomplete Data via the EM Algorithm [J]. Journal of the Royal Statistical Society, 1977, 39 (1): 1-38.

[24] Srebro N, Jaakkola T. Weighted Low-rank Approximation [C]// Proceedings of the 20th International Conference on Machine Iearning. Washington D.C.,California:AAAI Press, 2003: 720-727.

[25] Zhang S, Wang W, Ford J, et al. Using Singular Value Decomposition Approximation for Collaborative Filtering [C]//Proceedings of the 7th IEEE International Conference on E-commerce Technology. Munich, Piscataway:IEEE Press, 2005: 257-264.

[26] Zhang S, Ouyang Y, Ford J, et al. Analysis of a Low-dimensional Linear Modelunder Recommendation Attacks [C]//Proceedings of the 29th Annual International ACM SIGIR Conference on Research and Development in Information Retrieval. Seattle,New York:ACM Press,2006: 517-524.

[27] Zhou Z-H, Li M. Tri-Training: Exploiting unlabeled data using three classifiers [J]. IEEE Transactions on Knowledge and Data Engineering, 2005, 17(11): 1529-1541.

[28] Wu Z, Cao J, Mao B, et al. Semi-SAD: Applying semi-supervised learning to shilling attack detection[C]//Proceedings ofthe 5th ACM Conference on Recommender Systems. Chicago, New York:ACM Press,2011:289-292.

[29] Cao J, Wu Z, Mao B, et al. Shilling attack detection utilizing semi-supervised learning method for collaborative recommender system[J]. World Wide Web Journal: Internet and Web Information Systems, 2012,16:729-748.

[30] Wu Z, Wu J, Cao J, et al. HySAD: A semi-supervised hybrid shilling attack detector for trustworthy product recommendation[C]//Proceesings of the 18th ACM SIGKDD Conference on

Knowledge Discovery and Data Mining.Beijing, New York:ACM Press, 2012:985-993.

[31] O'Mahony M P, Hurley N J, Silvestre G C M. Recommender systems: attack types and strategies[C]//Proceedings of the 20th National Conference on Artificial Intelligence. Stanford University, California: MIT Press, 2005:334-339.

[32] Zheng S, Tao J, John S B. A robust collaborative filtering algorithm using ordered logistic regression[C]//Proceedings of IEEE International Conference on Communications. Kyoto, Piscataway: IEEE Press, 2011:1-6.

[33] Su X, Zeng H, Chen Z. Finding group shilling in recommendation system[C]//Proceedings of the 14th International Conference on World Wide Web. Chiba, New York: ACM Press, 2005:960.

[34] Wang Y, Wu Z, Cao J, et al. Towards a tricky group shilling attack model against recommender systems[C]Proceedings ofthe 8th International Conference on Advanced Data Mining and Applications. Nanjing, Berlin: Springer, 2012:675-688.

[35] Mukherjee A, Liu B, Glance N S. Spotting fake reviewer groups in consumer reviews [C]//Proceedings of the 21st International Conference on World Wide Web. Lyon,New York:ACM Press, 2012:191-200.

[36] Lim E, Nguyen V, Jindal N, et al. Detecting product review spammers using rating behaviors [C]//Proceedings of the 19th ACM International Conference on Information and Knowledge Management.Toronto,New York:ACM Press, 2010:939-948.

[37] Wang G, Xie S, Liu B, et al. Review graph based online store review spammer detection[C]//Proceedings of the 11th International Conference on Data Mining. Vancouver, Piscataway: IEEE Press, 2011:1242-1247.

[38] Sandvig J, Mobasher B, Burke R. A survey of collaborative recommendation and the robustness of model-based algorithms[J]. IEEE Data Eng. Bull, 2008, 31(2): 3-13.

[39] Sandvig J, Mobasher B, Burke R. Robustness of collaborative recommendation based on association rule mining[C]// ProcEedings of the 1st ACM Recommender Systems Conference. Minneapolis, New York: ACM Press, 2007:105-112.

[40] Cheng Z, Hurley N. Effective diverse and obfuscated attacks on model-based recommender systems[C]//Proceedings of 3rd ACM Conference on Recommender Systems. New York,New York:ACM Press, 2009:141-148.

[41] Mehta B, Hofmann T, Nejdl W. Robust collaborative filtering[C]//Proceedings of the 1st ACM Conference on Recommender Systems. Minneapolis, New York:ACM Press, 2007:49-56.

[42] Mehta B, Nejdl W. Attack resistant collaborative filtering[C]//Proceedings of ACM SIGIR Conference on Research and Development in Information Retrieval. Singapore, New York:ACM Press, 2008:75-82.

[43] Lee J, Zhu D. Shilling attack detection: a new approach for a trustworthy recommender system[J]. Informs Journal on Computing, 2012, 24(1): 117-131.

第7章　电子商务推荐系统与企业绩效

7.1　电子商务企业绩效对推荐系统的影响

7.1.1　电子商务企业绩效的长尾效应

大量传统市场和企业的成交额常常由少量销售最好的商品所决定，比如，Greco 于 1997 年指出图书销售的绩效主要由少量人气最旺的作者所创造[1]，电影行业绩效经常由少量新发布的电影所主宰。经济学家用帕雷托法则(Pareto principle)来描述传统市场和企业中绩效的集中性这一现象。帕雷托法则，亦称为二八定律，它认为，在任何一组东西中，最重要的只占其中一小部分，约 20%，其余 80%的尽管是多数，却是次要的。

帕雷托法则已成为国际上公认的企业定律，它告诉企业管理者在工作中不能“胡子眉毛一把抓”，而是要抓关键人员、关键环节、关键用户、关键项目、关键岗位。比如，企业主要抓好 20%的骨干力量的管理，再以 20%的少数带动 80%的多数员工，以提高企业效率；经营者要抓住 20%的重点商品与重点用户，渗透营销，牵一发而动全身。

伴随互联网的兴起而产生的新兴电子商务企业不断涌现，并通过其特有的竞争优势不断改变传统行业的格局。同时，由于电子商务继承了互联网所具有的开放性、全球性、低成本、高效率等优势，许多传统企业开始纷纷通过应用电子商务来获取新的竞争优势。2005 年《连线》杂志主编 C. Anderson 出版了《长尾理论》(*The Long Tail*)一书[2]，以长尾分布为主线，研究了当今世界媒体正在经历的巨大变革，把握了世界经济的变化核心，Anderson 注意到电子商务企业(以 Amazon.com、Netflix、Phapsody 为调研对象)的绩效并不遵从帕雷托法则，而是符合重尾分布。我们可以提供两个证据来说明 Anderson 的这一观点。

> *We sold more books today that didn't sell at all yesterday than we sold today of all the books that did sell yesterday.*
>
> *quoted from an Amazon.com employee*[3]

以上一段引自亚马逊公司雇员的话阐述了这个含义：今天所售出，但昨天未售出的书本数量已经超过了今天和昨天都售出的书本数量。图 7.1 给出了 Netflix 电影销售量两年对比，从中可以看出，2000 年销售量极高的电影到了 2005 年变得不再热门，而 2000 年销售量一般的电影到了 2005 年销售量得到大幅提升，最重要的是，2005 年销售量的 15%来自于 2000 年几乎没有销售的电影，而这些电影在传统实体商店(brick-and-mortar store)早已下架！其他一些真实证据包括：沃尔玛库存中热度低的唱片和热度高的销量相仿；Google 目前有约一半生意来自小网站等。

图 7.1　Netflix 电影销售量两年对比(图片来源：文献[2])

究其原因，传统实体商店为节约成本，通常只在库存中保留热门商品。而电子商务网站或企业能低成本地维护全部商品的列表，那些原来不受重视的销售量小但种类多的商品或服务，由于总量巨大，累积起来的总收益超过主流商品。长尾效应告诉电子商务企业不能像传统实体商店那样重点关注热门商品的销售和推广，而应对销售量低、处于“长尾”上的商品引起足够的重视，这些具有长尾特征商品呈现出提升企业绩效空间的价值。

7.1.2　长尾分布、齐普夫定律和幂律分布

幂律分布广泛存在于物理学、经济学、生物学、网络科学、社会学、计算机科学、统计学等诸多领域，而长尾分布、齐普夫定律和幂律分布三者在本质上是一致的，本节试图阐释什么是长尾分布及三者为什么是一致的。

幂律分布的概率密度函数可以写为

$$f(x) = c\frac{1}{x^q} \qquad c > 0, q > 0 \tag{7.1}$$

其中，c 为常数；q 为幂律指标。图 7.2 描述了幂律分布概率密度函数，可以看出，在线性坐标系下，如图 7.2(a)所示，幂律分布与图 7.1 类似，呈现出长尾效应，而且，q 越大，$f(x)$下降越快。同时，幂律分布在对数坐标系下为一条直线，q 越大，斜率越大。

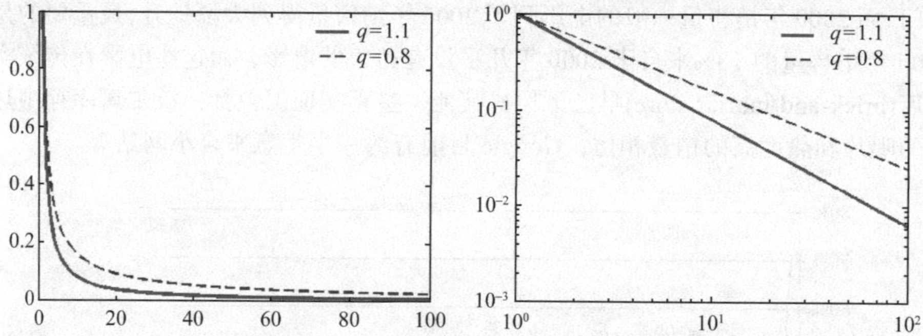

(a) 线性坐标系　　(b) 对数坐标系

图 7.2　幂律分布图示

20 世纪 30 年代，美国哈佛大学语言学家齐普夫发现，将一文本中的词按照它们在文本中的出现次数由高到低排序，以 x 表示词的序号，$f(x)$表示序号为 x 的词在文本中的出现次数，则 x 的某一幂次和 $f(x)$的乘积渐进为一常数，即

$$f(x)\cdot x^{q}\approx c \tag{7.2}$$

关系式(7.2)称为齐普夫定律，实际上，式(7.2)等价于式(7.1)，因而，齐普夫定律就为幂律分布。

令 x 为商品销售量(或销售次数)，$f(x)$为销售量大于等于 x 的商品数量。设 x_m 为商品最大销售量，则有

$$\sum_{i=x}^{x_m} f(i)=c\sum_{i=x}^{x_m} i^{-q}\approx\int_{x}^{\infty} c\,y^{-x}\mathrm{d}x=\frac{c}{q}x^{-q} \tag{7.3}$$

将销售量大于等于 x 的商品排序，排在最后的商品序号为$f(x)=(c/q)x^{-q}$，它的销售量为 x，因此，我们就发现长尾分布也等同于幂律分布。

值得强调的是，长尾分布和幂律分布也存在一定的区别：给定一系列点，呈现出长尾效应，如果要说明点集分布满足幂律分布，则数据点必须在统计意义上可以被幂律曲线拟合，从对数坐标系下看，这些点应紧紧围绕在某条直线周围；而对于长尾分布而言，能否被幂律曲线精确拟合不重要，关键是是否出现一个长长的尾巴。

7.1.3　长尾效应对推荐系统设计的思考

在长尾效应的驱使下，提升推荐结果的多样性(diversity)近年来受到越来越多的关注[4-8]。从个体用户角度看，为某用户提供的 Top-N 推荐列表中项目之间相似度较高，不仅无法让用户发现新产品，而且给用户带来的实际价值也较小。因此，很

多研究[7,8]都试图既提高个体多样性(individual diversity)，又要保持推荐系统的高准确率。

相对于个体多样性，文献[4]~[6]研究了聚合多样性(aggregate diversity)，即考量推荐系统为所有用户提供的 Top-*N* 推荐列表中的项目多样化程度，这符合电子商务企业部署推荐系统的根本需求——通过推荐系统提升本企业的绩效。而绩效与商品销售量遵循长尾分布，即进一步提高数量巨大，但销售量以前不高的商品更有利于提升企业绩效，传统推荐方法(如协同过滤)生成的推荐列表往往包含较多的流行商品，这样的结果只会使“好的更好”。以聚合多样性为优化指标之一，将使推荐结果包含更多的长尾商品，从而真正提升电子商务企业绩效。

遗憾的是，无论是最大化个体多样性还是聚合多样性，都是以降低推荐系统准确率为代价的，高多样性和高准确率呈现出“折中”(tradeoff)关系[4,7,8]。为用户推荐流行商品是安全的，其准确率往往较高，但是，多样化程度却受到了影响。反过来，高多样性意味着为用户推荐更多的未知的、更有个性特征的商品，这些商品购买量较少，缺乏历史评分记录，难以为这样的商品评价准确率，这导致了较低的总体准确率。

我们通过在 MovieLens 数据集上一组真实的实验来说明高多样性和高准确率呈现出的“折中”关系，推荐算法使用基于项目的协同过滤(ICF)，邻居数量取成 50，对每个用户，将预测分值大于等于 3.5 分的电影作为候选对象。在候选对象中选择 1 部电影作为推荐结果，即 Top-1 推荐，显然存在两种选择策略，第一种选择候选电影中已知平均分值最高的(即选择流行电影)，第二种选择候选电影中已知平均分值最低的(即选择长尾电影)，表 7.1 列出了在 2828 个用户上的准确率和多样性统计数据[4]。

表 7.1　MovieLens 上高多样性和高准确率之间的折中关系(表格来源：文献[4])

	准确率	多样性
Top-1 推荐：流行电影	82%	49 部不同电影
Top-1 推荐：长尾电影	68%	695 部不同电影

从表 7.1 可以看出，当推荐系统为用户优先推荐流行电影时，准确率高达 82%，但是，推荐结果大部分都相似，只有 49 部不同电影。反之，优先推荐长尾电影时，多样性极高(包含 695 部不同电影)，却以将准确率降到 68%为代价。

综上所述，由于电子商务企业绩效遵循长尾分布，推荐系统的多样性显得极为重要，但是，提升多样性往往会降低推荐系统的准确率。因此，如何在提升推荐系统多样性的同时，又能将准确率保持在一个可以接受的水平，成为实际推荐系统设计的一个重要问题，也是当前推荐系统多样性方面研究力图解决的一个热门议题。

7.2 多样化推荐系统设计

7.2.1 多样性的定义

本节介绍文献中提出的衡量推荐结果多样性的定义和计算方法，总的来说，多样性可以分为个体多样性和聚合多样性两类，不失一般性，设为用户 u 推荐的 Top-N 推荐列表为 $L_N(u)=\{i_1,i_2,\cdots,i_N\}$。

1. 个体多样性

最直观的方法是以 $L_N(u)$中项目对之间的距离来刻画其多样性，文献[8]提出的用距离(或不相似性)定义个体多样性可以泛化为

$$\text{Diversity}(L_N(u))=\frac{\sum_{p=1}^{N}\sum_{q=p}^{N}d(i_p,i_q)}{\frac{N}{2}(N-1)} \tag{7.4}$$

其中，$d(i_p,i_q)$为项目对的距离函数，可以由用户-项目评分矩阵或项目属性向量，通过皮尔逊系数、欧拉距离等定义，或从余弦、Jacaard 系数等相似度导出。式(7.4)分子计算 $N\times N$ 下三角矩阵(除对角线之外)的所有距离值，分母为下三角矩阵包含元素的个数。

Ziegler 等提出的列表内相似度(intra-list similarity, ILS)已成为衡量个体多样性的最有影响力的指标[7]，他建议使用外部相似度作为项目间相似度度量，即相似度由商品属性计算，而非依据评分矩阵计算。设相似度函数为 c_o：

$$c_o: I\times I\rightarrow[-1,+1] \tag{7.5}$$

$L_N(u)$的列表内相似度 ILS 可定义为

$$\text{ILS}(L_N(u))=\frac{\sum_{i_p\in L_N(u)}\sum_{i_q\in L_N(u)}c_o(i_p,i_q)}{2} \tag{7.6}$$

ILS 越高表明 $L_N(u)$多样性越低，而且，ILS 不依赖于推荐列表排序。

2. 聚合多样性

聚合多样性试图刻画推荐系统为所有用户所产生的推荐列表的多样化程度，即从企业角度来衡量推荐系统总体上的多样性。Fleder 等用基尼系数(Gini co-efficient)定义了聚合多样性，进而定义了推荐偏移(recommender bias)概念，试图刻画推荐系

统为企业所带来的产品销售量偏移[5]。设 $C(s)$为一定时间段内 s%的商品所占的销售量，比如：$C(0.2)=0.3$ 表明该时间段内 20%商品的销售量占总销售量的 30%，我们可用洛伦茨曲线(Lorenz curve)来描述 $C(s)$，如图 7.3 所示。

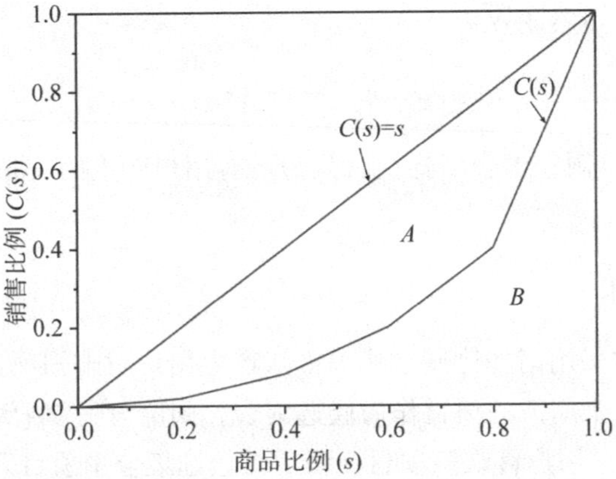

图 7.3 洛伦茨曲线示例(图片来源：文献[5])

令 A 为对角线 $C(s)=s$ 与曲线 $C(s)$之间的面积，B 为曲线 $C(s)$与下方及右侧坐标线之间的面积，我们有

$$A=\int_0^1 (s-C(s))\mathrm{d}s\text{，}\quad B=0.5-A \tag{7.7}$$

基于 A 和 B 两个面积定义，基尼系数定义为

$$G=\frac{A}{A+B} \tag{7.8}$$

$G\in[0,1]$衡量了 $C(s)$与对角线的偏移程度，G 越大偏移越大，$G=0$ 表示多样性最佳，即所有商品具有同样的销售量；反之，$G=1$ 表示集中性最强，即少量商品占据了绝大部分销售量(帕雷托法则)。

由基尼系数定义，Fleder 等[5]定义了引入推荐系统之后，为商品销售量带来的三种偏移情形：集中性偏移(concentration bias)、多样性偏移(diversity bias)、无偏移(no bias)。设 G_0 为未使用推荐系统时商品销售量的基尼系数，G_i 为引入某种推荐系统后商品销售量的基尼系数，推荐偏移可以定义为

$$\begin{cases}\text{concentration bias,} & G_i>G_0\\ \text{diversity bias,} & G_i<G_0\\ \text{no bias,} & G_i=G_0\end{cases} \tag{7.9}$$

据式(7.9)，集中性偏移表明引入推荐系统后使得帕雷托法则更加明显，多样性

偏移表明推荐系统使得销售量趋于平均(长尾商品销售量得到提高)。

推荐系统的覆盖性(coverage)一直是衡量推荐系统价值的重要指标，研究表明[9,10]，低覆盖性的推荐系统给用户带来的价值通常较低，因为它局限于少量商品的推荐，难以为用户决策带来真正帮助。因此，Adomavicius 等[4]提出 *diversity-in-top-N* 指标，利用覆盖性来衡量聚合多样性。

$$diversity\text{-}in\text{-}top\text{-}N = \left| \cup_{u\in U} L_N(u) \right| \tag{7.10}$$

式(7.10)非常直观，聚合多样性就是为所有用户产生的 Top-N 推荐列表中包含不同项目的个数。

7.2.2　重排序技术

推荐系统通常采用诸如协同过滤等方法产生用户对未知项目的预测分值，然后将预测分值高于某个阈值的项目作为候选集合，阈值设为 T_H(例如，在 5 分制评分系统中，T_H=3.5 表示用户喜欢该项目)，最后对候选集合中项目采用某种排序技术，选择 Top-N 个排序值高的项目推荐给用户。比如，协同过滤默认的排序技术是以预测分值由高到低排序，即将预测分值高的项目优先推荐给用户。表 7.1 的数据表明这种方法具有较高的准确率，但多样性却较低。为此，Adomavicius 等[4]提出重排序(re-ranking)技术，试图尽量小地降低准确率，而尽量大地提升推荐结果的聚合多样性。

设 $\hat{r}_{ui}$ 为用户 u 对项目 i 的预测分值，以预测分值为排序依据的函数称为基准排序方法，可以表示为

$$rank_{\text{Standard}}(i) = \hat{r}_{ui} \tag{7.11}$$

给定排序阈值 $T_R \in [T_H, T_{\max}]$，其中 $T_{\max}$ 为最大评分值，比如 5 分制评分系统中，$T_{\max}$=5。给定任意排序函数 $rank_x(i)$，可获得由 T_R 控制的排序函数 $rank_x(i, T_R)$：

$$rank_x(i, T_R) = \begin{cases} rank_x(i), & \hat{r}_{ui} \in [T_R, T_{\max}] \\ \alpha_u + rank_{\text{Standard}}(i), & \hat{r}_{ui} \in [T_H, T_R) \end{cases}$$

其中，$\alpha_u = \max_{i \in I_u^*(T_R)} rank_x(i)$，$I_u^*(T_R) = \{i \in I | \hat{r}_{ui} \geqslant \hat{r}_{ui}\}$　(7.12)

由式(7.12)可以看出，T_R 控制任意排序函数与基准排序函数的作用范围，当 T_R 增大，趋向于 $T_{\max}$ 时，排序函数趋向于基准排序函数；反之，当 T_R 减小，趋向于 T_H 时，排序函数趋向于其他排序函数。本质上，基准排序函数易产生准确率高而多样性低的推荐结果，而其他排序函数则产生多样性高而准确率低的排序结果。因此，T_R 增大，推荐结果趋向于准确率高而多样性低，反之亦然。

文献[4]给出了多种排序函数定义，可以用于替换式(7.12)中的 $rank_x(i)$，简述如下：

(1) 项目流行度排序函数，即对项目 i 评分的用户数量：

$$rank_{ItemPop}(i) = |U(i)|,\quad 其中\ U(i) = \{u \in U|\exists r_{ui}\} \tag{7.13}$$

(2) 项目平均分值排序函数，以项目 i 平均分值为排序标准：

$$rank_{AvgRating}(i) = \bar{r}_i,\quad 其中\ \bar{r}_i = \frac{\sum_{u\in U(i)} r_{ui}}{|U(i)|} \tag{7.14}$$

(3) 项目绝对受欢迎程度排序函数，即喜欢项目 i 的用户数量：

$$rank_{AbsLike}(i) = |U_H(i)|,\quad 其中\ U_H(i) = \{u \in U|r_{ui} \geqslant T_H\} \tag{7.15}$$

(4) 项目相对受欢迎程度排序函数，即喜欢项目 i 的用户比例：

$$rank_{RelLike}(i) = \frac{|U_H(i)|}{|U(i)|} \tag{7.16}$$

重排序技术本质上类似于情境推荐中的上下文后过滤，属于对推荐结果的一种处理技术。重排序技术能与任何一种推荐方法相结合，具有很强的灵活性。我们可以将重排序技术归纳为三个阶段：①利用已有推荐方法计算预测分值，根据阈值 T_H，生成 Top-N 候选列表；②将分值小于阈值 T_R 的项目推荐给用户，这部分推荐结果根据预测分值排序，多样性低，但有助于提升准确率；③将$[T_R,T_{\max}]$区间内的分值根据排序函数 $rank_x(i)$重新排序，将分值高的项目推荐给用户，这部分项目使得推荐结果多样性更高。

7.2.3 基于主题多样性的推荐

文献[7]在推荐生成过程中融入了语义信息，试图为用户推荐主题多样性强的项目。这种方法特色在于计算相似度时不再仅仅基于用户-项目评分矩阵，而是根据项目的外部信息(即语义描述信息)，因此，其首要前提是数据集需要包含语义信息，文献[11]在 Amazon 书籍、DVD 的领域分类树上提出了一套计算相似度的方法，为基于主题多样性的推荐奠定了基础。Amazon 网站对每个商品所属领域都进行了详尽描述，比如：“*Houghton Mifflin Mathematics*”一书分类由大到小表示成：Books→Science→Mathematics，最终项目的领域分类可以用图 7.4 所示的树形结构来表达。

基于领域分类树，将每个用户表示成分类元素(分类树上节点)的向量，然后计算出用户 u 对项目 i 的接近程度权重 $P^{rev}(i)$，计算细节请参考文献[11]。给定对用户

u 的 Top-N 推荐列表 $L_N(u)$，对列表外元素(即集合 $I\backslash L_N(u)$)，依次计算 $P^{rev}(i)$，然后与预测分值线性融合到一起形成排序权重 $w_u(i)$，如式(7.17)所示：

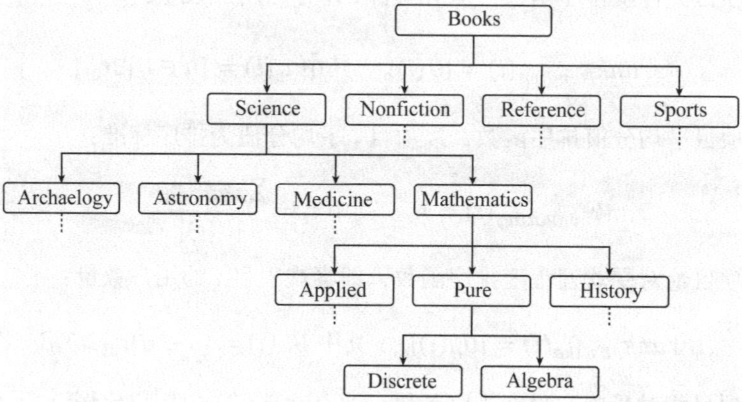

图 7.4　Amazon 书籍领域分类树(图片来源：文献[7])

$$w_u(i) = \hat{r}_{ui}(1-\beta) + P^{rev}(i)\beta \tag{7.17}$$

其中，β 为调节预测分值和语义相似度的权重。最终 $w_u(i)$将较小的项目推荐给用户。这种方法的本质是针对个体多样性优化而言，在已有 Top-N 推荐列表上增加主题(语义)上有差异的项目。

7.3　推荐系统冷启动问题

7.3.1　冷启动问题概述

本书前面章节不止一次地出现冷启动(cold-start)这一概念，也不止一种推荐方法号称能解决或减轻冷启动现象。冷启动问题一直是推荐系统研究面临的一个难题，也是电子商务企业部署推荐系统时所遇到的最大困惑。在此有必要系统而扼要地介绍冷启动问题以及现有的一些解决方案。

本质上，冷启动问题是由用户-项目评分矩阵的稀疏性引起的，即大量用户只给出少量评分，同时大量项目也仅得到了少量评分。对于实际电子商务网站，新用户注册、新商品上架就自然而然引起了冷启动现象。冷启动问题又可细分为用户冷启动和项目冷启动[12]。例如在一些短视频网站，由于用户没有登录浏览的习惯，因此大量来访用户都是陌生的 Cookie 用户，如何对这些用户进行推荐是至关重要的，这属于用户冷启动。例如一些电子商务网站会不断上架新商品，这些新商品由于缺少点击，很难进行推荐，这属于项目冷启动。

解决或减轻冷启动现象的一个应用最广泛的手段是融入额外的信息，比如，如果能获取比较全面的用户注册信息，包括性别、年龄、地域、职业、偏好等，将有助于对用户分类进而捕捉用户偏好，不过，很少有用户会全面填写各种信息，而且用户注册信息涉及隐私数据，一般推荐系统很难获取。再举个例子，情境推荐和社会化推荐融入了情境信息和社会关系矩阵，这实质上也是额外的用户信息，当用户-项目评分矩阵极度稀疏时，上述两种方法寄希望于依靠情境信息和社会关系矩阵来捕捉用户偏好。

同时，基于内容的推荐模型根据项目属性计算用户和项目相似度，相比于利用用户-项目评分矩阵计算相似度，这一方法能更好地解决项目冷启动问题，但是，仍然难以解决用户冷启动问题。

总之，就目前研究现状而言，尽管针对冷启动问题的研究不胜枚举，但是，人们仍然没有找到解决冷启动问题的“杀手级”方案。这一方面说明冷启动问题的复杂性；另一方面也为推荐系统研究者和开发者提供了广阔的空间。

7.3.2　种子项目选择方法

除了引入更多的额外信息，挑选种子项目(seed items)成为一种简洁实用的解决方案。种子项目带来了两种针对冷启动问题的应用方案，其一，直接将种子项目推荐给冷启动用户，这类似于将热门排行榜上的商品推荐给一个陌生用户，这似乎是一种“不求有功但求无过”的解决方案。其二，为新用户设置简单的口味测试，将种子项目作为口味测试对象，根据用户提交的对种子项目评价挖掘用户偏好[13]。如何挑选种子项目成为以上两个解决方案中的核心问题，人们围绕种子项目选择方法展开了深入研究[14-16]。

1. 几种简单策略

Rashid 等[14]提出几种种子项目选择指标，并在 MovieLens 数据集上进行了实验验证。第一种策略是随机选择，即在所有项目中等概率随机选择项目作为种子项目，其优点在于能在全部项目上收集用户偏好。第二种策略是根据项目流行度进行选择，优先选择流行度高的项目，类似于式(7.13)所示的项目流行度排序函数。这种策略能给予我们的信息量却不多，比如，电影《泰坦尼克号》(*Titanic*)受到普遍欢迎，口味测试结果也表明某新用户喜欢这部电影，这样的重复信息不能为构建用户偏好带来实质性帮助。

为此，种子项目需要较强的区分度，第三种策略以信息熵(entropy)作为指标，令 $X_i=\{n_r, r=1,2,\cdots,r_{\max}\}$为项目 i 的统计集合，r 为评分值，n_r 为项目 i 被评为 r 分的次数，信息熵计算公式为

$$Entropy(X_i) = -\sum_{r=1}^{r_{\max}} \frac{n_i}{S} \log_2 \frac{n_i}{S}，\text{其中 } S = \sum_{r=1}^{r_{\max}} n_i \tag{7.18}$$

项目评分的熵越大表明该项目评分值变化越大，区分度就越强。单纯以信息熵作为选择指标同样有问题，比如，信息熵极大的电影比较冷门，很多新用户都没有看过，这样就无法给出客观的评价，推荐系统仍然无法为新用户构建偏好。

为此，第四种策略称为平衡策略，试图将项目流行度和信息熵结合起来，选择流行度高且信息熵大的项目，文献[14]提出两类平衡策略：

(1) 乘积形式：

$$rank_{Bal}(i) = rank_{ItemPop}(i) \cdot Entropy(X_i) \tag{7.19}$$

(2) 对数乘积形式：

$$rank_{LogBal}(i) = \log(rank_{ItemPop}(i)) \cdot Entropy(X_i) \tag{7.20}$$

项目流行度值域通常较大，而信息熵值域则较小，式(7.19)所示的乘积形式容易降低信息熵对整体排序的影响。而对数乘积形式先将项目流行度取对数，降低了其取值范围，两者更易达到均衡。在 MovieLens 数据集上实验表明[14]，对数乘积形式的平衡策略能更好地匹配项目流行度和信息熵。

2. 高影响力种子项目选择

文献[15]构建项目消费网络模型，然后在网络上提出选择指标及由 PageRank 扩展的排序方法，图 7.5 描述了项目消费网络模型。图中小括号内数字表示该项目被消费(即被购买或评分)的次数，边权重 W_{ij}=9 意味着在商品 I_j 被购买前，有 9 个用户购买过商品 I_i。

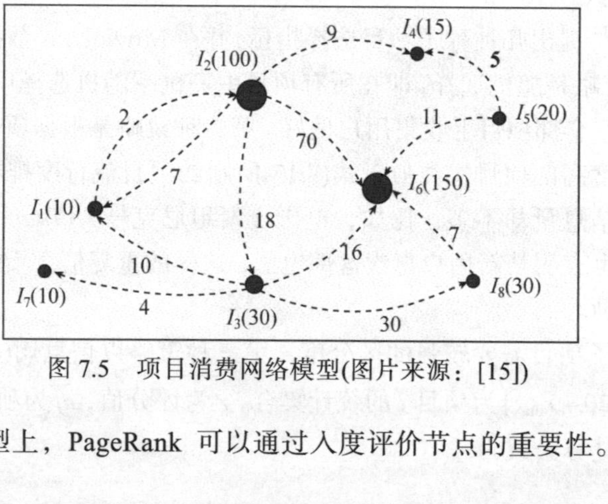

图 7.5　项目消费网络模型(图片来源：[15])

在有向图模型上，PageRank 可以通过入度评价节点的重要性。然而，选择高影响力种子项目却要用出度来评价节点的重要性，原因在于，在如图 7.5 所示的项目消费网络中，某个节点出度越高，表明这个商品越容易引出购买其他商品的行为，显然这个商品在消费关系网上重要性就应该越高。基于上述分析，文献[15]提出两种 PageRank 算法变例：SPageRank (Simple PageRank)和 WPageRank (Weighted PageRank)，以评价节点重要性，SPageRank 和 WPageRank 的初始化及递推公式分别如式(7.21)和式(7.22)所示：

$$\begin{cases} PR(I_i)^{(0)} = \dfrac{1}{n} \\ PR(I_i)^{(t+1)} = d\sum_{j,W_{ij}>0} \dfrac{PR(I_j)^{(t)}}{InDe(I_j)} + (1-d)PR(I_i)^{(0)} \end{cases} \tag{7.21}$$

$$\begin{cases} PR(I_i)^{(0)} = \dfrac{rank_{ItemPop}(i)}{\sum_j rank_{ItemPop}(j)} \\ PR(I_i)^{(t+1)} = d_i\sum_{j,W_{ij}>0} \dfrac{W_{ij}PR(I_j)^{(t)}}{InWe(I_j)} + (1-d_i)PR(I_i)^{(0)} \end{cases} \tag{7.22}$$

由式(7.21)所示的 SPageRank 纯粹以入度为概率计算指标，是 PageRank 的直接推广。而式(7.22)所示的 WPageRank 以项目流行度为概率计算指标，是 PageRank 的加权形式。

3. 基于机器学习的选择策略

文献[16]认为种子项目选择应该满足两个要素：① 流行性，即能较大程度地反映用户口味；② 区分性，即能涵盖不同的领域。为此，文献[16]构建了描述种子项目选择这一问题的数学模型，具有一般意义，并提出了一种半监督机器学习算法。

设 $U=\{u_1,\cdots,u_n\}$ 和 $V=\{v_1,\cdots,v_m\}$ 分别为用户和项目集合，用户-项目评分矩阵为 $\boldsymbol{R}$。令 $V_p=\{v_1,\cdots,v_p\}$ 为种子项目候选集合，$p<m$，V_p 集合是从 V 集合中过滤掉长尾项目后获得，从而保证了种子项目集合的流行性。V_p 在 $\boldsymbol{R}$ 上映射，获得 $\boldsymbol{R}$ 的 $p\times n$ 维子矩阵 $\boldsymbol{X}$。假定数据集中项目可分为 k 个领域，标记用户有 n_l 个，在 $\boldsymbol{X}$ 矩阵上的投影为 $p\times n_l$ 维子矩阵 $\boldsymbol{X}_l$，设 $n_l\times k$ 维矩阵 $\boldsymbol{Y}_l$ 表示用户和领域之间的关系，$Y_l(i,j)=1$ 表示用户 i 对领域 j 感兴趣，这由领域专家指定。最后，设欲获得的种子项目集合为 V_s，学习模型 f 可以写作：

$$f:\{V_p,\boldsymbol{X}_l,\boldsymbol{Y}_l,\boldsymbol{X}\} \to \{V_s\} \tag{7.23}$$

机器学习的目标是获得 V_p 中 p 个项目在 k 维空间中的投影矩阵 $\boldsymbol{P}$，使得 n_l 个实际评分与领域专家的标记用户领域矩阵 $\boldsymbol{Y}_l$ 之间误差最小，这种机器学习其实是在领域专家引导下完成的，属于监督学习，目标函数如式(7.24)所示。

$$\min_P ||\boldsymbol{X}_l^{\mathrm{T}}\boldsymbol{P}-\boldsymbol{Y}_l||_F^2+\alpha||\boldsymbol{P}||_{2,1} \tag{7.24}$$

α 为调节 $L_{2,1}$-范数权重，P 的 $L_{2,1}$-范数可定义为

$$||\boldsymbol{P}||_{2,1}=\sum_{i=1}^{p}\sqrt{\sum_{j=1}^{k}P^2(i,j)}=\sum_{i=1}^{p}||P(i,:)||_2 \tag{7.25}$$

式(7.24)所示的监督学习完全依赖于专家所标定的用户领域矩阵，容易引起过度拟合(overfitting)问题，为此，需要融合无标记用户信息，将目标函数推广到半监督学习版本，我们首先给出半监督学习种子项目选择问题的目标函数：

$$\min_P ||\boldsymbol{X}_l^{\mathrm{T}}P-\boldsymbol{Y}_l||_F^2+\alpha||\boldsymbol{P}||_{2,1}+\beta\sum_i\sum_{i'}\boldsymbol{S}(i,i')||\boldsymbol{P}^{\mathrm{T}}x_i-\boldsymbol{P}^{\mathrm{T}}x_{i'}||_2^2 \tag{7.26}$$

其中，$\boldsymbol{S}$ 为无标记用户上导出图的邻接矩阵，令 $N(x_i)$为 x_i 用户的近邻集合，$\boldsymbol{S}$ 矩阵定义为

$$\boldsymbol{S}(i,i')=\begin{cases}\cos(x_i,x_{i'}), & x_{i'}\in N(x_i)\text{ 或 }x_i\in N(x_{i'})\\ 0, & \text{其他}\end{cases} \tag{7.27}$$

本质上，式(7.26)所示的半监督学习表达了这样的含义：学习获得的 $\boldsymbol{P}$ 矩阵，不仅要最小化标记用户实际评分与 $\boldsymbol{Y}_l$ 之间误差，而且要使得无标记用户在评分矩阵上表达出的相似度与其潜在领域保持一致。利用 $\boldsymbol{S}$ 矩阵的拉普拉斯(Laplacian)矩阵 $\boldsymbol{L}_S$，式(7.26)可以表达成矩阵形式：

$$\boldsymbol{L}_S=\boldsymbol{D}_S-\boldsymbol{S},\qquad \boldsymbol{D}_S(i,i)=\sum_j\boldsymbol{S}(i,j) \tag{7.28}$$

$$\min_P ||\boldsymbol{X}_l^{\mathrm{T}}\boldsymbol{P}-\boldsymbol{Y}_l||_F^2+\alpha||\boldsymbol{P}||_{2,1}+\beta\mathrm{tr}(\boldsymbol{P}^{\mathrm{T}}\boldsymbol{X}\boldsymbol{L}_S\boldsymbol{X}^{\mathrm{T}}\boldsymbol{P}) \tag{7.29}$$

利用微分求极值方法导出式(7.29)的迭代计算公式，最后求得 $\boldsymbol{P}$ 矩阵，以 $||P(i,:)||_2$由高到低排序，取出 Top-K 个最高分值的作为种子项目集合。

7.4 总　　结

本章介绍了电子商务推荐系统面临的两个重要问题：第一个是由商品销售量满足长尾效应所带来的推荐列表多样性问题，第二个是推荐系统长期面对的冷启动难题，它们无疑是当前工业界和学术界都关心的核心问题。通过这两个问题的已有解决途径的回顾发现，目前人们开始越来越多地关注这两个问题，但是，已有解决方案仍然不够成熟，值得同行们付诸更多的努力。

参 考 文 献

[1] Greco A N. The Book Publishing Industry[M]. New Jersey:Lawrence Erlbaum Associates, 2004.

[2] Anderson C. The Long Tail: Why the Future of Business is Selling Less of More[M]. New York:Hyperion Books, 2008.

[3] Peterson J. Definitions: Final Round![J]. The Long Tail, 2005,7(2):4-9.

[4] Adomavicius G, Kwon Y O. Improving aggregate recommendation diversity using ranking-based techniques[J]. IEEE Transactions on Knowledge and Data Engineering, 2012, 24(5): 896-911.

[5] Fleder D, Hosanagar K. Blockbuster culture's next rise or fall: The impact of recommender systems on sales diversity[J]. Management Science, 2009, 55(5): 697-712.

[6] Brynjolfsson E, Hu Y J, Simester D. Goodbye pareto principle, hello long tail: The effect of search costs on the concentration of product sales[J]. Management Science, 2011, 57(8): 1373-1386.

[7] Ziegler C N, McNee S M, Konstan J A, et al. Improving recommendation lists through topic diversification[C]//Proceedings of the 14th International Conference on World Wide Web. Chiba, New York:ACM Press, 2005: 22-32.

[8] Bradley K, Smyth B. Improving recommendation diversity[C]//Proceedings of the Twelfth National Conference in Artificial Intelligence and Cognitive Science. Bloomington,Berlin; Springer,2001: 75-84.

[9] Good N, Schafer J B, Konstan J A, et al. Combining collaborative filtering with personal agents for better recommendations[C]//Proceedings of the National Conference on Artificial Intelligence. Cambridge, London:AAAI Press, 1999: 439-446.

[10] Herlocker J L, Konstan J A, Terveen L G, et al. Evaluating collaborative filtering recommender systems[J]. ACM Transactions on Information Systems, 2004, 22(1): 5-53.

[11] Ziegler C N, Schmidt-Thieme L, Lausen G. Exploiting semantic product descriptions for recommender systems[C]//Proceedings of the 2nd ACM SIGIR Semantic Web and Information Retrieval Workshop. Sheffield,NewYork:ACM Press, 2004: 25-29.

[12] 陈运文.智能推荐系统开发中的十个关键注意点[DB/OL]. http://www.resyschina.com/2013/03/recommendation-keypoint.html. [2014-02-03].

[13] Crane M. The New User Problem in Collaborative Filtering[D]. Dunedin University of Otago, 2011.

[14] Rashid A M, Albert I, Cosley D, et al. Getting to know you: learning new user preferences in recommender systems[C]//Proceedings of the 7th International Conference on Intelligent User Interfaces. San Francisco, New York:ACM, 2002: 127-134.

[15] Liu Q, Xiang B, Chen E, et al. Influential seed items recommendation[C]//Proceedings of the sixth ACM Conference on Recommender Systems. Hong Kong, New York: ACM Press, 2012: 245-248.

[16] Zhang X, Cheng J, Yuan T, et al. Semi-supervised discriminative preference elicitation for cold-start recommendation[C]//Proceedings of the 22nd ACM International Conference on Conference on Information & Knowledge Management. Maui, New York: ACM Press, 2013: 1813-1816.

第8章 电子商务推荐系统架构设计

8.1 商用推荐系统概述

推荐系统最典型的应用是在B2C电子商务领域[1]，电子商务企业在推荐系统领域的研究在一定程度上推动了其发展，比如，正是Amazon最早提出并采用了基于项目的协同过滤方法[2]。目前，几乎所有的大型电子商务系统都不同程度地使用了各种形式的推荐系统，同时，越来越多的不同领域的 Web 站点也开始应用推荐系统，表8.1按照应用领域分类列举了一些典型的商用推荐系统。

表 8.1 典型商用推荐系统举例

应用领域	代表性商用推荐系统
电子商务	Amazon, eBay, Levis, Ski-europe, 淘宝网, 当当网
Web 页面	Fab, Foxtrot, ifWeb, MEMOIR, METIOREW, ProfBuilder, QuIC, Quickstep, R2P, Siteseer, SurfLen
音乐	CDNOW, CoCoA, Ringo, Mucis.Yahoo.com
电影	Netflix, MovieLens, Moviefiner, EachMovie, Hulu, Reel
新闻	Google, GroupLens, PHOAKS, P-Tango
旅游	途牛网
社交	豆瓣网，YouTube

值得注意的是，表8.1列出的应用领域之间存在交叠，比如，CDNOW、Netflix、途牛网分别是音乐、电影及旅游行业的 B2C 电子商务网站，豆瓣网本质上属于社交网站，却又以书籍、电影、音乐等主题为主。

8.1.1 通用框架

推荐系统的本质是建立起用户与项目之间的联系，构建用户偏好，并结合项目描述信息，实现个性化推荐。因此，推荐系统的核心任务就被拆解成两部分：①生成用户偏好数据库；②根据偏好特征找到项目[3]。

图8.1给出了推荐系统通用框架，用户可以向推荐系统主动提供个人偏好信息或推荐请求，或者用户不提供，而是推荐系统主动采集，然后，推荐系统可以利用不同的推荐模型和算法，基于用户偏好信息和项目描述信息计算推荐结果，最后推荐系统可以通过不同风格的展示方式(用户界面)将推荐结果返回给用户。因此，用户、项目、推荐方法是构成推荐系统的三个基本要素[1]。

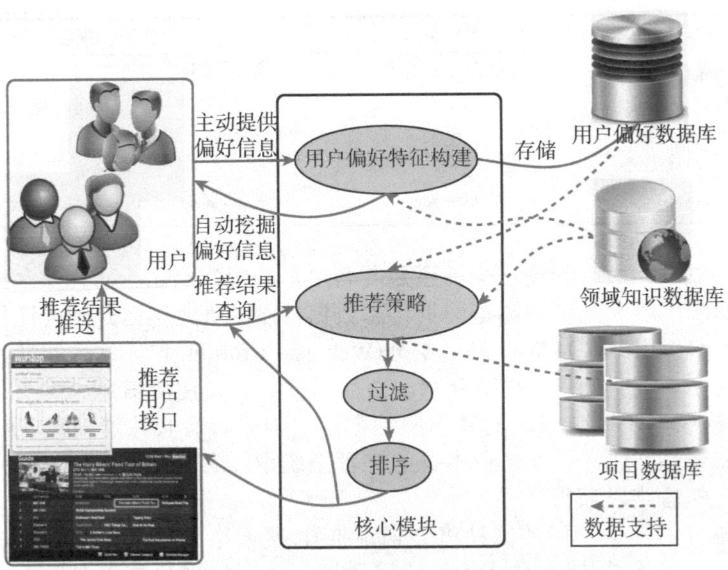

图 8.1　推荐系统通用框架

领域知识数据库根据特定应用领域构建，作为构建用户偏好和推荐策略的数据支持。有时甚至根据领域知识数据库直接生成推荐结果，比如，对于冷启动用户，一个简单方案是将流行项目作为推荐结果，项目流行度的排序实际上就属于领域知识。

一个实际推荐系统的推荐策略可能并不唯一，往往可以部署多种推荐策略，以满足不同用户的需求。最终，推荐系统采用后过滤策略，对多种推荐策略生成的基础结果，以某种方法进行过滤和排名，生成最终推荐结果。

8.1.2　数据类型

实际推荐系统设计极度依赖于企业或网站所拥有的数据类型，一个经营时间不短的企业或网站都能积累大量的原始数据，多种类型的数据都能关乎用户行为，对于推荐系统而言具有重要的应用价值。表 8.2 列出了电子商务网站通常能积累的一些数据类型。

表 8.2　电子商务网站数据类型示例

数据描述	数据类型	用户类型	规模	私密性
浏览网页日志	非关系型	会员/匿名	超大	中
商品属性	关系型，文本	—	大	弱
会员注册信息	关系型	会员	大	强
购买记录	关系型	会员/匿名	中	强
商品评分/评论	关系型	会员	中	中
推荐/搜索结果点击	关系型	会员/匿名	小	中

续表

数据描述	数据类型	用户类型	规模	私密性
广告来源与点击	关系型，文本	会员/匿名	小	弱
售后投诉和反馈	文本	会员	小	强
论坛帖子和评论	文本	会员	中	弱
社交网络	图	会员	中	弱
移动终端	非关系型	会员/匿名	中	中

随着网站的运行，无论是会员还是匿名用户的每次点击，都会保存到网站日志系统，这形成了超大规模的浏览网页日志数据，很多研究早已开始关注日志数据的挖掘、分析和应用，称为 Web 使用挖掘(Web usage mining)[4]，这一领域也衍生出推荐系统的应用，我们将在 8.3 节介绍。商品属性、会员注册信息、购买记录、商品评分/评论构成电子商务网站的基本原始数据，但是，会员注册信息和购买记录具有很强的私密性，通常只有企业本身的推荐系统设计者能获取，一般研究者甚或是与企业的合作者难以获得。

具有推荐和搜索功能的网站将会记录推荐/搜索结果被点击次数和时间等数据，这成为企业衡量推荐/搜索系统效果的重要指标。广告来源与点击记录来自网站在搜索引擎 SEO 推广或其他站点广告的链接，售后投诉和反馈包括已消费用户网络投诉或售后人员电话短信回访所得的数据，这些数据与用户行为密切相关。大量电子商务网站开放了论坛，有些网站甚至融入了社交功能，由此带来的文本数据及图数据为主题挖掘、社会化推荐等应用提供了宝贵原始数据。移动终端程序成为电子商务网站的新营销模式，由此可能带来的用户位置信息为开展情境推荐、移动推荐等应用提供了契机。

从数据类型看，电子商务企业交易数据、用户商品描述数据以关系型数据为主，这也是企业运营式系统数据的主要特征。Web 2.0 时代的来临，电子商务企业正在积累着越来越多的非关系型(NoSQL)数据，网站点击流数据、移动设备数据、文本数据、图数据都属于典型的非关系型数据[5]，数据异构性成为电子商务企业进一步分析利用其所积累的数据时遇到的基础性问题。尽管关系型数据库针对大规模异构数据处理做出了很多改进，如数据库分割、非规范化、分布式缓存等，这些改进无法从根本上解决关系型数据库应对大规模异构数据的性能和可扩展性问题。

NoSQL 技术异军突起，蓬勃发展，希望通过列表、集合、哈希表等概念对数据进行建模，各种 NoSQL 技术和系统相继推出[6]。总的来说，NoSQL 技术可以分为四类：键/值模型、列存储模型、文档模型和图模型。其中最著名、应用最广泛的 NoSQL 技术是基于键/值对的数据模型，Google BigTable/HBase、Oracle Berkeley DB、Amazon Dynamo/Simple DB 等系统都采用了键/值模型。列存储模型以其高效的压缩和 I/O 效率，在分析型应用领域获得了比行存储模型高得多的性能，基于列存储模型的系统有 Monet DB、Infor Bright、Infini DB、Lucid DB、Vertica 和 Sybase IQ 等。基于文档的模型仍然以键/值模型为基础，为保存文档历史版本形成嵌套循环结构，该模型具有极高的灵活性，但是，复杂性也随之增加，主要系统包括 Couch DB、Mongo DB 和 Riak 等。随着社会网络、生物信息学等应用领域的不断发展，更多的数据以图作为基础模型，而且图数据日渐庞大，比如，Facebook 拥有超过 8 亿的用户，专门针对图数据设计的数据模型应运而生，如 Neo4J、InfoGrid、Infinite Graph 和 Hyper Graph DB 等。

关系数据模型经过数十年的积淀和发展，擅长结构化数据的处理，事务语义保证机制完善，但遇到扩展能力弱的困难。反之，NoSQL 数据模型扩展能力好，能很好支持异构数据及其分析，却缺乏事务语义保证。很多实际应用既要用到结构化数据，又要用到半/无结构化数据，比如，社会化商务中的情境推荐技术从社会网络中挖掘情境信息，结合结构化商务交易数据生成推荐，因此，关系数据模型和 NoSQL 数据模型的融合成为必然发展趋势。总之，目前关系数据模型和 NoSQL 数据模型呈现出相互借鉴和启发、逐步走向融合的发展趋势，即关系数据模型试图改进其扩展能力和异构数据支持能力，而 NoSQL 数据模型试图增强其事务语义保证能力。

8.1.3　用户画像

构建用户偏好数据库是一个复杂的过程，每个人都有自己的个性需求和功能取向，而且用户群体之间存在着很大的差异性，目前通常把构建用户偏好的过程称为用户画像(user profiling)[7]。除了推荐系统，用户画像在许多领域体现出巨大的应用价值，如搜索引擎、Web 页面过滤、信息检索、社交网络等，也因此引起了工业界和学术界的密切关注。

我们先举两个直观的例子说明什么是用户画像，Google 公司推出的社交网站 Google+(Google Plus, G+, GPlus)能自动挖掘用户搜索关键词、搜索获得页面链接和部分内容及由用户显式或隐式给出的个人信息为用户画像，如图 8.2 所示。Google+的用户画像包含三个方面[8]：①加权的描述词，权重刻画了描述词与用户的关联性；②层次式的用户所属领域；③加权的 Web 页面链接，权重表示了页面的重要性。

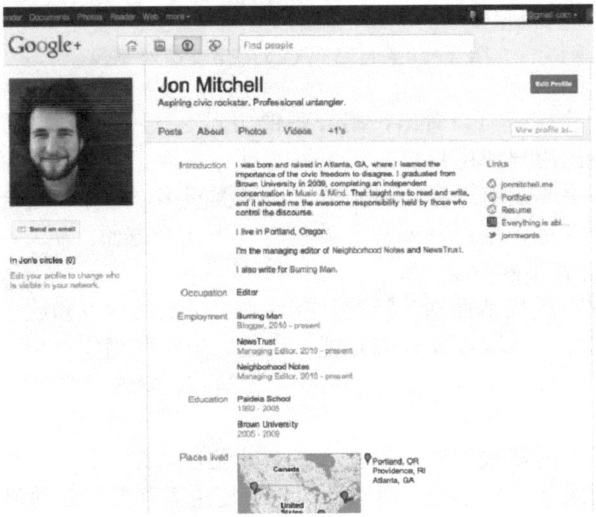

图 8.2　Google+用户画像示例

腾讯公司也在用户画像方面开展了有趣的研究，主题报告[9]取样自数百万的QQ用户，由腾讯用户研究部门分析整合，清晰地描绘出了中国数量最大的“屌丝”网民的使用场景与习惯。图 8.3 描述了腾讯 QQ 给出的男女屌丝画像，比如，男屌丝具有这些特征：穿真维斯或者 361 度、身上现金不超过 1000 元、三五年没有长途旅行过、年终福利一般不超过 1 万元、抽 20 元以下的烟等。

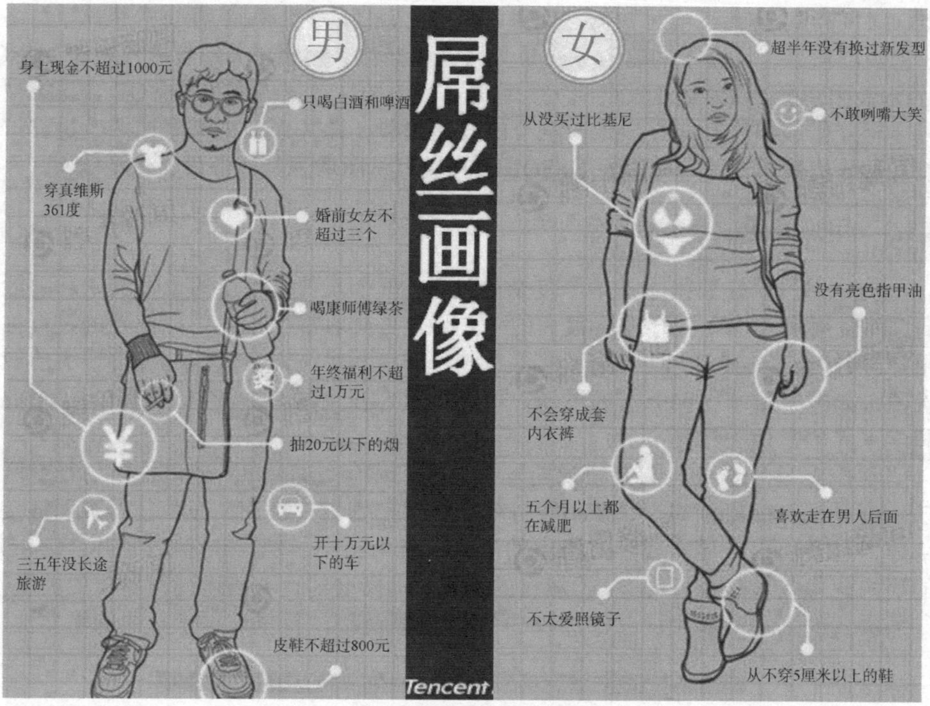

图 8.3　来自腾讯 QQ 的男女屌丝画像

由上述的两个例子可以看出，用户画像实际上试图整合多方面(多层次)的用户个人数据，展现出用户或用户群的代表性特征。然而，定义并挖掘用户特征，从而表达其偏好并非易事。用户特征和分类方法种类极多，选择和组合往往需根据应用需求而确定，一般地，用户特征和分类包含以下几个方面。

1) 人口统计特征和分类

划分的依据一般包括性别、年龄、教育水平、婚姻状况和收入等。划分的范围可以很粗略，比如年龄段可以分成儿童、青年、中年和老年；也可以非常具体、细致，比如把青年人分成 18~24 岁、25~30 岁、31~36 岁这三个阶段。

2) 社会角色特征和分类

人们的需求有时取决于他们的社会或专业角色。比如说，面对考试，教师和学生对于信息的需求就截然不同；面对计算机，使用者和开发者对硬件的需求也不尽相同。因此，定义好使用者的不同角色，可以帮助我们有效地区分并分析他们的各种需求。

3) 情感特征和分类

就是按照大家对某些话题、事件、整个世界拥有的观点和看法来划分。这个方法听起来似乎有些抽象，因为它涉及心理分析。但是，通过挖掘分析用户评论、微博、帖子等文本信息，是可以在技术层面上获得用户的情感特征的，比如，可以通过分类将用户对某话题的情感分为赞成、反对、中性等。

综上所述，面向特定领域的应用需求，设计一个高效优秀的实用推荐系统涉及多方面的关键技术。从底层数据调研、收集、预处理、存储，到根据应用需求的用户画像，再到合适推荐策略的设计和多个策略的组合，甚至于推荐结果展示，友好UI 界面的设计等步骤，无不包含着很多有待研究的话题。

8.2　推荐系统案例分析

由于推荐系统能为电子商务企业提升浏览到购买的转化率、交叉销售量、用户忠诚度等直接与企业绩效挂钩的指标，因此，绝大多数电子商务企业都不同程度地采用了各式各样的推荐系统，本节首先在表 8.3 中总结实际电子商务推荐系统，包

表 8.3　实际电子商务推荐系统比较

应用类型	推荐接口	推荐技术	推荐结果展示
Amazon			
同类/相关商品	相似商品	基于项目的协同过滤	文字和图片的组合
Eyes	电子邮件	基于内容的推荐	关键词
为我推荐	Top-*N* 列表	基于用户的协同过滤	文字和图片的组合，推荐理由说明
Netflix			
感兴趣 DVD	Top-*N* 列表	预测、排序、过滤	主题推荐
Hulu			
感兴趣电影	Top-*N* 列表	Web 挖掘、基于项目的协同过滤	视频
淘宝			
同类/相关商品、店铺推荐	相似商品及其所在店铺	基于项目的协同过滤	文字和图片的组合
猜你喜欢	Top-*N* 列表	基于用户的协同过滤	文字和图片的组合
群体信息披露	用户群体	聚类算法	统计图表
Levis			
感兴趣风格	Top-*N* 列表	基于用户的协同过滤	查询列表
CDNOW			
唱片专辑推荐	相似商品	基于项目的协同过滤	文字和图片的组合，关键词
感兴趣 CD	Top-*N* 列表	基于用户的协同过滤	文字和图片的组合，查询列表

含应用类型、推荐接口、推荐技术和推荐结果展示四个方面的比较，然后详细介绍 Amazon、Netflix 和 Hulu 三种著名的推荐系统，对系统架构、推荐算法和用户接口设计等几方面展开深入分析，以期为电子商务实际推荐系统的设计和开发提供借鉴。

8.2.1　Amazon 推荐系统

Amazon(http://www.amazon.com)是全球最大的网上零售商之一，拥有超过 2900 万顾客以及数百万登记在册的商品。作为电子商务的代表，无论是从推荐的实际效果还是从对推荐的重视程度上来看，都很难再找出一个能和 Amazon 比肩的应用。据统计，Amazon 30% 的销售都是来自它的推荐引擎。Amazon 广泛地采用推荐算法，针对每个顾客的兴趣进行网站的个性化设计，首页打开后并登录就会看到个性化的推荐，如图 8.4 所示。Amazon 是基于项目的协同过滤方法[2]的提出者，这一算法适用于 Amazon 千万级的用户和产品规模。

图 8.4　Amazon 首页推荐

这种方法把该用户所购买和评级的商品，匹配到相似的商品，然后组合这些相似的商品进入推荐列表。利用这种方法，Amazon 推荐系统在离线时建立耗时巨大的项目相似度矩阵，其中计算两个商品之间的相似性可以有多种方法，通常的方法是利用余弦值、皮尔逊相关系数等；在线部分针对当前用户的购买和评级来寻找相似的商品，其计算量独立于商品目录的规模或顾客的总数，仅仅取决于该用户买过或评级过多少个商品。因此，对于 Amazon 海量的顾客数目和商品目录，算法能对用户数据的变化立即做出反应，从而快速推荐高度关联的相似商品。

值得一提的是，Amazon 的设计和用户体验做得也很特别，用户界面采用的是分区混合的机制，利用用户在不同站点上的行为进行分析和处理，并将不同的推荐结果分不同的区显示给用户。如图 8.5 所示，其中有“经常一起购买的商品”、“购买此商品的顾客也同时购买”、“热门推荐”和“根据您的购物习惯推荐”等。Amazon 利用它大量的数据优势，会给用户事实的数据，让用户信服，例如：购买此物品的用户百分之多少也购买了那个物品；如图 8.6 所示，Amazon 也会列出推荐的理由，例如：因为你的购物框中有手机，或者因为你购买过手机，所以给你推荐类似的存储卡或者耳机。

图 8.5　推荐用户界面

图 8.6　推荐理由

8.2.2　Netflix 推荐系统

Netfix(https://www.netflix.com/global)是一家在美国、加拿大提供互联网流媒体播放、DVD 和蓝光光盘在线出租业务的公司，其最有价值的资产就来源于其推荐系统，Netflix 有着几十亿结构化的评分数据，其推荐和个性化功能向来精准，现在有 75% 的视频观看是与其推荐系统有关的。Netflix 推荐系统的主要功能是通过获取并分析用户行为特征来得出用户的偏好，为其定制个性化推荐服务。Netflix 推荐系统包括离线(offline)、接近在线(nearline)和在线(online)模块，如图 8.7 所示。

离线模块对于数据数量和算法复杂度限制更少，因为它以批量方式完成，没有很强的时间要求，在算法上可相对灵活，工程方面的需求也简单。对于离线作业，主要用来运行个性化机器学习算法，比如对推荐结果进行排序。这些作业会定期执行，而且不必与结果的请求和展示同步。在线模块能实时、快速地响应最近的事件和用户交互，比如获取用户的评分、观看等行为，根据用户的行为特征从数据库中调取符合要求的查询结果。接近在线模块介于两种方法之间，可以执行类似于在线模块的方法，但又不必以实时方式完成，计算结果不需要立即提供，而是暂时存储起来，使其具备异步性。接近在线模块的完成是为了响应用户事件，这样系统在请求之间响应速度更快。增量学习算法很适合应用在接近在线模块中。

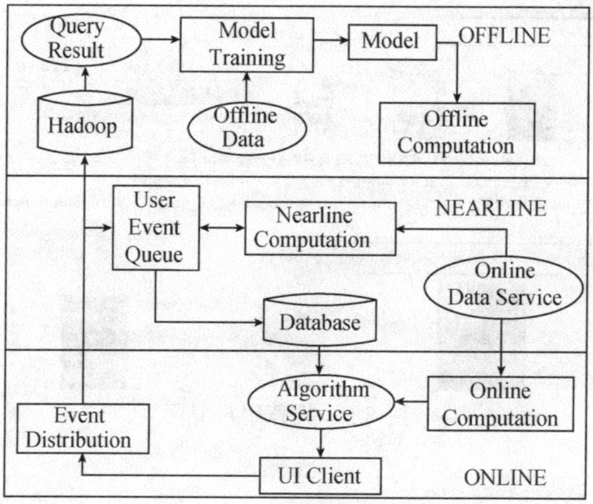

图 8.7　Netflix 系统架构

排序是 Netflix 推荐系统的重要部分，它的目标是在特定的场景下实时地为一组视频找到最佳的排列顺序(简单说就是把用户最感兴趣的视频排列在前)，Netflix 将排序系统的任务分解为：评分、排序、过滤。Netflix 的目标是推荐用户最可能观看和喜欢的视频，因此将视频的热门程度和对视频的预测评分都作为特征，在此基础上构建排序模型。举例说明，我们可以设计一个简单的评分排序方法，如式(8.1)所示，对视频的热门程度和用户的期望评分进行线性加权。

$$f(u,v) = w_1 p(v) + w_2 r(u,v) + b \tag{8.1}$$

其中，u 表示用户；v 表示视频；p 表示热门函数；r 表示期望评分。式(8.1)可以在如图 8.8 所示的二维空间中直观地表达出来，横轴表示热门程度，纵向表示期望评分。当有了这个排序函数后，我们就可以输入一组视频，然后对它们基于评分由高到低进行排序。w_1 和 w_2 的选择可以利用机器学习的方法，从历史数据中选择一些正样本和负样本，设计一个目标函数，让机器学习算法自动地为 w_1 和 w_2 找到不同的特征权重组合，在 A/B 测试验证哪一种特征组合最优最有效，最终根据最优的组合生成用户感兴趣的视频。

Netflix 推荐系统的主要形式是场景推荐，从首页开始，视频按行展示，每一行都有一个主题，主题揭示了该行视频的内在联系。场景推荐中最著名的要属按不同“风格”为主题推荐的几行结果。每一行的展现都考虑了三个方面：选择哪一种风格，选择这个风格里的哪些视频，这些视频如何排序。其他的诸如新颖性和多样性也是推荐服务考虑的重要因素，以便为用户生成上千种可能的视频组合，如图 8.9 所示，既有按风格分类的结果，也有根据每个用户的兴趣生成的偏好列表。Netflix 推荐系统也为每一行的选择提供了推荐理由。有些是基于隐式反馈，如最近观看记录、用户评分和其他交互；有些是基于显式反馈，如通过邀请用户来做口味偏好调查得来的。

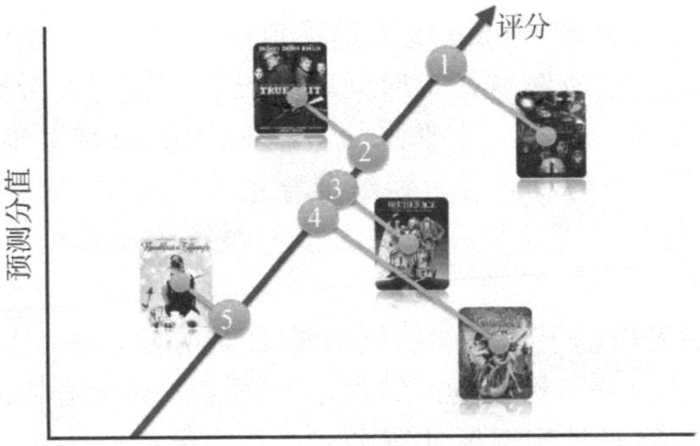

图 8.8　函数二维空间

图 8.9　场景推荐

8.2.3　Hulu 推荐系统

Hulu(http://www.hulu.com/)名字源于普通话“葫芦”的发音，是一个免费观看正版影视节目的互联网网站，它和全美许多著名电视台以及电影公司达成协议，通过授权点播模式向用户提供视频资源。Hulu 长期活跃在推荐系统领域，其主要工作是从用户的历史行为中分析出用户的兴趣，然后找出符合其兴趣的视频展示给用户，而且推荐一般都是基于剧集而不是单个视频。因此，Hulu 推荐系统主要包括日志系统、推荐引擎和展示界面设计等部分。

目前视频网站的流量和用户规模都比较庞大，后台的日志系统的处理基本上都会使用云计算平台进行处理，Hulu 就搭建了自己的 Hadoop 集群来处理用户的行为日志文件。系统定期或者临时从指定时间段的日志中提取符合模式的数据，最终按照一定的维度聚合发布到分布式文件系统 HDFS、HBase 或其他 SQL 数据库供后续使用。日志系统主要收集用户的行为和对推荐系统的反馈，比如观看、打分、搜索、标注标签、订阅、分享、评论以及用户对推荐系统的反馈行为(点击、感兴趣、已经看过、收藏)等。

Hulu 推荐算法采用基于项目的协同过滤(ICF)方法，在实践中，ICF 的关键问题在于如何计算两个视频的相似度，尽管本书第 2 章提出诸如余弦相似度、欧拉距离、皮尔逊相关系数等多种相似度计算公式，实际使用时往往需要根据具体情况进行修正。一般认为 ICF 算法比较简单、容易扩展，准确度比较高，且适合于离线计算模式，可以处理显式(星级评分或 like/dislike)或者隐式反馈(如浏览、观看、收藏等其他行为)。

Hulu 推荐引擎分为在线和离线两部分。在线部分负责实时响应用户请求，系统流程如图 8.10 所示：系统先获取包括观看、订阅和打分等用户行为，这样会从后台得到与用户观看的视频所对应的视频的推荐数据，同时，这些用户行为还会产生对应的主题，系统从后台获取与主题对应的视频的推荐数据，将这两种数据综合起来，分析出用户兴趣特征并结合离线训练结果进行过滤、解释和排名，然后给出最终的推荐列表。离线部分如图 8.11 所示，系统将用户行为日志存储在数据中心中，利用收集到的用户行为日志，计算出一系列的视频相关列表和视频-主题相关列表(即视频之间的两两相似度、电影主题和视频之间的关联等)；通过反馈分析器计算全局或者某些群体用户对推荐系统的反馈，并存储在数据库中，供在线系统实时查询和调用。比如一个视频推荐给很多用户，但他们大多不喜欢点击这个节目，那么这种情况下，系统就会降低该视频的推荐排名，以此来提高推荐质量。评估是推荐

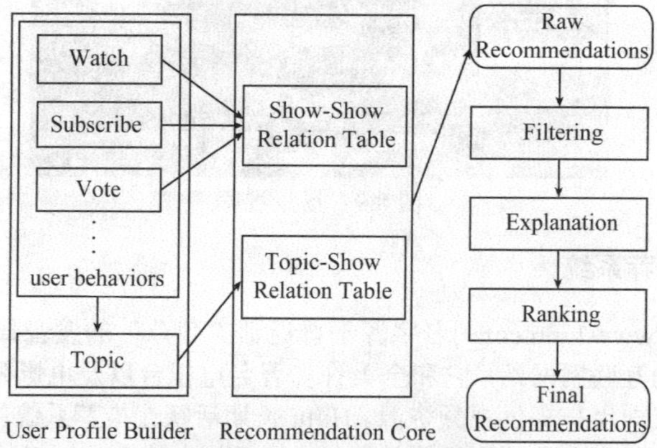

图 8.10　在线计算模块架构

系统最重要的部分，报告生成器会生成一个报告，其中包括每天的推荐质量，比如点击率、转化率等。

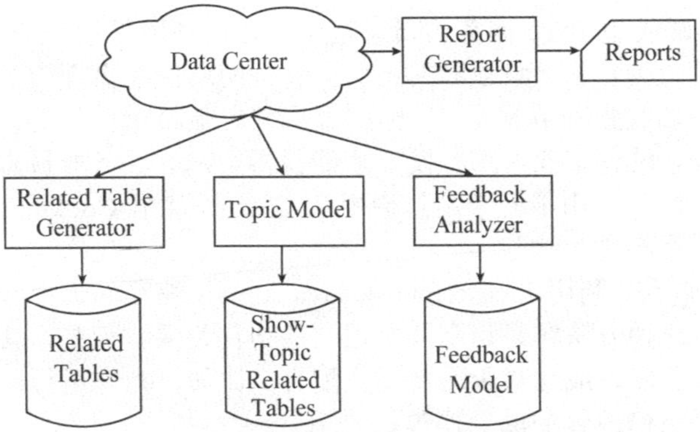

图 8.11　线下计算模块架构

图 8.12　推荐系统用户界面

传统的推荐结果展示都是基于文本和图片形式的，信息量过大且不够形象生动。Hulu 在推荐系统用户界面设计上做了一个大胆的尝试，首次使用视频和声音的形式展示推荐结果，其效果类似于包含个性化消息的电视预告片，在实际使用中取得了较好的效果，如图 8.12 所示，在用户观看完当前剧集最新一集的时候使用音视频的形式在广告位推荐其他可能感兴趣的剧集预告。实验表明，平均意义上用户对同一个节目感兴趣的概率是传统展示方式的三倍。

8.3　基于 Web 日志的推荐

8.3.1　Web 使用挖掘技术

由 8.1.2 节的介绍，用户点击网站 HTML 页面留下的 Web 日志数据成为电子商务企业的主要数据形式，利用数据挖掘技术从 Web 数据中发现有用模式称为 Web 使用挖掘(Web usage mining)或 Web 挖掘(Web mining)。Web 数据一般可通过以下三个渠道收集[10]。

(1) 服务器端收集：Web 服务器日志记录了访问该网站用户的最完整行为数据，除了用户访问的行为记录，服务器端还保存着该网站所有页面内容以及页面元数据。显然，通过服务端收集的数据是 Web 挖掘研究者最希望获得的，然而完整的日志数据一般不公开，只有企业内部开发者才能获得。Web 服务器日志不能记录用户访问的缓存页面，而且，由于同个用户会变换 IP 地址甚至 Cookie，识别相同用户的访问记录成为一个不小的挑战。

(2) 客户端收集：利用 Javascripts 或 Java applets 编写的远程智能体从用户浏览器中收集数据，这种方法容易识别同个用户的访问记录，但是，其缺点在于数据收集过程涉及用户隐私，成功与否需要用户配合，比如，允许运行一个不信任的远程智能体或使用已经修改过的浏览器等。

(3) 代理收集：Web 代理运行于客户浏览器和 Web 服务器之间，很多用户习惯于使用代理访问速度慢或政策禁止访问的站点，这为代理收集 Web 数据提供了条件。但是，代理只能收集使用它的那些用户数据，面向的用户群体比较狭窄。

总的来说，Web 使用挖掘可归纳为三个阶段：数据预处理、模式挖掘及模式分析[10]，如图 8.13 所示。下面我们逐一介绍三个阶段面临的问题及常用方法。

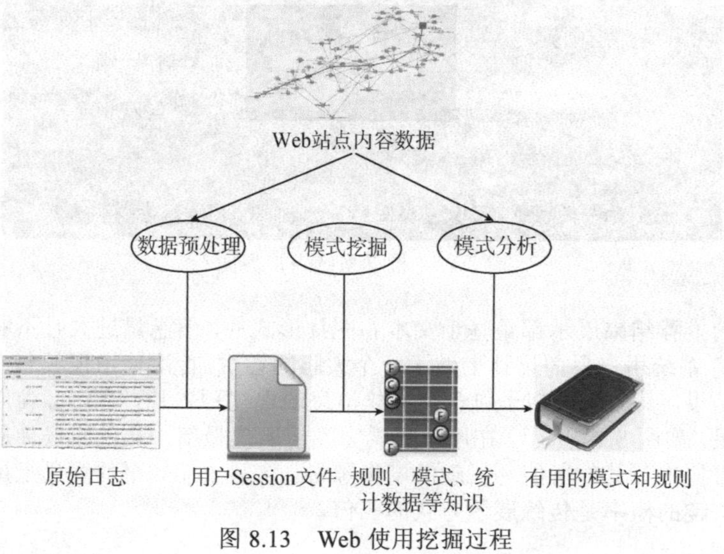

图 8.13　Web 使用挖掘过程

1. 数据预处理

数据预处理是各种基于 Web 使用挖掘的应用所面临的首要问题，Web 数据体量大、数据类型多、异构性强、数据不完整性和噪声数据现象广泛存在，使得数据预处理成为 Web 使用挖掘面临的最艰难任务。数据预处理可细分为针对用户数据和内容数据的预处理。

用户访问网站的一系列页面，完成购买、浏览或其他操作，直至离开网站，这一过程称为一个 Session。用户数据预处理，也称为使用预处理(usage preprocessing)，试图识别出同个用户的记录，进而将这些记录划分开得到不同的 Session。大部分用户访问网站时不愿意每次都登录，这使得识别用户只能依赖于 IP 地址或 Cookie。利用 IP 地址或 Cookie 都遇到类似困难，同个用户存在变换 IP 地址和 Cookie 的情况，比如，用户利用不同的设备访问网站；同个 IP 和 Cookie 未必是由某个用户访问所致，比如，多个用户利用同一个浏览器访问网站。由于用户在现实世界中的行为难以获知，目前几乎所有的用户数据预处理方法只能依据 IP 地址或 Cookie 粗略的识别。

同个 IP 地址或 Cookie 形成点击流数据，如何准确划分这些流数据，以确定不同 Session 的界限仍然困难。文献[10]提出以两次连续点击发生时间间隔超过 30 分钟这一规则进行 Session 划分，“30 分钟”这一参数是由对多个实际网站调研获得。由上述分析，用户数据预处理是一项具有极强应用/站点/数据依赖性的艰难任务，难以形成有很强说服力的解决方案。

内容数据预处理则试图将 Web 数据中包含的文本、图像、脚本及其他媒体数据转化为模式挖掘所能处理的数据类型，这与异构媒体数据模型密切相关，经过不懈的研究努力，目前在这一领域已经形成较为完整的方法。词袋模型(bag-of-words, BoW)是最常用的文本数据表示模型，它假定对于一个文档，忽略它的单词顺序和语法、句法等要素，将其仅仅看做若干个词汇的集合，文档中每个单词的出现都是独立的，不依赖于其他单词是否出现。也就是说，文档中任意一个位置出现的任何单词，都不受该文档语意影响而独立选择的。比如，以下有 2 条针对 iPhone 的短文本评论：

T1: Beautiful phone if you like a small screen.

T2: Definitely the best small screen phone yet!

基于这两个文本文档，构造一个词典，其中“1: beautiful”表示序号为 1 的词汇为“beautiful”。

D={1: beautiful, 2: phone, 3: if, 4: you, 5: like, 6: a, 7: small, 8: screen,
9: definitely, 10: the, 11: best, 12: yet}

这样，2 条短文本就可表示为“词汇，出现频次”的集合，为

T1={(1,1),(2,1),(3,1),(4,1),(5,1),(6,1),(7,1),(8,1)}

T2={(2,1),(7,1),(8,1),(9,1),(10,1),(11,1),(12,1)}

词袋模型将每条文本表示成了一个向量，不过，在构造文档向量的过程中可以看到，词袋模型并没有表达单词在原来句子中出现的次序。

有趣的是，大量研究表明词袋模型也同样适用于图像甚至视频数据[11,12]，图像领域的词袋模型称为 bag-of-feature (BoF)。文本中的词汇及其组成的词典易于理解，图像里的词汇是抽象的，称为“视觉词汇”。通常获取方法是，首先提取图像具有较强辨别力的局部特征，再将局部特征通过 K 均值聚类方法生成若干类簇，类簇中心就是一个视觉词汇。对于每幅图像，采用最近邻分类器将每个局部特征量化到一个视觉词汇，再将量化结果归一化即得到了一个图像在所有视觉词汇上的分布直方

图，该直方图即为图像的 BoF 表示。

2. 模式挖掘

模式挖掘依赖于统计分析、数据挖掘、机器学习和模式识别等诸多技术的交叉运用，本节简要 Web 模式挖掘经常使用的几类技术。

(1) 统计分析：利用统计分析获取频率、均值、方差等基本数据特征是感性了解 Web 数据的最常用手段，为进一步挖掘分析奠定基础。比如，图 8.14 给出了我们对途牛网(http://www.tuniu.com/) 2012~2013 年 Web 日志数据的统计分析结果，图 8.14(a)以天为单位统计了日志记录数量，可以看出，对应几个长假的日志记录数量明显偏高，这说明长假期间用户出行旅游的概率明显偏大。图 8.14(b)以小时为单位统计日志记录数量的均值和偏差，可以看出，凌晨 0 点至上午 8 点这段时间日志记录数量偏少，而最高峰值发生在下午 12 点至 14 点及 14 点至 16 点两个时间段内，这符合人们的一般作息时间。

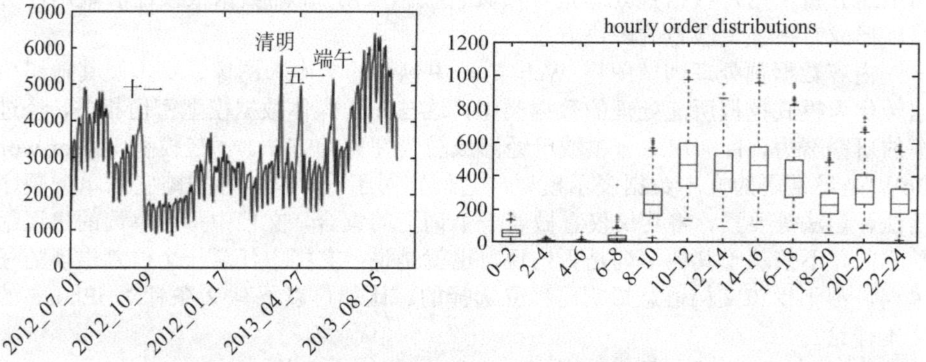

(a) 以天为单位的日志记录数量　　　　(b) 以小时为单位的日志记录数量

图 8.14　途牛网 Web 日志数据统计分析示例

(2) 序列模式：与传统电子商务或销售的“购物篮”数据不同，分析 Web 日志的频繁模式或兴趣模式需要考虑访问 Web 页面的时间因素，序列模式是指频繁出现的有序事件或子序列。序列模式中隐藏着用户特征，对推荐系统设计极为有用，文献[13]基于最长序列模式挖掘设计了电子商务推荐系统，它就以 Web 点击流数据作为输入。仍然以途牛网为例，我们挖掘到序列模式“首页→出境旅游目录页→海岛游目录页→马尔代夫线路页→海岛游目录页……”，这样的序列模式足以说明用户对境外海岛旅游充满兴趣，甚至正在计划这样的一次旅游。

(3) 聚类和分类：聚类分析试图将彼此相似的对象划分到同个集合，Web 挖掘领域包含两类主要的聚类：用户聚类和页面聚类。用户聚类有助于揭示具有详细访问行为的用户群体，对于电子商务销售市场划分及个性化推荐具有指导作用。页面聚类则可以发现相似内容的页面，可以被搜索引擎所使用。分类试图将对象划分到预定义的类别，Web 挖掘领域的分类主要是将用户细分到特定群体，当然，这建立在对类别有足够清晰的语义刻画的基础上。

(4) 回归分析：本质上属于计量分析的范畴，是利用统计推论方法对变量之间的关系进行数值估计的一种数量分析方法。企业关注的变量称为反馈变量(response variable)，记为 **Y** 向量，如客户是否流失、是否购买或是否二次消费等。影响反馈变量的诸多因素称为可解释变量(explanatory variable)，记为 **X** 向量，包括：用户获取网站的渠道(百度、广告、推荐等)、访问时间、线路属性、页面停留时间、页面访问轨迹等。回归分析主要研究 **X** 和 **Y** 的计量模型构建，得出 **X** 中哪些分量对 **Y** 显著，为企业定量分析出哪些因素是影响绩效的主要因素，从而为企业决策、资金分配提供支持。

3. 模式分析

模式分析在挖掘到的模式中过滤掉无用模式，保留下对应用有用的模式，具体模式分析方法取决于具体应用。最常用的手段是提供查询功能，根据用户查询要求，返回满足其要求的模式。使用者也可以借助于在线分析处理(on-line analytical processing, OLAP)技术确认有用模式，报表和可视化是 OLAP 常用的工具。

值得注意的是，在实际应用系统中，往往交叉融合数据挖掘、数据仓库及 OLAP 技术，而三者在技术上呈现出互补性。数据仓库能够综合和合并多维空间数据，形成面向主题的、集成的、时变的和非易失的数据集合。在此基础上，数据挖掘往往能超越归纳范围的关系，探索超出预期的模式，而 OLAP 能利用人工查询及可视化的报表来确认某些关系，帮助使用者验证假设。

8.3.2 Google 新闻推荐系统

文献[14]设计的 Google 新闻推荐系统是以将 Web 使用挖掘运用于个性化推荐的典型例子，它提出使用页面主题分类来构建用户兴趣模型的方法具有普适性。设 Web 页面根据内容可以分为 n 个主题：$C=\{c_1,c_2,\cdots,c_n\}$，主题划分与应用领域相关，Google 新闻文章就分为“环球”、“体育”、“娱乐”等主题，推广到电子商务 Web 页面，可能分为“书籍”、“电子产品”、“家居”、“日化用品”等主题。在主题划分的基础上，考虑时间因素，我们通常将时间离散化，比如，将每月视为一个时间段 t，给定用户 u，可将其兴趣表达为 n 个主题上的一个向量。

$$D(u,t)=\left[\frac{N_1}{N_t},\frac{N_2}{N_t},\cdots,\frac{N_n}{N_t}\right],\quad 其中, N_t=\sum_{i=1}^{n}N_i \tag{8.2}$$

N_i 表示用户 u 在时间段 t 上点击主题 c_i 下页面的次数，N_t 为时间段 t 上的访问页面总次数。由此，每个用户的兴趣表示为多个时间段上的一组向量，文献[15]在 Yahoo!搜索引擎日志分析的研究提出利用 d_1 和 d_∞ 两种距离来衡量不同时间段上用户兴趣的差异，给定 **X** 和 **Y** 向量，分别定义为

$$d_1(\boldsymbol{X},\boldsymbol{Y})=\sum_i |x_i-y_i| \tag{8.3}$$

$$d_\infty(\boldsymbol{X},\boldsymbol{Y})=\max_i(|x_i-y_i|) \tag{8.4}$$

在 Google 新闻日志上的分析表明[14]，点击分布受到地区事件的影响，比如，

西班牙用户在欧洲杯期间会阅读更多的体育类新闻。因此，文献[14]将用户兴趣分解为两部分：①用户长期的真实兴趣，这通常由用户性别、年龄、职业等属性决定，随时间变化相对稳定；②用户短期兴趣，即受特定事件影响而表现出的一定事件内的兴趣，波动性较大。

用户真实兴趣被建模为特定主题 c_i 下的点击后验概率，由贝叶斯规则，我们可以得到如下计算方法：

$$I^t(c_i) = p^t(click|c_i) = \frac{p^t(c_i|click)p^t(click)}{p^t(c_i)} \tag{8.5}$$

其中，$p^t(c_i)$为主题 c_i 的先验概率，表示时间段 t 内 c_i 主题上网页占据的比例。$p^t(click)$为用户点击先验概率，表示时间段 t 内用户点击次数占所有时间内点击次数的比例。然后，考虑所有时间点，将式(8.5)推广到一般形式，集成过去一段时期内用户的兴趣，我们有

$$I(c_i) = \frac{\sum_t (N^t \cdot I^t(c_i))}{\sum_t N^t} = \frac{\sum_t (N^t \cdot \frac{p^t(c_i|click)p^t(click)}{p^t(c_i)})}{\sum_t N^t} \tag{8.6}$$

由于短期兴趣受到事件驱动，同个地区内用户具有相似性，因此，估计短期兴趣的本质是估计过去一段时间内(通常较小，比如一小时内)的热点主题，用给定点击次数下的主题后验概率来表达，同样利用贝叶斯规则得到

$$p^0(c_i|click) = \frac{p^0(click|c_i)p^0(c_i)}{p^0(click)} \tag{8.7}$$

其中，$p^0(click|c_i)$由式(8.4)计算获得。上述建模过程实际上是分别从用户和主题角度，产生用户兴趣和主题流行度的概率，据此，文献[14]分别使用基于内容的推荐模型生成页面分数 $CR(article)$，及协同过滤方法生成页面分数 $CR(article)$，再将两者融合 $Rec(article)= CR(article)CR(article)$，得到页面的推荐预测分值。

Google 新闻推荐系统运用日志中用户点击流信息的方法容易推广到其他领域，描述用户兴趣和主题流行度的概率模型具有一般意义，但是，需要用户根据领域确定主题，并将网页 URL 自动分类。当然，这一方法至少还存在两个方面的扩展空间，其一，缺乏对用户在页面停留时间的考虑，这点对描述用户兴趣至关重要，可以想象停留或阅读时间长的页面隐含着用户对该主题更感兴趣。其二，很多领域 Web 页面存在多种主题分类，比如，旅游电子商务网站页面，既可以按地域分类(如国内各省、东南亚、美洲等)，亦可按目的地类型分类(如山川、海岛、城市、古迹等)，如何融合多种主题分类刻画用户兴趣还值得进一步探讨。

参 考 文 献

[1] 许海玲，吴潇，李晓东，等. 互联网推荐系统比较研究[J]. 软件学报, 2009, 20(2): 350-362.

[2] Linden G, Smith B, York J. Amazon. com recommendations: Item-to-item collaborative filtering[J]. Internet Computing, 2003, 7(1): 76-80.

[3] 项亮，陈义，王益. 推荐系统实践[M]. 北京:人民邮电出版社,2012.
[4] Mobasher B, Cooley R, Srivastava J. Automatic personalization based on Web usage mining[J]. Communications of the ACM, 2000, 43(8): 142-151.
[5] 覃雄派，王会举，杜小勇，等. 大数据分析——RDBMS 与 MapReduce 的竞争与共生[J]. 软件学报, 2012, 23(1): 32-45.
[6] Stonebraker M. SQL databases vs. NoSQL databases[J]. Communications of the ACM, 2010, 53(4): 10-11.
[7] Godoy D, Amandi A. User profiling for web page filtering[J]. Internet Computing, IEEE, 2005, 9(4): 56-64.
[8] Lawrence S R. Personalization of Web Search Results Using Term, Category, and Link-Based User Profiles: U.S. Patent Application 13/735,953[P]. 2013-1-7.
[9] 刘硕裴.二线城市 90 后用户画像分享实录[DB/OL]. http://new.iheima.com/detail/2013/1100/43253.html. [2014-02-08].
[10] Srivastava J, Cooley R, Deshpande M, et al. Web usage mining: Discovery and applications of usage patterns from web data[J]. ACM SIGKDD Explorations Newsletter, 2000, 1(2): 12-23.
[11] Niebles J C, Fei-Fei L. A hierarchical model of shape and appearance for human action classification[C]//Proceedings of the IEEE Conference on Computer Vision and Pattern Recognition.Piscataway:IEEE Press, 2007: 1-8.
[12] Cao J, Wu Z, Wu J, et al. Towards information-theoretic K-means clustering for image indexing[J]. Signal Processing, 2013, 93(7): 2026-2037.
[13] Chou P H, Li P H, Chen K K, et al. Integrating web mining and neural network for personalized e-commerce automatic service[J]. Expert Systems with Applications, 2010, 37(4): 2898-2910.
[14] Liu J, Dolan P, Pedersen E R. Personalized news recommendation based on click behavior[C]//Proceedings of the 15th International Conference on Intelligent User Interfaces. Hong Kong, NewYork:ACM Press, 2010: 31-40.
[15] Dou Z, Song R, Wen J R. A large-scale evaluation and analysis of personalized search strategies[C]//Proceedings of the 16th International Conference on World Wide Web. Washington D.C, New Yrok:ACM Press, 2007: 581-590.
[16] Adomavicius G, Tuzhilin A. Toward the next generation of recommender systems: A survey of the state-of-the-art and possible extensions[J]. IEEE Transactions on Knowledge and Data Engineering, 2005, 17(6): 734-749.

第 9 章　下一代推荐系统研究展望

9.1　大数据的挑战

9.1.1　大数据计算

以社会媒体、云计算、物联网、移动互联网等为标志的世界范围的信息化变革，使几乎每个行业都面临着大数据(big data)的问题[1]。社会媒体、云计算、物联网、移动互联网等新兴应用的逐步推广，进一步加剧了大数据的井喷态势，让大数据挑战成为一个迫在眉睫的问题。

从宏观的角度看，大数据是蕴含群体行为信息、政治敏感信息、商业价值信息的流动的“新型货币”，是涉及国家安全的战略资产，是“未来的新石油”。从大数据中提取价值，可以重塑各行业运行模式，实现国家层面的产业升级换代。正因如此，国内外政府机构都已经开始密切关注大数据问题，积极布局、制定战略规划。2012 年 3 月，美国启动“大数据研究和发展计划”，计划在科学研究、环境、生物医学等领域利用大数据技术有所突破。这一计划被视为美国政府继信息高速公路计划之后又一重大举措。我国目前尚未有国家层面战略政策出台，但随着大数据研究和应用的快速推进，大数据国家战略也呼之欲出[2]。围绕大数据和大数据计算的研究，将有助于我国工业化和信息化的深度融合，真正实现国家层面上的跨越式发展战略。

从学术界角度看，*Nature* 最早于 2008 年推出大数据专刊[3]，*Science* 相继于 2011 年推出专刊[4]，专刊封面如图 9.1 所示，这两期专刊上的论文围绕着科学研究中大

Nature: Big Data

Science: Dealing with Data

图 9.1　*Nature* 和 *Science* 大数据专刊封面

数据问题展开讨论，说明大数据对于科学研究的重要作用。国内外学者近年来发表了很多高质量的综述[5-10]，围绕大数据存储管理、大数据计算模型、云计算技术对大数据的支撑、大规模图数据等方面展开讨论，当然还涉及大数据的产生、大数据分析处理流程、大数据面临的挑战等方面。

从行业角度看，大数据计算的蓬勃发展，必将有力地推动云计算市场的繁荣与发展。云计算自 2007 年由工业界提出以来，逐步受到当前学术界和企业界的广泛关注，并在科学计算和商业领域逐步发挥出重要作用，正缓慢而深刻地改变着各个行业的管理模式和运行模式。大数据计算的发展，将把云服务从较低级别的存储服务，提升到真正意义上的计算服务，让云计算真正像电力一样成为可靠和有效的基础资源。此外，大数据计算将催生新一代的云数据库技术，这势必会导致数据库市场份额的重新分配。传统的关系数据库技术已经创造了庞大的数据库产业和令人生畏的产业巨头，每年创造出令人咂舌的巨大产值，比如：仅 Oracle 公司 2011 年的销售收入就达 356 亿美元，也筑起了很难逾越的进入壁垒。然而，借着大数据计算的东风，云数据库市场将获得前所未有的重新洗牌的机会，Google、Microsoft、Amazon、Oracle、IBM 等企业已经开始逐鹿云数据库市场，云数据库雏形产品不断推出。总之，大数据计算为云计算、数据库、电子商务等企业带来了机遇和挑战，谁能抓住机遇，推出成熟稳定的大数据产品，谁就能成为未来大数据计算市场的主角之一。

9.1.2　大数据计算对推荐系统基础架构的变革

文献[6]、[7]将人类社会的数据产生方式归纳为三个阶段，我们可以从三阶段的数据产生方式中看到大数据的产生过程。

1) 运营式系统阶段

企业广泛构建以数据库为核心的运营式系统促使了人类社会数据量的第一次飞跃。该阶段的数据以关系型数据形式存在，利用关系型数据库存储数据，使用 SQL 语言管理数据。即便到现在，运营式系统仍然普遍存在于人们的生活中，比如学校的学生信息管理系统、超市和电子商务企业的交易系统、银行交易的记录系统、医院病人记录和医生电子处方系统等。

2) 用户原创内容阶段

Web 2.0 允许用户原创内容(user generated content, UGC)的产生，这类数据近年来呈现爆炸性增长，用户能够通过社交网络、博客、微博等自由发表观点，而且，随着智能手机、平板电脑为代表的新型移动设备的普及，人们产生数据不受空间和时间的限制。同时，UGC 阶段产生的数据表现出强烈的异构性，包括：文本、图片、视频等非结构化形式存在的数据。应该说，从 UGC 阶段开始，大数据的 4V 特性开始展露无遗，即规模性(volume)、多样性(variety)、高速性(velocity)和真实性(veracity)。

3) 感知式系统阶段

随着无线传感器网络、物联网等技术的发展，具有无线通信与计算能力的微小传感器节点可以协作地监控不同位置的物理或环境状况，比如温度、声音、振动、压力、运动或污染物等。遍布各个角落的传感器将源源不断地产生新数据，这种数据称为流式数据。此外，无线射频识别(radio frequency identification, RFID)、GPS定位系统等信息生成设备，也能充当“触手”将物理世界和信息世界相融合。

从被动到主动，再到自动的三个阶段共同构成了大数据的源头，我们回顾推荐系统的研究历程，竟然也暗合上述三个阶段。早期推荐系统主要以用户-项目评分矩阵为输入，这种数据一般是由企业在运营过程中积累的，属于第1个阶段。情境推荐和社会化推荐的兴起，推荐系统开始使用UGC数据，进入了第2个阶段。某些情境推荐应用特别重视运用时空数据，已初涉第3阶段。中国计算机学会大数据专家委员会于2013年底发布了《2014年大数据发展趋势预测》报告[11]，将“基于大数据的推荐和预测将逐步流行”作为十大趋势之一，包括大数据预测和决策支持、精确个性化推荐系统、基于社交网络的广告营销模式在内的基于大数据的推荐和预测将逐步在很多领域发挥实际作用。

目前，绝大部分推荐模型和算法依赖于内存计算(in-memory computing)，即CPU直接从内存而非硬盘上读取数据，并对数据进行计算。同时，实际电子商务推荐系统也大多未重视大规模异构数据的存储和计算，即包含传统SQL数据和新型NoSQL数据。大数据时代的来临，推荐系统基础架构将面临深层次的变革，大数据的规模性和多样性使得传统关系型数据库难以满足其分析需求，因此，底层数据存储需融入云数据库，实现对异构、时变大数据的高效存储和查询，有力支撑上层计算。同时，推荐系统亟需一套有效而富有弹性的大数据计算框架，为数据挖掘分析和推荐算法扩展到分布式计算和外存计算模式。

传统推荐方法着重考虑模型和算法设计，不太关心底层的数据管理问题，为适应大数据计算，下一代推荐模型和算法的设计不仅要考虑精确度、多样性等性能指标，更需考虑数据存储和计算框架问题，这样，推荐模型和算法才能无缝融入基于大数据计算的推荐系统。同时，由于大数据体量大、更新速度快，完全基于内存的、迭代的批量算法，可能需要调整为基于磁盘的、增量的算法；有误差率保证的近似算法、随机算法以及鲁棒的组合算法也会大有用武之地。我们从大数据存储和计算两个方面介绍下一代推荐系统可能会使用到的技术和产品，并分析现有技术和产品的特点和不足。

1. 大数据存储

大数据存储涉及数据模型、文件系统、数据管理系统及索引系统四个方面的概念、技术和产品。20世纪70年代初，IBM工程师Codd提出关系数据模型[12]，开启了关系数据库时代，随后关系数据库中存储、索引、并发控制、查询优化、执行优化等关键技术得到无数研究人员系统完善的研究，尤其是关系数据库语义事务保证机制得到了妥善的解决(简称ACID，atomicity 原子性、consistency 一致性、isolation 隔离性、durability 持久性)。因此，关系数据库适用于操作型应用(主要是事务处理)，包括对数据增加、删除、修改和查询及简单汇总，涉及数据量通常较少[8]。随着数据的不断累积，人们对分析型应用的需求逐渐增大，包括联机分析处理、数据挖掘、统计分析及更高层的智能应用等，分析型应用通常需要对数据多遍扫描，进行分析、聚集操作，最后获得数据量相对较小的结果[8]。大数据时代的来临，人们更加依赖于分析型应用试图从大数据中获得知识，除了规模庞大，大数据还具有多样性和高速性等特点，这些都使得关系型数据库显得力不从心。尽管关系型数据库针对大数据处理做出了很多改进，如数据库分割、非规范化、分布式缓存等，这些改进无法从根本上解决关系型数据库应对异构大数据的性能和可扩展性问题。

能利用关系型数据模型描述的数据统称为 SQL 数据，大数据更多地包含半/无结构化数据，这些数据统称为 NoSQL 数据。近年来，NoSQL 技术发展迅猛，各种 NoSQL 技术和产品相继推出，希望通过列表、集合、哈希表等概念对数据进行建模。总的来说，NoSQL 技术可以分为四类：键/值模型、列存储模型、文档模型和图模型[8]。其中最著名、应用最广泛的 NoSQL 技术是基于键/值对的数据模型，Google BigTable/HBase[13]、Oracle Berkeley DB[14]、Amazon Dynamo/Simple DB[15]等系统都采用了键/值模型。列存储模型以其高效的压缩和 I/O 效率，在分析型应用领域获得了比行存储模型高得多的性能，基于列存储模型的系统有 Monet DB、InforBright、Infini DB、Lucid DB、Vertica 和 Sybase IQ 等。基于文档的模型仍然以键/值模型为基础，为保存文档历史版本形成嵌套循环结构，该模型具有极高的灵活性，但是，复杂性也随之增加，主要系统包括 Couch DB[16]、Mongo DB[17]和 Riak[18]等。随着社会网络、生物信息学等应用领域的不断发展，更多的数据以图作为基础模型，而且图数据日渐庞大，比如，Facebook 拥有超过 8 亿的用户，专门针对图数据设计的数据模型应运而生，如 Neo4J[19]、InfoGrid[20]、Infinite Graph[21]和 Hyper Graph DB[22]等。

文件系统是构建云数据管理系统的基础，在 Google 之前，尚未有哪个公司面对过如此多的海量数据，于是，著名的 Google 文件系统 GFS(Google file system)[23]，GFS 针对文件较大且读远大于写的应用场景，采用主从结构，通过数据分块、追加更新等方式实现海量数据的高效存储。最近，Google 对 GFS 重新设计，推出 Colosuss 系统，具体实现细节尚未公开。紧随 Google 的步伐，很多企业也自行研制推出了分布式文件系统，如微软针对搜索和广告灯业务设计的 Cosmos[24]、模仿 GFS 的开源系统 HDFS[25]和 Cloud Store 等、Facebook 针对海量小文件设计的 Haystack[26]、淘宝的 TFS(Tao file system)等。

分布式文件系统用于存储原始数据，与关系型数据库管理系统思路一样，通常需要在文件系统上层构建云数据管理系统[9]，用于屏蔽底层细节，方便文件存取和数据管理。由 2.1 节关于数据模型的分析可知，单纯使用基于关系模型的分布式数据库已经不能满足大数据的需求，为此很多公司推出基于 NoSQL 模型的数据库管理系统，这在 2.1 节已经详细论述，在此不再赘述。

索引一直是数据库管理系统中的一个核心问题，关系数据库上的索引机制已经十分完善，因此，研究者将目光转向基于 NoSQL 模型的数据库管理系统。Google 最早的索引系统是利用 MapReduce 来更新的，随后 Google 推出了增量式索引更新器 Percolator[27]，最近，又推出 Caffeine 索引系统，但其细节尚未公布。很多研究工作尝试从添加多维索引的方法来加速 NoSQL 数据库的查询速度，比如，采用多个单维二级索引的方案 ITHbase、IHbase、CCIndex 和 Asynchronous views 等，采用多维索引技术的 RT-CAN、QT-Chord 和 EMINC 等及基于空间目标排序的索引 MD-HBase 等。但就已有方案来看，针对 NoSQL 数据库的索引技术并不成熟，仍有很多关键性问题亟待解决。

2. 大数据计算

大数据分析包含大量的数据计算，传统并行计算模型难以获得令人满意的效果，需要借助于云计算技术中的计算模型来解决，其中应用最广泛的就是 MapReduce 计算模型[28]。MapReduce 基于键/值对数据模型，将复杂的分布式计算归结为两个阶段：Map 和 Reduce，Map 阶段通常在数据存放本地进行计算，然后将 Map 输出结果按键值映射到相应的 Reduce 任务，Reduce 阶段对 Map 阶段结果汇总计算，从而得出最终计算结果。MapReduce 模型优势在于简单易用、灵活性高、独立于云数据库系统、容错能力强[29]。但是，MapReduce 经常被描述成为一种 ETL(extract-transform-load)工具[30]，其缺点也非常明显，比如，缺乏高层语言支持、缺乏数据模式、数据流不灵活、调度和 I/O 效率低等[29]。

很多研究工作针对 MapReduce 的缺陷展开，在 MapReduce 高层语言支持方面，微软 SCOPE 系统、Apache Pig[31]和 Hive[32]系统都针对 MapReduce 提出了类似于 SQL 的高级查询语言。MapReduce 调度优化一直是研究的热点，比如：基于执行进度预测的 LATE 策略[33]及多用户环境下的公平调度策略[34]等。然而，鉴于调度的复杂性，尤其是在大数据计算中，MapReduce 调度优化依然呈现出开放性。

很多计算过程难以用 Map 和 Reduce 函数刻画，如迭代计算和图处理[10]，因为 MapReduce 需要启动多轮 Map 和 Reduce 任务，额外开销极大。HaLoop 和 Twister 被提出改进 MapReduce 在迭代计算上的性能，但仍然不能很好地解决 MapReduce 由数据流单一导致的不擅长处理迭代计算和图处理的问题。于是 BSP(bulk synchronous parallel model)模型被引入到云计算中，多种基于 BSP 的系统被研制出，如 Google 的 Pregel 系统[35]、Yahoo!的 Giraph[36]和开源的 Hama[37]。事实上，BSP 并非伴随着云计算提出的新技术，而是 1990 年由 Valiant 提出来的一种基于消息通信的并行执行模型[38]，BSP 模型是个分布式存储的多指令流多数据流计算模型。一个 BSP 作业由若干个顺序执行的超步(super-step)组成，通过全局同步机制，确保超步任务都完成后才进入下一个超步。这种对超步的控制避免了 MapReduce 模型在多次迭代时数据反复迁移和作业连续调度的问题，因此 BSP 在迭代计算、子任务间依赖性强、实时性要求高的应用上更有优势。但是，BSP 将数据都存储在内存，数据处理规模受到极大制约；同时，BSP 模型中各任务之间的消息通信也是难以消除的效率瓶颈，且缺乏完善的容错管理机制。表 9.1 总结了目前云计算环境下数据管理和计算模型的已有系统。

综上所述，云计算中两种流行的计算模型 MapReduce 和 BSP 各有千秋、相互补充，MapReduce 适合实时性要求低、子任务间独立性强的大规模数据计算，并提供极好的容错能力；反之，BSP 则适合实时性要求高、子任务间依赖性强的应用。但是，随着数据规模越来越大、复杂性越来越高，MapReduce 和 BSP 均存在很多值得扩充之处，需要付出更为深入的研究。

表 9.1　已有大数据存储和计算产品总结

类别	子类别	产品
文件系统		Google: GFS、Colosuss；微软: Cosmos；Facebook: Haystack；淘宝: TFS；开源系统: HDFS、CloudStore
数据管理系统	键/值模型	Google: BigTable/Hbase；Oracle: Berkeley DB；Amazon: Dynamo/Simple DB
	列存储模型	Monet DB、InforBright、Infini DB、Lucid DB、Vertica、Sybase IQ
	文档模型	Couch DB、Mongo DB、Riak
	图模型	Neo4J、InfoGrid、Infinite Graph、Hyper Graph DB
索引系统		Percolator、Caffeine、ITHbase、IHbase、CCIndex、Asynchronous views、RT-CAN、QT-Chord、EMINC、MD-HBase
计算系统	BSP 模型	Google: Pregel; Yahoo!: Giraph; 开源系统: Hama
	MapReduce 模型	Hadoop、Dryad、Cascading、Sector/sphere、Pig、HOP、Hive、SCOPE

9.2　推荐系统研究议题展望

受大数据计算的影响，下一代推荐系统的一个发展趋势就是融入更多的数据，这种趋势与 Web 技术演进密切关联，也势必要求推荐系统基础架构向适应大数据存储和计算方向发生变革。尽管推荐系统持续获得关注，值得深入研究并有希望取得高水平成果的方向依然很多。具体地，推荐系统中的固有问题，包括冷启动现象、推荐算法评价体系、高精确性且高扩展性的推荐算法等，尚未得到完美的解决，甚至很多固有问题都不存在一种完美的解决方案，可以预计，有关试图解决这些固有问题的研究仍然会在未来不断涌现。由于我们在前面章节已经围绕这些固有问题展开过深入讨论，在此不再赘述。本节介绍几个目前研究处于初步探索阶段，值得研究者付出更多努力的议题。

9.2.1　隐私保护

隐私保护是托攻击之外推荐系统面临的另一个安全问题，推荐系统在为人们自动推送信息、带来便利的同时，也成为泄露人们隐私信息的潜在源头[39]。采用数据加密、访问控制等技术能杜绝用户对其他用户隐私信息的直接访问，一定程度上保护了隐私。然而，由于推荐结果是在很多用户特征信息的基础上计算出来的，比如，基于用户的协同过滤算法根据 k 近邻用户历史评分记录计算推荐结果，因此，恶意用户可以通过推荐系统对自己产生的结果及其自身的特征信息，推测出其他用户的隐私信息。进一步，恶意用户可以注册不同特征的马甲，通过观察分析推荐系统输出结果的变化获得推荐系统本身设计方面的机密信息，及更大范围的其他用户隐私信息。

为减轻冷启动现象，或提升推荐系统准确性，推荐系统往往试图融入更多的与用户个性化特征的数据源，这些数据可能比历史购买(评分)记录更有价值，进一步增加了隐私保护的重要性。电子商务推荐系统中的隐私保护问题尤为突出，电子商务网站所积累的客户资源是企业的宝贵财富，隐私保护是电子商务企业重点关注的焦点问题之一。反过来说，对于一个新成立的缺乏数据的电子商务网站而言，如果能攫取其他网站所积累的用户隐私数据，可以帮助它完成很多力所不及的商业目标，比如，采取主动营销推广商品、快速设计出精确的推荐系统、推出有竞争力的商品标价等。

推荐系统隐私保护技术近年来受到越来越多的关注，大部分研究采用的策略是将成熟的隐私保护模型应用到推荐系统之中，其核心问题在于，加入隐私保护的推荐算法需保持高准确率，同时，隐私保护技术本身又不为推荐系统带来过重的计算负担。文献[39]将差分隐私保护(differential privacy)技术用到针对 Netflix 数据集的多种算法中，文献[40]利用离散小波变换法(DWT)加强协同过滤算法的隐私保护能力，文献[41]针对基于 SOM 聚类的协同过滤算法提出了隐私保护策略。尽管如此，推荐系统隐私保护问题还是未曾得到系统全面的研究，是下一代电子商务推荐系统需着重研究的议题之一。

9.2.2　基于位置的推荐

无线通信技术和智能移动设备的普及，使得基于位置的服务(location-based services, LBS)快速发展并真正融入人们的日常生活。基于位置的服务是指移动终端利用各种定位技术获得当前位置信息，再通过无线网络得到某项服务[42]。推荐系统无疑是一项重要的 LBS，其区别于传统推荐系统的一大特点就是上下文感知性以及应对上下文变化的适应性。目前，大量基于位置的推荐方面的研究工作已经展开，也出现了很多覆盖不同应用领域的实际系统，本书在 3.3.2 节移动推荐中已有论述。

基于位置的推荐基础是如何高质量获取位置信息，目前推荐系统大多基于两类位置信息展开，其一，通过卫星定位技术 GPS 所获得的位置数据，比如，基于轨迹数据挖掘的行驶路径推荐、出租车载客路线推荐等。其二，由网络基站或控制点计算出的移动终端的位置数据，典型代表是移动通信网络(如 GSM、CDMA 等)，比如，微软亚洲研究院的 GeoLife 项目。

尽管基于位置的推荐领域的研究已经非常深入，也取得了大量震撼人心的成果和应用，但是，该领域的研究依然方兴未艾。Web 2.0 与 LBS 的结合仍然将保持一段时间的研究热潮，融合时间-空间-社会信息的社会化推荐系统包含着大量值得研究的议题及丰富的应用场景，而这些新方法都应该能很好地部署到云计算平台上，以应对大数据的挑战。另外，社会化 LBS 的隐私保护也需要研究，除了保护用户位置信息隐私外，还需综合考虑用户的社会化隐私信息。

Web2.0 遵循 1%规律，即在 100 人在线群体中，有 1 个人创建内容，10 个人参与互动，剩下 89 个人只是在旁观。随着物联网的发展，人类将进入 Web3.0 时代，用户的参与度将得到极大的提高。Web3.0 时代将实现“无处不联网”的伟大构想，正因为如此，所有物品均联入网络，人们可以通过网络实时管理控制各自的物品，可以说人们每时每刻均参与在网络之中。在这样的背景下，电子商务推荐系统将有可能通过物联网技术获取更为丰富的数据源，由线上数据源转变到线下数据源，比如，对于有实体门店的电子商务企业，客户进入实体门店后的物理行为将被记录，用户物理行为数据与线上行为数据相结合将有助于更为精确的用户建模，从而设计出更为智能化的推荐系统。广义上理解，O2O 模式(online to offline)，线上营销线上购买带动线下经营和线下消费，在近年来已经得到普遍关注。反过来，由线下经营带动线上营销，甚至将线下线上无缝融合，显然将成为电子商务未来的发展趋势，而推荐系统必将在其中扮演着重要角色。

9.2.3　群组推荐

群组推荐(group recommendation)是随着社会网络兴起而产生的一种新型推荐方式，大量关于社区检测的研究使得发现连接紧密的用户社区结构成为可能，网络拓扑结构的耦合性使得用户行为的群体化趋势越来越明显，群组推荐试图针对具有相似兴趣的用户群体推送其感兴趣的内容。由于很多商品可能本质上是面向用户群体的，比如，一群朋友或一个家庭往往会在一起观看同一部 DVD，这部 DVD 显然是符合大部分群体内用户的口味的。值得注意的是，用户群体并不一定是稳定不变的，也可能是即时形成的动态群体，对动态群体的推荐则是偶尔发生的动态行为。

无论用户群体是如何形成的，现实世界中的真实好友或家庭关系，抑或从社会网络发现的虚拟用户社区，群体推荐面临的核心挑战性问题是如何定义用户群体的语义[43,44]，即如何刻画用户群体的兴趣。这比刻画个体用户兴趣要复杂得多，一个直观的准则是兴趣刻画需要符合尽量多群体内用户的个体兴趣[43]，这一准则催生了目前普遍的群组推荐思路——聚合方法(aggregation method)。我们将聚合方法细分为：偏好聚合(preference aggregation)和分值聚合(score aggregation)，偏好聚合作用于推荐系统输入数据，试图把群体内用户已知的评分记录聚合为一个向量，这个向量相当于代表该用户群体的一个虚拟用户，群组推荐就退化成了针对虚拟用户的个体推荐。分值聚合则作用于推荐系统输出数据，首先采用传统个体推荐方法为每个群体内用户计算推荐列表，然后将推荐列表聚合到一起作为群体推荐结果。

聚合方法的关键是设计一个好的聚合函数，既要准确捕捉群组偏好，又要在计算上高效[44]。目前，常用的聚合函数有两种：平均法(average)和最小值淘汰法(least misery)。前者将评分记录或预测分值的平均值作为用户群体的聚合值，后者以评分记录或预测分值的最小值作为用户群体的聚合值。形式化地，给定用户群组 C，$relevance(u,i)$表示用户 u 对项目 i 的喜好，在偏好聚合中指用户 u 对项目 i 的已知评分，在分值聚合中指用户 u 对项目 i 的预测分值，$rel(C,i)$表示用户群组 C 对项目 i 的喜好，平均法和最小值淘汰法计算公式分别如式(9.1)和式(9.2)所示：

$$Average: rel(C,i) = \frac{1}{|C|}\sum\nolimits_{u\in C} relevance(u,i) \tag{9.1}$$

$$Least\ Misery: rel(C,i) = \min\nolimits_{u\in C} relevance(u,i) \tag{9.2}$$

聚合方法考虑了用户群体的同质性，文献[44]认为用户群体的差异性也不容忽视，并提出平均点对差异性和差异性变化两种衡量指标，这为群组推荐指明了待考虑的一个重要因素。由上述分析可以看出，目前群组推荐大多通过聚合群组内用户信息，甚至初步考虑差异性，在已有的推荐模型(如协同过滤)基础上的研究拓展。在大型社交网络上，融合更多用户属性和偏好、上下文信息，甚至结合群体用户的行为特征来研究群组推荐问题必将有广阔的应用前景。

9.2.4 基于演化计算的推荐模型

演化计算是模拟达尔文的自然选择学说“物竞天择”的生物进化过程所产生的随机化计算模型，用于探索产生基本认知行为的微观机理，设计具有生物智能的机器或模拟系统来解决复杂问题。演化计算在大型优化问题求解、机器学习、自适应控制、人工生命、神经网络、经济预测等领域取得的成功，引起了包括数学、物理学、化学、生物学、计算机科学、社会科学、经济学及工程应用等领域科学家们的极大兴趣。

将演化计算融入推荐模型有助于设计出受生物启发的方法(bio-inspired approach)[45]，应付更复杂的应用场景，这成为下一代推荐系统研究的趋势之一。事实上，有一些研究已经开始考虑这一问题，将遗传算法(genetic algorithm, GA)和神经网络(neural network, NN)两种代表性的演化计算技术引入到推荐系统中，目前主要解决两类问题：聚类和混合型用户建模。

利用聚类技术进行用户分组，不仅有利于更好地捕捉用户兴趣，也能提升推荐算法的计算效率，文献[46]提出基于遗传算法的 K-means 算法，用于用户分组，比传统 K-means 获得了更好的效果。文献[47]针对基于位置的广告推荐应用，提出一种将协同过滤与遗传算法混合的情境推荐模型，有效提升了推荐准确率。

神经网络是一种模仿动物神经网络行为特征，进行分布式并行信息处理的算法数学模型。一个神经网络通常包含多个神经元，每个神经元用于处理某方面的知识，输入不同数据至神经网络，通过神经元之间连接和自适应学习，获得有用模式。由于神经网络能支持不同领域知识进行混合学习的能力，利用神经网络进行混合型用户建模成为一个直观想法。目前，有一些工作在利用神经网络融合项目内容、用户评分及用户属性信息，构建用户兴趣模型或设计推荐算法等方面做了初步探索[48,49]。

情境推荐和社会化推荐涉及多种输入数据，这些数据之间存在着相关性，极大地增加了问题的复杂性，演化计算方法适合于复杂问题的解决，这也是促进将演化计算融入推荐系统的本质原因。尽管已有一些研究对该领域做了初步尝试，利用演化计算作为聚类或混合型用户建模方法看起来仅仅是一种可供选择的方案，演化计算能解决推荐系统面临的哪些核心问题，而其他方法难以解决，即演化计算在推荐系统中有何独一无二的优势尚未被阐释清楚，这期待着更为坚实和精彩的后续研究。

参 考 文 献

[1] CCF 大数据专家委员会. 大数据热点问题与 2013 年发展趋势分析[J]. 中国计算机学会通讯, 2012, 8(12): 40-44.

[2] 中科院院长白春礼呼吁制定国家大数据战略[DB/OL]. http://news.sciencenet.cn/htmlnews/2012/12/273456.shtm. [2014-4-1].

[3] Nature. Big data: science in the petabyte era[DB/OL]. http://www.nature.com/news/specials/bigdata/. [2014-4-1].

[4] Science. Special Online Collection: Dealing with Data[DB/OL]. http://www.sciencemag.org/site/special/data/. [2014-4-1].

[5] Labrinidis A, Jagadish H V. Challenges and opportunities with big data[J]. Proceedings of the VLDB Endowment, 2012, 5(12): 2032-2033.

[6] Agrawal D, Bernstein P, Bertino E, et al. Challenges and Opportunities with Big Data[R].美国计算机研究学会白皮书,2012.

[7] 孟小峰，慈祥. 大数据管理：概念，技术与挑战[J]. 计算机研究与发展，2013, 50(1): 146-169.

[8] 覃雄派，王会举，李芙蓉，等. 数据管理技术的新格局[J].软件学报,2013,24(2):175-197.

[9] 林子雨，赖永炫，林琛，等. 云数据库研究[J]. 软件学报, 2012, 23(5): 1148-1166.

[10] 于戈，谷峪,鲍玉斌，等. 云计算环境下的大规模图数据处理技术[J]. 计算机学报，2011, 34(10): 1753-1767.

[11] CCF 大数据专家委员会. 2014 年大数据发展趋势预测[J]. 中国计算机学会通讯, 2014, 10(1): 32-36.

[12] Codd E F. A relational model of data for large shared data banks[J]. Communications of the ACM, 1970, 13(6): 377-387.

[13] Chang F, Dean J, Ghemawat S, et al. Bigtable: A distributed storage system for structured data[J]. ACM Transactions on Computer Systems, 2008, 26(2): 4.

[14] Oracle. Oracle Berkeley DB 11g[DB/OL]. http://www.oracle.com/technetwork/products/berkeleydb/overview/index.html. [2014-4-1].

[15] DeCandia G, Hastorun D, Jampani M, et al. Dynamo: Amazon's highly available key-value store[J]. ACM SIGOPS Operating Systems Review, 2007, 41(6): 205-220.

[16] Couch D B. Apache Foundation[DB/OL]. http://couchdb.apache.org/. [2014-4-1].

[17] Mongo D B Team. MongDB[DB/OL]. http://www.mongodb.org/. [2014-4-1].

[18] Riak Team. Riak database[DB/OL]. http://basho.com/products/riak-overview/. [2014-4-1].

[19] Neo4j Team. Neo4j database[DB/OL]. http://neo4j.org/. [2014-4-1].

[20] NetMesh. InforGrid Web graph database[DB/OL]. http://infogrid.org/trac/. [2014-4-1].

[21] Objectivity. Infinite Graph database[DB/OL]. http://www.infinitegraph.com/. [2014-4-1].

[22] Hyper Graph DB Team. Hyper Graph DB[DB/OL]. http://www.kobrix.com/hgdb.jsp. [2014-4-1].

[23] Ghemawat S, Gobioff H, Leung S T. The Google file system[J]. ACM SIGOPS Operating Systems Review,2003, 37(5): 29-43.

[24] Chaiken R, Jenkins B, Larson P Å, et al. SCOPE: easy and efficient parallel processing of massive data sets[J]. Proceedings of the VLDB Endowment, 2008, 1(2): 1265-1276.

[25] Borthakur D. HDFS architecture guide[J/OL]. http://hadoop.apache.org/common/docs/current/hdfs design. pdf. [2014-4-1].

[26] Beaver D，Kumar S，Li H C， et al. Finding a needle in haystack：Facebook's photo storage [C]//Proceedings of the 9th USENIX Symposium on Operating System Design and Implementation. Vancouver, Berkeley: USENIX Association, 2010：47-60.

[27] Peng D, Dabek F. Large-scale incremental processing using distributed transactions and notifications[C]//Proceedings of the 9th USENIX Conference on Operating Systems Design and

Implementation. Vancouver, Berkeley: USENIX Association，2010: 1-15.
[28] Dean J, Ghemawat S. MapReduce: simplified data processing on large clusters[J]. Communications of the ACM, 2008, 51(1): 107-113.
[29] Lee K H, Lee Y J, Choi H, et al. Parallel data processing with MapReduce: a survey[J]. ACM SIGMOD Record, 2012, 40(4): 11-20.
[30] Stonebraker M, Abadi D, DeWitt D J, et al. MapReduce and parallel DBMSs: friends or foes[J]. Communications of the ACM, 2010, 53(1): 64-71.
[31] Olston C, Reed B, Srivastava U, et al. Pig latin: a not-so-foreign language for data processing[C]//Proceedings of the 2008 ACM SIGMOD International Conference on Management of Data. Vancouver, NewYork:ACM Press, 2008: 1099-1110.
[32] Thusoo A, Sarma J S, Jain N, et al. Hive-a petabyte scale data warehouse using hadoop[C]//Proceedings of IEEE 26th International Conference on Data Engineering. Long Beach,Piscataway:IEEE Press, 2010: 996-1005.
[33] Zaharia M, Konwinski A, Joseph A D, et al. Improving mapreduce performance in heterogeneous environments[C]//Proceedings of the 8th USENIX Conference on Operating Systems Design and Implementation. Berkeley, Piscataway:IEEE Press, 2008: 29-42.
[34] Nykiel T, Potamias M, Mishra C, et al. Mrshare: Sharing across multiple queries in mapreduce[J]. Proceedings of the VLDB Endowment, 2010, 3(1-2): 494-505.
[35] Malewicz G, Austern M H, Bik A J C, et al. Pregel: a system for large-scale graph processing[C]//Proceedings of the 2010 International Conference on Management of Data. Indianapolis, New York: ACM Press, 2010: 135-146.
[36] Ching A. Giraph: large-scale graph processing infrastructure on Hadoop[C]//Proceedings of the Hadoop Summit. Santa Clara, Berlin:Springer, 2011:120-125.
[37] Hama Project[DB/OL]. http://incubator.apache.org/hama/. [2014-4-1].
[38] Valiant L G. A bridging model for parallel computation[J]. Communications of the ACM, 1990, 33(8): 103-111.
[39] McSherry F, Mironov I. Differentially private recommender systems: building privacy into the net[C]//Proceedings of the 15th ACM SIGKDD International Conference on Knowledge Discovery and Data Mining. Paris, New York:ACM, 2009: 627-636.
[40] Bilge A, Polat H. An improved privacy-preserving DWT-based collaborative filtering scheme[J]. Expert Systems with Applications, 2012, 39(3): 3841-3854.
[41] Kaleli C, Polat H. Privacy-preserving SOM-based recommendations on horizontally distributed data[J]. Knowledge-Based Systems, 2012, 33: 124-135.
[42] 周傲英，杨彬，金澈清，等. 基于位置的服务：架构与进展[J]. 计算机学报，2011，34(7): 1155-1171.
[43] Baltrunas L, Makcinskas T, Ricci F. Group recommendations with rank aggregation and collaborative filtering[C]//Proceedings of the fourth ACM Conference on Recommender Systems. Chicago, New York: ACM, 2010: 119-126.
[44] Amer-Yahia S, Roy S B, Chawlat A, et al. Group recommendation: Semantics and efficiency[J]. Proceedings of the VLDB Endowment, 2009, 2(1): 754-765.
[45] Bobadilla J, Ortega F, Hernando A, et al. Recommender systems survey[J]. Knowledge-Based Systems, 2013, 46: 109-132.

[46] Kim K, Ahn H. Using Clustering Genetic Algorithm to Support Customer Segmentation for Personalized Recommender Systems[M]. Berlin:Springer, 2005: 409-415.

[47] Dao T H, Jeong S R, Ahn H. A novel recommendation model of location-based advertising: Context-Aware Collaborative Filtering using GA approach[J]. Expert Systems with Applications, 2012, 39(3): 3731-3739.

[48] Ren L, He L, Gu J, et al. A hybrid recommender approach based on widrow-hoff learning[C]//Proceedings of the Second International Conference on Future Generation Communication and Networking. Sanya,Piscataway:IEEE Press, 2008: 40-45.

[49] Christakou C, Vrettos S, Stafylopatis A. A hybrid movie recommender system based on neural networks[J]. International Journal on Artificial Intelligence Tools, 2007, 16(05): 771-792.

索　引

G

H

J

K

L

M

N

O

P

Q

Z